中国青年出版社

(京) 新登字083号

图书在版编目（CIP）数据

经典影像背后的晚清社会/杨红林著. —北京：中国青年出版社，2011.7

ISBN 978-7-5153-0097-9

Ⅰ.①经… Ⅱ.①杨… Ⅲ.①中国历史-清后期-史料-图集 Ⅳ.①K252.06-64

中国版本图书馆CIP数据核字（2011）第138621号

责任编辑：顾 申

*

中国青年出版社 出版 发行

社址：北京东四12条21号 邮政编码：100708

网址：www. cyp. com. cn

编辑部电话：（010）57350505 门市部电话：（010）57350370

三河市君旺印装厂印刷 新华书店经销

*

787×1092 1/16 18印张 3插页 300千字

2011年7月北京第1版 2011年7月河北第1次印刷

印数：1-8000册 定价：48.00元

本图书如有印装质量问题，请凭购书发票与质检部联系调换

联系电话：(010)57350337

自序：追寻一个帝国的背影

整整一百年前，农历辛亥年八月，在武昌城内的隆隆炮声中，已经统治中国268年的大清王朝迅速走向崩溃。从那时起，对于晚清社会的研究和评说就一直没有停息过。

话说19世纪初，在经历了康雍乾时期表面上的辉煌后，大清王朝遭遇到了“千古未有之变局”。遗憾的是，面对各种纷至沓来的挑战，无论是王朝的统治者还是亿兆子民，都缺乏足够的心理准备，因而局促得简直就像一个小学生。仓促之下，这个老迈的东方帝国必然要付出学费。按照某些西方历史学家的观点，大清王朝属于“停滞的帝国”，而近代中国与外部世界之间，概括起来就是冲击与回应的二元关系。从某种层面上讲，这些观点的确有一定道理。不过我们也应该看到，虽然正是在列强坚船利炮的轰击下，大清王朝才被迫打开封闭已久的大门，但与此同时，这个帝国并非始终在被动地回应，她也在主动求变。事实上，自鸦片战争以来，整个晚清社会还是呈现出了种种新气象的。我们无法否认，这一时期的众多有识之士，依然心怀复兴民族的梦想，一直在不断摸索前行。虽然他们跌到过，但所留下的足迹却永远留在史册中；虽然他们流过泪，但每一次耻辱都值得后人借鉴。

毫无疑问，晚清最后70年堪称中国近代史上最难以言说的时段。在以往人们的脑海中，这一时期的满清王朝，似乎除了腐朽、懦弱、专制、卖国等字样以外，就再也没有其他评价了。直到近20年来，随着历史观念的转变以及视野的开阔，对于晚清历史的评价才逐渐客观公正起来。也正是在这样的氛围中，我们才能有机会重新认识一个鲜为人知的晚清社会。

一切历史都是当代史。当代人完全可以从今天的立场出发，凭着浩如烟海的第一手资料，全方位解读百年前的晚清历史。更值得庆幸的是，几乎就在晚清历史刚刚拉开序幕的同时，西方人发明了摄影术。毫无疑问，这项技术堪称人类历史上最伟大的发明之一。因为从此，人们可以定格历史的瞬间，从而营造出一种现场感。而对于广大受众来说，作为一种历史的再现，影像的说服力似乎永远都胜于文字，并且不会随着时间的推移而扭曲模糊。即使当今形形色色的所谓情景再现式的纪录片，也要逊色于老照片的权威性。大约在鸦片战争前后，刚刚诞生不久的摄影术便传入中国。在这一点上，大清王朝与国际接轨还是比较顺利的。特别是随着大批西方传教士、外交官、探险家的进入，他们中的许多人都曾用照相机记录下了这个古老帝国的一个个片段。到19、20世纪之交，由于摄影术在中国的普及，本土的照相馆和新闻界也拍摄了大量照片。如今，这些发黄褪色的老照片已经成为珍贵的历史资料，同时也成为了收藏界的新宠。

幸运的是，在国家博物馆从事近代史研究期间，本人接触到了大量反映晚清社会的经典影像。通过仔细揣摩不难发现，几乎每幅经典影像的背后都有一段特殊的故事。在对这些老照片进行欣赏、研究时，仿佛使人渐渐穿越了历史的时空，一下子置身于百年前的“现场”，面对面地体会到那些历史人物的喜怒哀乐，体会到那些历史场景中的风云激荡。此时，虽然大清帝国的背影早已渐渐消失在历史的烟尘中，但原本作为历史旁观者的我们，却恍然间成了历史的参与者。

感谢国家博物馆丰富的老照片收藏，其中一些珍贵的影像为本书的写作提供了第一手资料。感谢中国青年出版社副总编辑李师东和责任编辑顾申二位先生，正是在他们的大力支持下，本书才得以顺利出版。

杨红林

2011年7月于北京

恭亲王奕䜣。1860年11月2日，费利斯·比托（Felice Beato，1833或1834～1907？）摄于北京，这张肖像照堪称近代中国最经典的影像之一，曾在全世界范围内被广为使用。

黄遵宪（1848～1905），晚清杰出的外交家和诗人。

李鸿章。1900年摄于天津，詹姆斯·利卡尔顿摄。

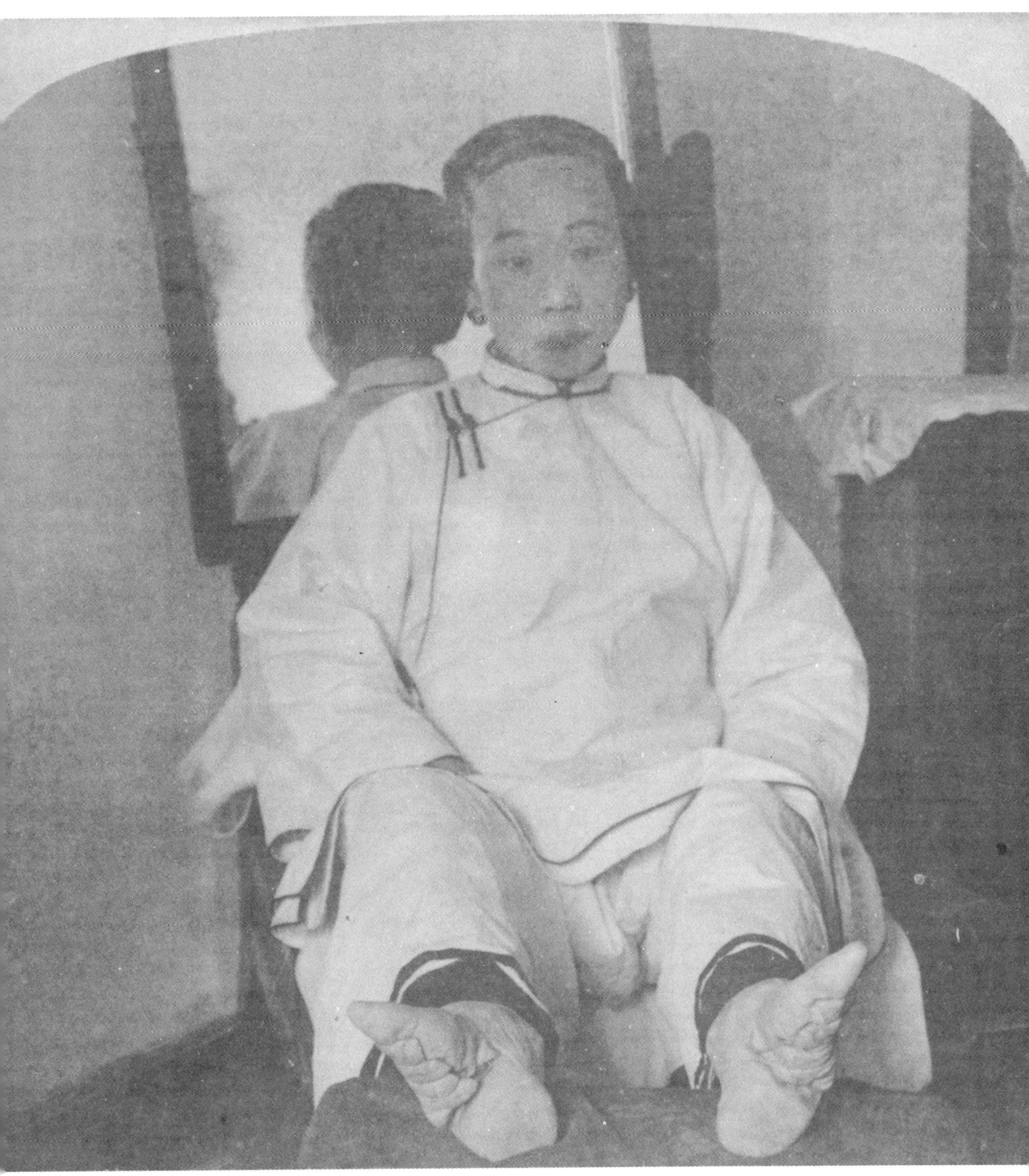

晚清时期妇女的小脚，其外观在今天看来简直令人恐怖，然而在当年却被视为女性美的象征。詹姆斯·利卡尔顿拍摄于1900年。

总理衙门的官员。詹姆斯·利卡尔顿（James Ricalton）摄于1901年。

晚清时期著名皇室贵族庆亲王奕劻，因其贪腐而闻名中外，并且与袁世凯是非常铁的政治盟友。

李鸿章在美国访问时的盛况。

1909年，第一批庚款留学生。

义和团运动期间西方在华教会躲避灾祸情形，在这场政治风暴中，许多无辜的教会中人，包括大量无辜的儿童被惨遭屠杀。这组照片均由美国人詹姆斯·利卡尔顿拍摄，1900年。

义和团运动期间西方在华教会躲避灾祸情形，在这场政治风暴中，许多无辜的教会中人，包括大量无辜的儿童都惨遭屠杀。这组照片均由美国人詹姆斯·利卡尔顿拍摄，1900年。

清朝最令人惨不忍睹的酷刑——凌迟处死，西方人摄于19世纪末期。为避免对读者的视觉冲击太过强烈，本处特地回避呈现更血腥的照片。

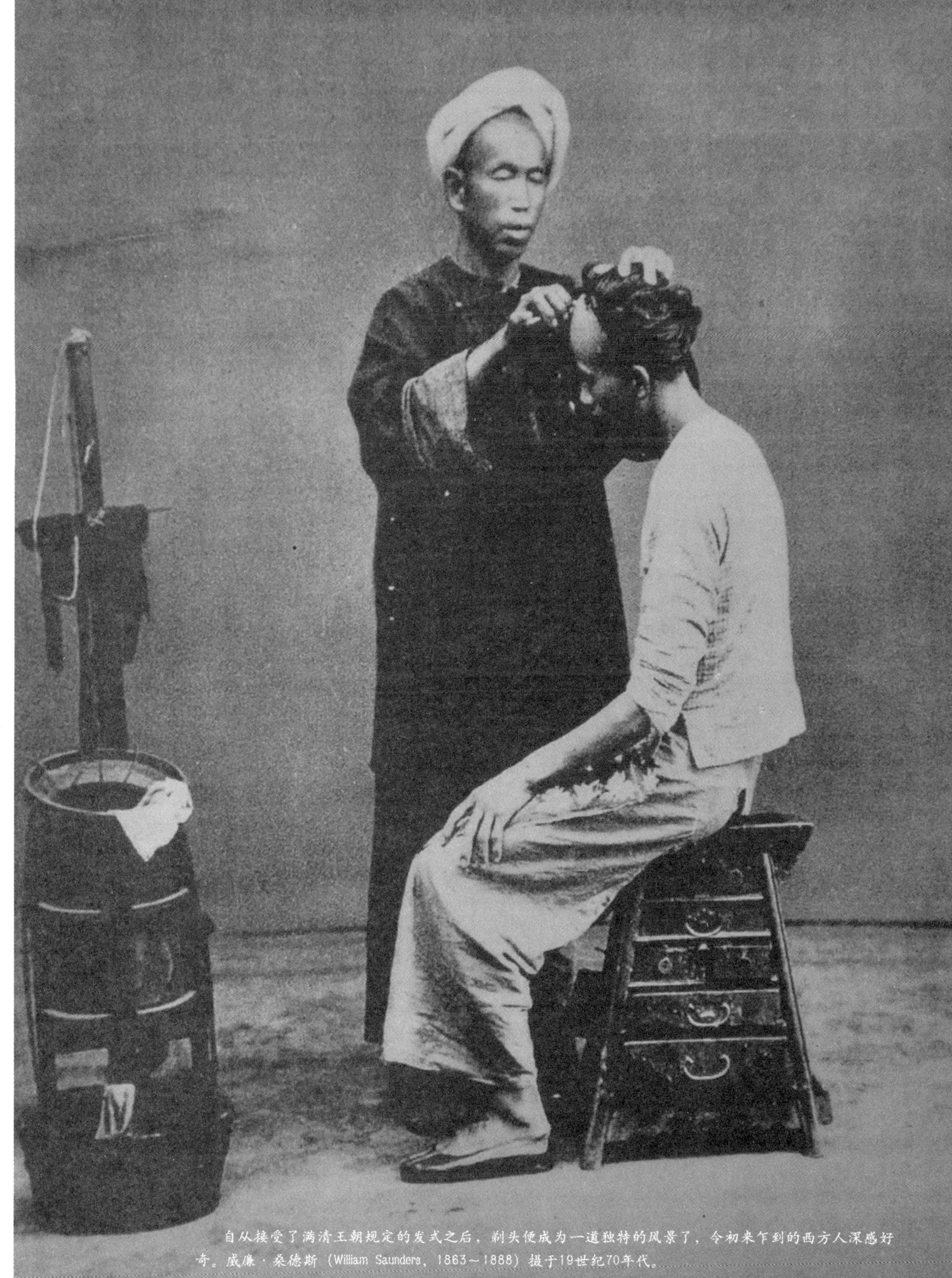

自从接受了满清王朝规定的发式之后，剃头便成为一道独特的风景了，令初来乍到的西方人深感好奇。威廉·桑德斯（William Saunders，1863～1888）摄于19世纪70年代。

对于大清王朝男人头上的这根大辫子，西方人怎么看都觉得别扭。

八国联军侵华期间，日本军队在屠杀中国人民。请注意，他们的身边有穿着军服的清朝士兵。日本随军记者拍摄于1900年。

contents 目录

近代史上著名的八里桥之战，虽然此次战役堪称悲壮，但最终的结局却是惨败，而大清王朝的落后由此暴露无遗。

第一章 不速之客

从18世纪后期开始，随着工业革命的开展，西方列强纷纷不远万里来到中国，试图叩开这个古老帝国紧闭的大门，以期开拓这个地球上最大的市场。然而无论是1793年的马戛尔尼使团，还是稍后的阿美士得使团，其所提的通商要求均被大清帝国冷冷地拒绝了。最终，失去耐心的英法等国悍然发动了两次鸦片战争，以武力打破了清王朝的闭关锁国体制。从此，一批批形形色色的西方人：外交官、商人、传教士、冒险家……不断拥入这个古老的帝国。该如何对待这些不速之客，这是个问题。当被越来越深地卷入这个陌生的国际大家庭中时，一切都变得复杂起来。而在这个全新的舞台上，有的人栽了跟头，有的人则出了风头。

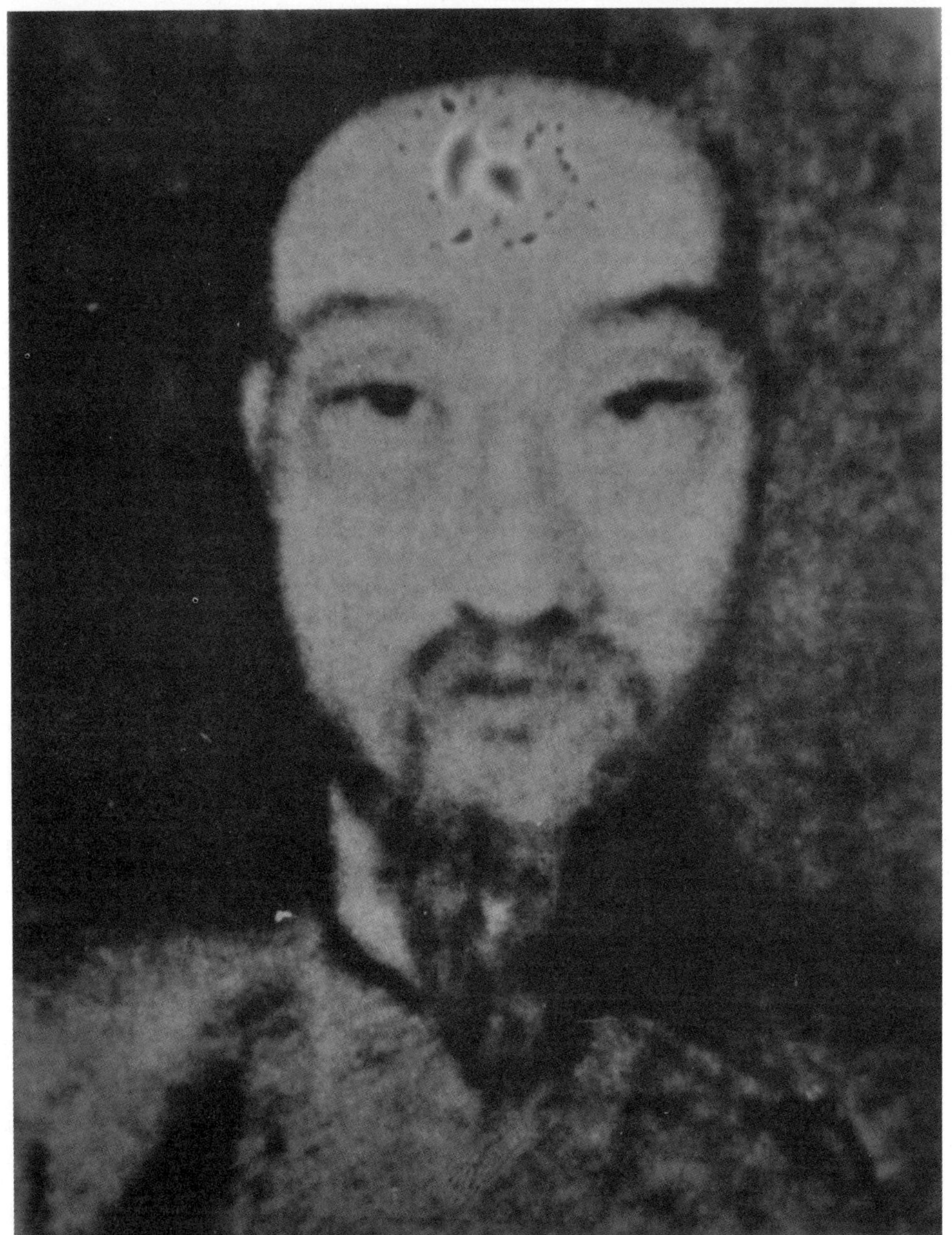

耆英，1844年，(法) 于勒·埃及尔 (Jules Itier) 摄。由于年代久远，这张照片虽然影像稍显模糊，但其在中国摄影史上却有着特殊的意义——它是中国现存最早的人物照片。

一、两广总督的“新名片”

“病例6565号。病症：疝气。病人：林则徐，钦差大臣。”——新豆栏医局的眼科大夫伯驾郑重记下这份病历时，无奈地摇了摇头。片刻之后，他又接着在病历上写道：“从医学上看，这个病案没有值得可以引起兴趣的地方，事实上，这位病人我也从来没有见到过……”这是1839年初秋的一天，距离伯驾从花旗国漂洋过海来到广州开设医局已将近四年了。在四年的行医生涯中，这位洋大夫先后接待了数以千计的患者，但今天这份病历的主人无疑是最特殊的，因为他竟是大清帝国的钦差大臣林则徐（1785～1850）。而更奇怪的是，伯驾并没有亲眼见到林钦差本人。

事情还得从几个月前说起。

却说在1838年年末，由于痛感鸦片泛滥对帝国带来的巨大危害，道光皇帝授命时任湖广总督的林则徐为钦差大臣前往广州负责禁烟事宜。而广州，正是鸦片进入中国的集散地。长期以来，盘踞在广东沿海的外国商人，为谋取暴利，通过各种手段将鸦片贩运至中国。不过随着林钦差的到来，鸦片商人们的好日子恐怕要到头了。1839年3月10日甫一抵达广州，他就雷厉风行，展开了声势浩大的禁烟运动。在短短三个多月的时间里，就收缴20291箱鸦片，并于6月在虎门上演了一幕恢弘的销烟壮举。

正当禁烟运动如火如荼之时，林则徐的疝气病却再犯了，疾病的困扰严重影响了他的工作。对钦差大人的老毛病，许多中国医生都束手无策。这时，与林则徐来往频繁的十三行总商伍秉鉴（浩官）建议他去看西医，并推荐了已经声名鹊起的美国医生伯驾（Peter Parker，1804～1888）。说起这伯驾，在广州当地也算是名人了。此人原本是美国传教士，毕业于赫赫有名的耶鲁大学，1838年10月受美国基督教差会美部会的派遣来到广州，开始以行医的方式向中国人传播福音。1835年11月，他在广州新豆栏街租赁房屋，设立眼科医院，当地人称之为“新豆栏医局”。由于医术高明，加上当地中外富商的支持，新豆栏医局的事业可谓蒸蒸日上。即便如此，以堂堂朝廷钦差的身份屈驾前往洋人的医局就诊，林大人无论如何是不会接受的。不过当林则徐写信给伯驾，希望能给他开具处方时，后者严肃地解释说，西医不同于中医，无法照方抓药，并建议钦差绑扎疝气带。最终，林则徐派了一位同样患疝气的病人前往医局，后者自称是林大人的兄弟，身材与其一模一样。面对这种前所未遇的求医方式，行医严谨的伯驾也不得不破例，向来人赠送了一副疝气带并详细指导其如何使用。不久后，病情大为好转的林则徐送来一封感谢信以及水果等礼物，并表达了对伯驾医生的好感。

很快，无病一身轻的钦差大人便精神抖擞地投入禁烟运动中。只不过很快他就发现，在广州的禁烟与其在湖广总督任内的情形竟是如此不同。林则徐可能不知道，其中的奥秘就在于，从前他禁烟时所面对的都是大清的子民，而现在却必须面对那些来自万里之外的洋人。遥想当年，还在乾隆爷八十大寿时，英吉利国使臣马戛尔尼就曾带着丰厚的礼品前来，企图打开与天朝的贸易大门。但是这班顽固的洋人竟然拒绝向大清皇帝行三跪九叩之礼，致使将他们当成朝贡番邦的乾隆很生气，后果自然很严重。在马戛尔尼一行灰溜溜地回国后，英吉利国又曾在嘉庆爷当朝时派阿美士德使团前来旧话重提，结果又碰了一鼻子灰。从那以后，对通过和平方式开启与中国的贸易，英国人基本上死了心。到林则徐的时代，眼看

伯驾（Peter Parker，1804～1888），美国传教士、医生，其在华活动期间创办了一座医院，在通过行医传教方面卓有成效，同时结交了许多中国上层人士。

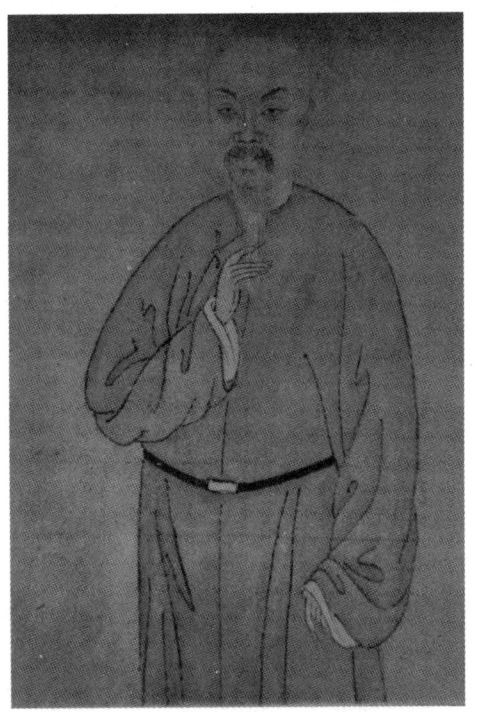

林则徐（1785～1850）画像，鸦片战争初期以钦差大臣身份任两广总督，被后世称为“睁眼看世界第一人”。

鸦片贸易迅速成为从大清帝国手中套取白银的捷径，英国人最终决定撕破脸皮了。

与当时所有地方大员一样，对如何同洋人打交道，林则徐也得先交学费。广州的禁烟运动开始后，林钦差坚决贯彻道光皇帝的最高指示，对中外鸦片贩子毫不留情。为迫使洋人交出私存的鸦片，他下令对广州外国商馆进行封锁，严密隔离一切外侨，就连一桶水也不能被带进商馆，甚至有一名中国船夫仅仅因为随身带有一封欧洲文字的信件就被处死了。在林则徐的高压政策下，英方商务代表义律不得不屈服。当这些情况汇报到中央后，道光皇帝龙颜大悦，当即实授林则徐为两江总督，后又任命其为两广总督，全权负责在广州的大小事务。初战告捷后，禁毒心切的林则徐又要求广州的外商写下保证书，以书面形式保证以后永不夹带鸦片，违者处死。在洋人看来，林则徐的这一系列举动简直是在践踏国际规则。但是他们哪里知道，向来以天朝自居的大清朝根本就不知道这些规则。

那一阵，虎门江口真可谓热闹非凡。眼看成箱成箱的鸦片在销烟池中化为一汪黑水流入大海，英国人的情绪逐渐沸腾了。在他们的心目中，林则徐简直就是魔鬼的化身。多年以后，这种仇视情绪依然弥漫在英国人的记忆中。当著名的杜莎夫人蜡像馆展出林则徐蜡像时，有关方面印制的宣传单上居然是这样介绍的：“钦差大臣林则徐与他钟爱的配偶……对华战争的始作俑者，二百五十万英镑英国财产的销毁者，他和他的小脚老婆是唯一在我国被展示的这类人物。”

在皇帝的支持下，林则徐决意将禁烟运动进行到底，而此时英国已开始用武力来表达他们的愤怒了。1839年11月3日，在穿鼻洋海面上呼啸的炮声中，第一次鸦片战争的序幕拉开了。经过大半年的历练，林则徐对洋人的虚实已有所了解。毕竟，与当时绝大多数中国人对外部世界的茫然无知相比，林则徐已算很前卫了。到广州后，为了尽可能多地了解夷情，他派人专门收集澳门出版的外国报刊，至少有四名翻译终日为他从事翻译工作。他还组织翻译了刚刚在伦敦出版的《世界地理大全》，并命名为《四洲志》，这也是近代中国第一部系统介绍世界自然地理和社会历史状况的译著。值得一提的是，他甚至选译了当时通行的《国际法》。正因如此，林则徐被后世誉为近代中国“睁眼看世界第一人”。

然而我们不要忘记，任何人都会受到时代的局限，即便是第一个吃螃蟹者也不例外。可能是毕竟没有与洋人深入交往过的缘故，就像当时许多中国士大夫一样，林则徐也荒唐地认为洋人嗜吃牛羊肉，若没有从我国进口的大黄、茶叶，他们将会消化不良而死。因此在一份准备转交英国女王的文书中，他以居高临下的口吻警告道：“大黄、茶叶、湖丝等类，皆中国宝贵之产。外国若不得此，即无以为命。”此外由于对洋人的军事实力了解不深，在1839年9月的一份奏折中，林则徐曾宽慰皇帝说：“夷兵除枪炮之外，击刺步伐俱非所娴，而腿足裹缠，结束严密，屈伸皆所不便，若至岸上更无能为，是其强非不可制也。”而实际上，在不久后的穿鼻战役中，英军并无任何人员损伤，一名英方军官事后甚至嘲笑说“中国炮台上似乎是在放烟花”。但是在向皇帝上奏时，林则徐却称我方大胜，击沉几艘英国船，并造成英军50多人死伤。之所以如此，可能是因为他对制伏英夷有十足的把握。战争打响后，尽管英军的坚船利炮已显示出巨大威力，但林则徐依然对战局持乐观的态度。在鼓励军民奋勇杀敌时，他明确提出自己的战术：“盖夷船所恃，专在外洋空旷之外，其船尚

著名英国鸦片贩子颠地（Lancelot Dent），此类人对于促使英国发动鸦片战争产生了重要作用。

道光皇帝（1821～1850）画像。

巴麦尊（Henry John Temple Palmerston，1784～1865），英国著名政治家，1830～1841、1855～1858年间两度出任外交大臣，是两次鸦片战争时期英国对华政策的制定者。

徐继畬画像。

可转掉自如。若使竟进口内，直是鱼游釜底，立可就擒。”在他眼中，珠江口外的那些英船只不过是一群乌合之众，虽然其火器凶猛，但他们断然无法进入中国内陆。

从各方面来看，林则徐无疑是幸运的。1840年4月7日，经过三天的激烈辩论后，英国议院以271票对262票的微弱多数，通过了对华战争的决定。而在此时，乐观的林则徐却认为这场风波很快就要平息了。更具戏剧性的是，当英国远征军主力浩浩荡荡抵达中国后，他们的海军司令巴麦尊竟没有下令攻打广州，而是一路北上，对福建、浙江等沿海地区进行封锁和蹂躏。就这样，当定海、镇江等城市一个个陷落之时，林则徐把守的广州却安然无恙，而近代中国历史上最著名的一个神话也就此诞生了：由于林则徐在广东的积极备战，无机可乘的英军被迫避实击虚，掉头北上……从那时起，许多中国民众就认定：如果换了林大人指挥作战，英国人决不可能取胜。以至于在一年之后，那时林则徐已被免职问罪时，痛心于江浙溃败的广东民众在一篇檄文中还曾这样质问英军：你们不是自吹船炮无敌吗，为何不敢在林大人在位时进犯广东？不过如果后人能够保持冷静，就必须承认这样一个事实：“英军有着制胜的武力，绝非害怕林的武备。”种种证据表明，当时英军之所以没有选择进攻广东，是因为他们的既定计划就是舍弃广东，撇开林则徐，北上清朝政治势力的中心地区，寻找比林则徐官职更高的官员解决争端。而一旦谈判不成，也将在长江下游和北方地区继续开战。

1841年，眼看江浙战场上清军一败涂地，开始感到后悔的道光皇帝下令将林则徐免职，并将引发战争的责任一股脑儿推到他身上。此后，朝廷中的主抚派逐渐占据上风。遭到贬斥和流放之后，或许是跳出了是非圈的缘故，林则徐对洋人的认识反而进一步加深。在去往新疆的途中，他曾在给友人的一封信中这样感慨道：敌人的大炮射程达十里左右，人家能打咱们，咱们却够不着人家，这是武器落后的缘故，恐怕就是岳飞、韩世忠再现也没有办法呀？然而林则徐怎么也不会想到，整整十年之后，他居然再度与洋人发生了纠葛。

让我们把时针拨到1850年，此时距林则徐离开广州已经十年了。十年间，林则徐并未被朝廷彻底打入冷宫。在鸦片战争带来的混乱结束后，道光皇帝重新想起这位老臣，曾先后任命其为陕甘总督、云贵总督等要职。在这些岗位上，林则徐也都尽心尽力地发挥了自己的余热。1850年，这位步入暮年的英雄因病退职，回到家乡福州，准备在这里度过人生最后的岁月。没曾想，到家仅几天，两名洋人的出现一下子勾起了林则徐的无名怒火。

原来在鸦片战争结束后，依据中英双方所签订的《南京条约》，英方被准许在五个开放口岸设立领事馆，但是对非外交人员可否入城居住，双方始终存在分歧，这也成为以后纷争不断的导火索。作为五个开放口岸之一，福州在条约签订不久后便迎来了第一批英国外交人员，不过当地民众对此始终存有敌对情绪。在此背景下，1850年6月，城内突然出现了两名英国人，一个自称传教士，一个自称医生。他们手持盖有当地县令大印的许可证，顺利地在神光寺租下一间屋子。获此消息后，福州的部分士绅开始躁动起来。他们纷纷向官府抗议，强烈要求洋人搬出城外。恰在此时，德高望重的林则徐退职回乡，抗议者便向这位昔日的抗敌英雄寻求支持。尽管当年正是西医缓解了疝气给自己带来的痛楚，但林则徐似乎对这两名洋人并没有任何好感。

接到士绅们的报告后，愤怒的林则徐立即带头上书福建巡抚徐继畬，要求他将两个英国人赶出去。对林则徐这样的前辈，徐巡抚自然不敢怠慢，他赶紧亲自去神光寺调查。但是调查的结果却令人很为难，因为徐继畬发现，这两个英国人并非如林则徐所说的从事间谍活动，他们似乎并不会对大清造成什么威胁。更何况，人家还搬出了两国条约中的相关条款据理力争。无奈之下，徐继畬只好耐心地向林则徐解释，试图说服他不要把事情闹大。不料后者根本不吃这一套，反而带头越级上访，多次向朝廷上奏弹劾徐继畬，指责后者“外张夷焰，内沮民心”，痛斥其“似此抑民奉夷，尚复成何事体”！一时之间，小小的福州城简直有一山难容二虎之势，而在遥远的京城，此事也传得沸沸扬扬。尽管最终在闽浙总督刘韵珂的“巧妙”运作下，受到当地民众孤立的两名英国人被迫离开了福州城，但徐继畬的官帽却保不住了。1851年，朝廷一纸调令将他召回京城。从此，这位写下世界史地巨著《瀛环志略》的杰出官员再也没有担任过显要的职位。不过当受到新登基的咸丰皇帝召见时，他有关林则徐为人的一番话却格外意味深长。他说：林为人“忠正，惟不悉外情，致误事机”。

无论是林则徐还是徐继畬，他们的遭遇都表明，当大清帝国紧锁了上百年的大门被轰开后，一旦与不期而至的洋人打交道，不管采取怎样的策略都是有风险的。关于这一点，另一位两广总督耆英的命运就是最好的注解。

咸丰八年(1858年)五月十八，一道上谕从紫禁城发出。在上谕中，皇帝以愤怒而又无奈的口吻勒令犯有“欺罔”之罪的耆英即行前往宗人府“空房”自尽，而耆英获罪的根源，则要追溯到十多年前的一桩往事。那时，担任两广总督的他受命负责办理夷务，并多次以钦差大臣的身份与洋人签订了一系列不平等条约。不过，咸丰皇帝此次重翻旧账，倒并非追究耆英当年的丧权辱国之罪，毕竟这些条约可

耆英（1790～1858）画像，曾任两广总督。作为当年实际上的外交部长，他先是侥幸地全身而退，但最终还是落得个悲惨的下场。

璞鼎查（1789～1856），首任英国驻华公使兼香港总督，鸦片战争后与耆英签订《南京条约》。

都是得到朝廷授权后签订的。事实上，当年正是由于其在外交方面功勋卓著，道光皇帝对耆英恩宠有加。那么，时隔十余年之后，换了皇帝的朝廷为何突然翻脸了呢？事情还得从头说起。

耆英（1790～1858），字介春，爱新觉罗氏，满洲正蓝旗人，满清宗室贵族，历任理藩院侍郎、内务府大臣、步军统领和户部尚书等职。1842年，由于清军在鸦片战争中节节失利，道光皇帝将时任盛京将军的耆英派往南方，令其以钦差大臣的身份主持江南防务。在领教了英人的船坚炮利之后，耆英向道光奏称“夷情可畏”、“战无长策，惟有羁縻”，主张朝廷与英人议和。最终，无奈的朝廷授权他偕同广州将军伊里布、两江总督牛鉴等人接受侵略者的全部条件。8月29日，在南京下关江面的英舰“皋华丽”(Coruwallis)号上，耆英签订了近代中国历史上第一个不平等条约。战争结束后，耆英以钦差大臣身份任两广总督，兼办有关通商事宜。其在任期间，又先后与英国签订《中英五口通商章程》和《虎门条约》，与美国签订《望厦条约》，与法国签订《黄埔条约》。

在两次鸦片战争期间，满清帝国并没有正式的外交机构，因此驻节广州的两广总督就成了实际上的“外交部长”。从1840年至1859年，历任两广总督如林则徐、琦善、耆英、徐广缙、叶名琛及黄宗汉等，都先后以钦差大臣的身份办理过对西方国家的外交事务，而当中耆英无疑是最具代表性的人物。1842年至1848年间，他几乎参与了鸦片战争后奠基中西关系的全部条约谈判。在与洋人打交道的过程中，这位原本对西方世界一无所知的朝廷大员可以说萌生了太多的感慨。想当初，在鸦片战争刚刚爆发时，尚远在东北任盛京将军的耆英也一度积极主战。而当抵达南京后，亲身领教了洋人炮火威力的他开始意识到双方的差距，因而“不得不暂事羁縻”，并由此练就了一套独特的“制夷”手段。有趣的是，就像林则徐一样，耆英也曾是伯驾的病人。据记载，耆英因患皮肤病，曾辗转托人请伯驾帮助医疗，后又派随从向伯驾讲述病情。经过伯驾的精心治疗，耆英病情明显好转。为了表达感激之情，身为堂堂两广总督的耆英竟不顾华夷之大防，多次在公开场合赞美西医的神效，并慷慨手书条幅“妙手回春，寿世济人”赠给伯驾。

《南京条约》签订不久后，耆英在一系列密奏中，向道光皇帝详细陈述了此次战争失败的原因，进而主张对洋人必须“示以诚信，要处处示以无疑”，这一观点当时也得到了道光的赞赏。不过在广东，耆英却遭到了民间舆论的谴责，甚至有揭帖称“自有权奸以来，未有丧良心无廉耻若耆英之极也”。尤其是在英人入城一事上，耆英更是一度陷入极为尴尬的境地。1847年2月，英国驻华公使、香港总督德庇时以践约为名，强行要求进入广州城。虽然对方是按条约行事，但面临广州民众的强烈反抗，耆英始终不敢答应对方的要求，只好运用手段，私下与其约定两年后入城。在给道光的密奏中，他无可奈何地称此为“羁縻弗绝之计”。幸运的是，并不想扩大事态的英国人暂时退却了。或许是意识到接下来的日子将更加难熬，心力交瘁的耆英以年老体衰为由乞求还朝。

能够从两次鸦片战争期间对外交涉的旋涡中全身而退，耆英的秘诀就在于他本人独特的制夷“智术”，而其主要手段即外示诚信，即通过与外国来华代表建立起个人感情联系，进而影响中外交涉的进程与方向，最终达到有利于大清帝国的目的。秉承这一原则，耆英在对英、法、美等国交涉时，充分地施展了他的“智术”。据英人记载，《南京条约》谈判期间，在中方举行的一次宴会上，为表示自己的和解态度，耆英坚持要按满洲的风俗，往英方全权大臣璞鼎查的嘴里投掷蜜饯。此后，二人之间的友谊似乎越来越深。当1843年耆英应璞鼎查之邀去香港办理正式签字手续期间，还曾在宴会上趁兴唱了一曲满洲小调。在耆英返回广州时，璞鼎查赠给他一把洋刀以及自己妻女的照片，而耆英也以自己所佩金环及书画纨扇一柄回赠。此外，耆英还主动提出收璞鼎查的儿子为“义子”。对自己的这些举动，耆英对道光皇帝的解释是“非奴才甘于抑志降心……盖不如是，则疑团不释，彼此相持，迄难定案”。一年后，当法国代表拉萼尼前来商谈条约时，耆英再度施展了这套“智术”。

1844年9月，步英国后尘的法国派出代表拉萼尼来华，力图与中国签订有利的条约，朝廷再度下令由两广总督耆英负责交涉。9月29日，耆英率属下抵达澳门，开始与拉萼尼谈判。据法方记载，每一次会见中，耆英都极力称赞“三个世纪以来中法两国友好的关系”，甚至有谄媚之嫌地声称以后他将与拉萼尼“合二为一”，共同维持大清国与法国的和平友好关系。经过多番交涉，1844年10月24日，在法国军舰“阿基米德”号上，耆英与拉萼尼代表中法两国签订了著名的《黄埔条约》。就是在这场谈判中，耆英有生以来第一次见到了照相机，并留下了中国摄影史上现存最早的单人照片。

有关资料显示，耆英的这张照片是由时任法国海关总检查长于勒·埃及尔拍摄的。当时，埃及尔是作为和中国进行贸易谈判的代表，于1844年10月抵达澳门，然后又换乘“阿基米德”号到广州黄埔港。在中国期间，他参加了中法贸易协定的签字仪式，并用1839年刚刚诞生的达盖尔银版摄影法拍摄了两国代表拉萼尼和耆英。通过这个小小的插曲，耆英再次向我们展现了他的特别之处。要知道，甚至在进入20世纪之后，由于怀疑会被摄去魂魄，很多中国人对照相还充满恐惧。而作为最早接触照相机的朝廷大员，耆英能够神情自然地接受这新奇的洋玩意儿，其思想之开放由此也可见一斑。从现存的影像看，其人脸形瘦长、吊眼弯眉、额头闪亮，留着山羊胡子。如今，耆英的这张黑白正身人头像原件依然收藏在法国巴黎摄影博物馆里。不久后，照片这种新奇的洋玩意儿又被耆英运用到他的制夷“智术”中。据他本人向皇帝报告，在他同法国拉萼尼谈判期间，曾将自己的“小照”赠给英、法、美、葡等国使臣。

如果我们就此认定耆英在对外交涉中一味取悦于洋人，那就有失公允了。实际上在办理外交时，耆英一方面不能使局势僵化，另一方面还必须维护大清朝廷的尊严。因此在具体操作中，为使双方都满意，他就必然会玩弄一些手段。如果以现在的眼光看，这些手段简直就是幼稚的国际笑话。但在当时的背景下，朝野上下普遍认为，对洋人的所谓外示诚信只不过是一种权宜之计，它并不属于儒家传统道德所谴责的欺伪诡诈，甚至可视为御侮制夷的大智慧。尽管当时大清帝国的军队被洋人打得一塌糊涂，但这丝毫不能改变天朝君臣根深蒂固的观念。在朝贡体制的框架内，任何外邦君主都没有资格与天朝皇帝平起平坐。对身负外交重任的耆英来说，在对国家实力心知肚明的前提下，他的最高使命只能是维护朝廷表面上的尊严，至于对洋人采取什么手段，则不是皇帝关心的重点了。

后来法国人才知道，中法《黄埔条约》签字之后，耆英并没有将条约的原本进呈，而他缮写的清单则将含有“大佛兰西国大皇帝”用语的序文删去，又将各条款中所有“大清国皇上”、“大佛兰西皇上”的用语尽行删除，只以“中国”、“佛兰西国”代替。在欺瞒对方代表的同时，他又致函拉萼尼称“今将贸易条约折稿先行抄录，寄尘青览。我两人心心相印，交重如山，足抒万年和好之美意。一切守约而行，万勿轻听人言，是所幸甚”。然而纸终究包不住火。11月底，当拉萼尼去香港访问时，对耆英的手段已有所领教的德庇时竟向他展示了中美《望厦条约》的两种文本：一种是公布的正式文本；一种是改易了字样的进呈本。此时，拉萼尼才如梦方醒，恼怒的他随即照会耆英，提醒后者注重诚实。接到对方的抗议后，耆英赶紧信誓旦旦地辩称自己绝对是个讲信义的人，同时指责德庇时系心怀嫉妒而故意挑拨离间，甚至语气肉麻地表示与拉萼尼情投意合。尽管如此，头脑清醒的拉萼尼已对耆英的诚实和信用产生了怀疑。而正是这种怀疑，为耆英后来的厄运埋下了伏笔。不过从当时耆英的自我感觉以及朝廷的反应看，他对自己屡试不爽的外交“智术”似乎颇为自得。而当时的西方舆论对耆英本人似乎也颇多好感，有一个插曲就充分地证明了这一点。1846年12月，一艘名为“耆英号”的中国帆船从香港出发，一路远航前往伦敦。据说该船于次年3月抵达伦敦时，连英国女王维多利亚都曾前去参观。而这艘由英国人秘密购买的船能够以时任两广总督耆英的名字命名，也反映了西方人对这位外交大员的看法。

不过后来的事实表明，耆英这种做法无异是搬起石头砸自己的脚。也正是由于其特殊的外交生涯，在后世的教科书中，耆英往往被贴上这样的历史标签：鸦片战争时期著名的投降派官员，与列强签订了一系列不平等条约，大量出卖了民族利权。但从当时朝廷的反应看，耆英本人倒一度顺风顺水。1848年年初，耆英自请觐见道光皇帝，随即被留京供职。为表彰其多年办理夷务的劳苦功高，道光对他格外宠信，先是赐双眼花翎，命他管理礼部、兵部，兼都统，甚至慷慨地允许他在紫禁城乘坐肩舆，不久又擢升为文渊阁大学士。然而好景不长，正当耆英

1858年《天津条约》签订时场景，英国随军画师绘制。

登上个人政治生涯的顶峰时，道光皇帝却于1850年去世。在新旧权力的交替中，耆英很快成为了牺牲品。同年10月，刚继位的咸丰皇帝就下旨处分耆英，历数其“畏葸无能”、“抑民以奉夷，罔顾国家”、“丧尽天良”、“贻害国家”等罪状，将其从正一品降为五品顶带，以六部员外郎候补。至此，耆英在鸦片战争期间的那些“功劳”又变成了他的罪名。可以想见，这位昔日功臣的心理落差是多么大。据说心怀怨气的他竟公然书写楹联：“先皇隆褒，有胆有识；时皇罪过，无耻无能”。

在蛰伏了八年后，耆英再度迎来了人生的转机。1858年，发动了第二次鸦片战争的英法联军攻陷大沽炮台，朝野为之震惊。危难之时，朝廷想起了当年曾在广州与英法多次打交道的耆英。鉴于“已革大学士耆英，熟悉夷情”，咸丰皇帝决定对其“弃瑕录用”。随即，雄心勃勃的耆英以侍郎衔随大学士桂良和吏部尚书华沙纳同赴天津，准备在与西方国家的谈判中再显身手。但是耆英做梦也没有想到，他所踏上的竟是一条不归之路，而祸根正是自己多年前在广州亲手埋下的。

当耆英一行抵达天津准备与英法代表谈判时，出乎意料的事发生了。双方还没有切入正题，对方就对他们的和谈诚意表示了怀疑。原来1858年1月英法联军攻破广州城之后，在劫掠叶名琛的督府之时，他们偶然间缴获了装有耆英、徐广缙和叶名琛在广州办理夷务期间的奏折、谕旨和皇帝对外交条约的批复原件等外交文件的“黄匣”。正是这个神秘的匣子，使西方外交官洞悉了清朝官员办理夷务的具体做法。英国人在阅读了耆英1844年1月一份关于“驾御夷人情形”的奏片后，对耆英两面三刀的做法十分厌恶。结果，耆英在天津与英国代表威妥玛等人刚刚见面，后者就充满鄙夷地拿出先前缴获的奏折，并当场予以奚落，而颜面扫尽的耆英不得不狼狈逃离天津。本来朝廷重新起用耆英，就是想利用他“亲夷”的好名声来笼络英法，结果没想到他的出现反而使局面更加被动。对此，恼怒的咸丰皇帝以擅自离职的罪名，令耆英在宗人府自尽。

就在耆英自尽后大约一年，另一位曾经的两广总督叶名琛，同样走向了生命的尽头。

说起叶名琛，可能更多的人会想到“不战不和不守，不死不降不走” 这句著名的评语，并将此人想象为一个可悲可憎的历史小丑，然而真实的情形又如何呢？

叶名琛（1807～1859），字昆臣，1835年中进士，历任知府、按察使、布政使等职，1848年任广东巡抚，因与两广总督徐广缙阻止英人进入广州城有功，受封一等男爵，1852年升任两广总督。在外人看来，叶名琛的仕途可谓一帆风顺，顺利得甚至让人嫉妒。他少年成名，不到四十岁就升任封疆大吏，稳居广东巡抚、两广总督高位达九年之久，在同一时期的地方大员中实属罕见。时论曾称：“叶相以翰林清望，年未四十，超任疆圻，既累著勋绩，膺封拜，遂疑古今成功者，皆如是而已。”然而不要忘记，鸦片战争以来的历任两广总督，无论曾经多么荣耀，最终都在外交这道坎上栽了大跟头。从林则徐到琦善再到耆英，概无例外。作为当时大清帝国实际上的外交部长，两广总督的位子可谓一个烫手的山芋，稍有不慎就会身败名裂，甚至性命不保。而恰恰就是在与洋人打交道的过程中，叶名琛的命运就如过山车般急遽起伏。

第一次鸦片战争结束后，当英国要求依照有关条约规定在广州设立领事馆时，遭到了当地民众的强烈抵制。还在耆英担任两广总督期间，对此事就极为头痛。当时，一方面英人态度强硬，另一方面民意难违。无奈之下，耆英又在洋人面前施展了自己拿手的“智术”。他秘密告诉英人，称广州之民向来难缠，希望对方能从长计议，并许诺两年后必定履行合约。幸运的是，当时的英国代表也不想扩大事态，因此就暂时退却了。不久后，躲过风头的耆英回京任职，却将这个大炸弹留给了继任者。1849年，英人再次前来，要求新任总督徐广缙履行耆英的承诺。徐总督虽然不像耆英那样擅长打温情牌，却也有自己的绝招。他秘密鼓动起当地民众武装达十多万人，底气不足的英国人再度退却了，答应不再提入城之事。在整个过程中，广东巡抚叶名琛积极参与此事的策划和执行。欣喜之下，道光下旨封徐广缙一等子爵，叶名琛一等男爵，广州当地百姓也充满感激地搭起六座宏伟的彩牌楼为二人庆功。1852年，叶名琛接替徐广缙任两广总督兼通商大臣，从而登上了人生的顶峰。

然而叶名琛在总督的位子没待几年，英人又来纠缠不休了。英方新任驻华公使包令重提入城之事，叶名琛自然严词拒绝。不过这次英国人决定采取强硬态度扩大在华利益，并以不久后发生的“亚罗号”事件为借口挑起了事端。客观地讲，在1856年10月的“亚罗号”事件中，叶名琛的对外交涉基本做到了有理、有利、有节，但最终仍难以避免英方挑起战火，第二次鸦片战争由此爆发。有关资料显示，战争开始后，身为地方长官的叶名琛也曾积极备战。尽管当时由于镇压太平军的缘故，手中的兵力十分有限，但他再次进行了全民动员，在告示中宣布：“英夷攻扰省城，伤害兵民，罪大恶极。但凡见上岸与在船滋事英匪，痛加剿捕，准其格杀勿论，仍准按名赏三十大元，解首级赴本署呈验，毋稍观望。”叶名琛坚信，正如前几次一样，面对群情激愤的广州民众，英人自然会退却。然而到1857年10月，随着额尔金率领的大批英军到来，敌我双方的力量对比发生了巨大变化。

1858年1月，英法联军攻占广州，英军随军画师所绘。

必须承认的是，通过多年来与洋人打交道，叶名琛对敌方实力的估计是很清醒的。面对新情况，他在给朝廷的奏报中称“默念与洋人角力，必不敌”，这的确没有任何错。但问题就在于接下来怎么办。叶名琛认为，按照前几次的经验，英人攻城只不过是虚张声势而已，假以时日，危机自然会烟消云散。在这种乐观情绪的支配下，叶名琛极力表现得镇定自若，却被后人讥为“高谈尊攘，矫托镇静，自处于不刚不柔、不竞不绣之间”。另有传言说他之所以如此镇定，乃是因为总督衙门中供奉的吕洞宾、李太白二位大仙“明示”，说过了15日就会平安无事。而在事后，广州也有民谣曰：“叶中堂，告官吏，十五日，必无事。十三洋炮打城惊，十四城破炮无声，十五无事卦不灵。洋炮打城破，中堂仙馆坐；忽然双泪垂，两大仙误我。”

1858年1月5日，英法联军攻破广州城，拒绝逃跑的叶名琛束手就缚。另有传言说当敌兵逼近时，曾有下属暗示他投水自尽，但他无动于衷。我们姑且不管此事的真假，按照传统的道德要求，叶名琛没有当机立断地自杀殉节，势必给他招致广泛的非议。在获悉广州失陷、总督被俘的情形后，朝廷对叶名琛的评价立即来了个急转弯。咸丰皇帝更是气急败坏地指责叶名琛“办事乖谬，罪无可辞”，不但宣布免去其一切职务，甚至要求广州方面“勿因叶名琛在彼，致存投鼠忌器之心。该督已辱国殃民，生不如死，无足顾惜”。与此同时，一些民间舆论开始抨击叶名琛，戏称其“不战、不和、不守，不死、不降、不走；相臣度量，疆臣抱负；古之所无，今之罕有”。从此以后，这段经典语录便成为叶名琛的历史标签。

后来随着一些真实信息的传播，人们对叶名琛才逐渐有了新的认识。当年被俘后，叶名琛先是被送至停泊在香港的英舰“无畏号”上。对这位曾经声名显赫的总督，英国人对他还挺客气。据当时的香港报纸记载，军舰上所有军官很尊敬

现存叶名琛唯一的一张照片，此半身像应系其被俘期间由西人所摄。

他，见面时都向其脱帽致意。48天后，叶名琛又被送往印度的加尔各答。临行前，叶名琛命仆人从家中自带食物，立志不食英人之粟。在印度期间，叶名琛一直自命为“海上苏武”。我们看到的这张照片，应该是叶名琛被关押期间由洋人拍摄的，这也可能是他一生中唯一一次照相了。照片中的他身穿便服，面色憔悴，神情寥落。据随其前往加尔各答的仆人追述，叶名琛一心希望能有机会晋见英国君主，与其当面理论。看来，他之所以当初没有自杀而束手待缚，可能确实别有隐情。当获悉此愿望不可能得到满足后，随身粮食已用完的叶名琛选择了绝食，表示宁死不食外国之物。1859年三月初七，病而不食的叶名琛在异国他乡走完了自己的一生，临终前反复说的一句话就是“皇上天恩，死不瞑目”。随后，英方在其木棺外裹以铁皮送回广东。而此时，英法联军的炮舰逼近大沽口，试图直接与大清皇帝对话。

尽管后世许多人在评价叶名琛时，都将矛头指向其“鸵鸟式的外交政策”，更将“不战不和不守，不死不降不走”的荒唐帽子扣到他的头上。但种种事实表明，如果结合当时清王朝所面临的处境，这绝对算得上一桩冤案，上述罪名实际上都无法成立。而早在当时，就曾有人写挽联为叶名琛鸣不平——“公道在人心，虽然十载深思，难禁流涕；灵魂归海外，想见一腔孤愤，化作洪涛”。以今天的角度来看，对这桩公案更合理的解释是，叶名琛的个人悲剧，其实恰恰反映了清王朝在与列强发生纠纷时所面临的种种困局。

恭亲王奕䜣。1860年11月2日，费利斯·比托（Felice Beato，1833或1834～1907？）摄于北京，这张肖像照堪称近代中国最经典的影像之一，曾在全世界范围内被广为使用。

二、“鬼子六”的忧和愁

公元1859年6月，当叶名琛的尸骨被送回广州后不久，英法联军的舰队便扬帆北上大沽口，执意要在大清帝国的都城北京交涉有关《天津条约》的修改事宜。回想起整整一年前，在与叶名琛、耆英诸位地方大员交涉无果后，一心要将这个古老帝国的窗户撕烂的列强再度祭起炮舰大旗，绕开两广总督们的种种外交手腕，不费吹灰之力便攻陷了号称帝国门户的大沽口炮台。一时之间，京师为之震动。为了尽快打发走这些难缠的洋鬼子，咸丰皇帝派钦差大臣桂良、花沙纳前往天津与俄、美、英、法各国代表交涉，最终与四国分别签订了《天津条约》。

不过，就在英法联军怀揣条约文书陆续撤军南下不久后，咸丰皇帝又反悔了，而其最主要的原因便是条约中关于外国使节有权驻京的规定。要知道，自从经历了1793年马戛尔尼风波后，历代清朝皇帝便对拒绝行跪拜大礼的洋人毫不感冒。即便在鸦片战争中被迫割地赔款，大清皇帝也对洋人多了几分忧恐，但不与列强的使节当面对话已成为整个帝国的心理底线。因此在大沽口的硝烟刚刚散尽后，力图拒洋人于都城之外的咸丰皇帝又令桂良等在上海与英、法代表交涉修改《天津条约》，其首要的任务便是取消公使驻京、内地游历、内江通商等条款，并设法避免英、法到北京换约。却不料，此时的大清王朝已没有讨价还价的资本了。列强不但在修约问题上不容有丝毫商量，并且态度强硬地坚持要在北京换约。

在拒绝桂良提出的在沪换约的建议后，英法开始陈兵大沽口外，企图以武力威慑清王朝交换《天津条约》批准书，双方遂再度兵戎相见。曾经有那么一阵儿，由于科尔沁亲王僧格林沁在突袭战中取得胜利，整个帝国曾为之振奋，大有一举驱逐洋人之势。遗憾的是，僧大帅的这次胜利也是第二次鸦片战争中帝国唯一的一次胜利。1860年2月，英、法帝国主义当局分别任命额尔金和葛罗为全权代表，率领英军一万五千余人，法军约七千人，扩大侵华战争，其目标则为占领中国首都并实行大规模报复。一场大规模的战争就此拉开帷幕。

8月1日，英法联军在北塘登陆并很快夺取了清军要塞，又先后攻陷大沽炮台，直至占领天津。如果我们透过残存的历史影像观察，就会发现，当时帝国的士兵确实曾进行了殊死抵抗。对这一幕幕惨烈的场面，摄影师费利斯·比托无疑是最有感触的目击者。

费利斯·比托（Felice Beato，1833或1834～1907？），出生于意大利的威尼斯，后加入英国国籍。作为世界上最早的战地摄影师之一，比托在摄影史上影响很大，被誉为“军事报道摄影的先驱者之一”。早在1853年，他就曾和另一位欧洲战地摄影师詹姆斯·罗博顿（James Robertson）采访过著名的克里米亚战争，为后人留下了许多经典镜头。此后，这位喜好旅行的年轻摄影师又一路向东，先是抵达印度和阿富汗，亲历了1857年印度民族大起义，拍摄了大量珍贵照片。之后他又来到中国，并在广州搭上英法联军的军舰一路北上，以临时战地摄影记者的身份参与了第二次鸦片战争。有资料显示，比托在中国活动的时间大约只有一年，却拍摄了许多具有历史价值的摄影作品，如《联军占领下的广州镇海楼》、《北京联军驻地》、《北京城墙的东北角》及《安定门附近的雍和宫》等。特别是在中国北方拍摄的一些残酷的战争场景，以及英法联军对天津的占领和对北京皇家园林的破坏，都堪称经典镜头。

1860年8月2日，当英国士兵刚刚夺取北塘要塞，面对着一片狼藉的战场，极度

僧格林沁（1811～1865）

被英法联军攻陷后的大沽炮台。摄影史上著名的战地照片之一，1860年8月，费利斯·比托摄。

咸丰皇帝（1831～1861）画像。

英法联军逼近天津。

近代史上著名的八里桥之战，虽然此次战役堪称悲壮，但最终的结局却是惨败，而大清王朝的落后由此暴露无遗。

英法联军进入北京。1860年10月，菲利斯·比托摄。

兴奋的随军摄影师比托就摆好相机，开始从不同角度拍下这些“绝妙”的战争场面。据随军的芮尼医生回忆，比托请求在完成拍摄之前，丝毫不要动现场，不把尸首抬走。或许，这位高度职业化的摄影师正是要展示战争的残酷性与野蛮性。于是从他当年拍摄的照片中，我们看到被攻陷的大沽口炮台上，担任防守任务阵亡的中国士兵，趴在一个要塞城堡上，旁边摆着他们原始的土炮和弓弩。尽管这些照片距今已有150年的时间了，但从那泛黄的影像中，似乎仍隐约飘来几丝血腥的气息。

8月24日，当英法联军占领天津后。咸丰皇帝急忙再度派桂良等人到天津议和，希望能像上回一样打发掉这些可恶的洋鬼子。却不料，对清王朝的外交手段了如指掌的英、法提出，除全部接受《天津条约》外，还要增开天津为通商口岸，增加赔款并强令要求带兵进京换约。对这最后一条，咸丰皇帝无论如何是不会答应的，谈判随即破裂。之后，英法联军向北京进攻，其间又发生了历史上颇具争议的一幕。当双方在通州再度和谈失败后，恼怒的中国代表竟以武力掳去了英国代表巴夏礼和士兵等39人。对这一闻所未闻的变故，英法联军干脆以更猛烈的炮火予以回应。9月21日，在血腥悲壮的八里桥之战中，随着僧格林沁大帅的铁骑全军覆没，清王朝的最后一丝希望也破灭了。次日，咸丰皇帝带领一干随从离开圆明园，仓皇前往热河避暑山庄“狩猎”。临走前，他给这个帝国所作的唯一交代，就是授权其弟恭亲王奕䜣与洋人议和。

咸丰皇帝无论如何也不会想到，他这一走，竟再也没有回到京城，而那座由他的历代先祖倾尽心血堆砌而成的“万园之园”，也将在一场大火中化为废墟。

10月7日上午，英法联军闯入北京西北郊的圆明园。长久以来，在欧洲人的想象中，这座中国皇帝的“夏宫”就如同《一千零一夜》中的仙境。在阅读了众多传教士的描述后，法国作家雨果形容其为“幻想的原型”、“月宫般的仙境”、“大理石建造的梦”。事实上，当精疲力竭的英法士兵们刚刚抵达这里时，简直目瞪口呆

圆明园被毁后的遗迹，各类中国近代史教材中最经典的影像之一，至今仍是重要的爱国主义教育素材。

了，所有人都被它的壮丽景象彻底征服。一名普通法国士兵写道：“看到的景象让我目瞪口呆、头晕眼眩……突然之间，一千零一夜对我来说完全真实可信。”

几乎没有丝毫的矜持，侵略者很快就对圆明园展开了一场有组织的劫掠。更可怕的事还在后面。10月18日，当清王朝已答应接受全部“议和”条件并择日签约时，英军指挥官额尔金伯爵居然下令将圆明园付之一炬，其理由便是其被俘人员曾遭到了虐待。紧接着，三千五百名英国士兵在园内到处纵火，致使这座举世无双的园林杰作以及所藏艺术宝藏被付之一炬。而面对这场大火，额尔金却志得意满地宣称：“此举将使中国与欧洲愓然震惊，其效远非万里之外之人所能想象者”。当消息传回欧洲后，雨果愤怒地抨击道：有一天，两个强盗闯进了夏宫，一个进行抢劫，另一个放火焚烧。他们高高兴兴地回到了欧洲，这两个强盗，一个叫法兰西，一个叫英吉利。他们共同“分享”了圆明园这座东方宝库，还认为自己取得了一场伟大的胜利！

实际上，真正逼使大清帝国乖乖坐到谈判桌前的，并非圆明园的熊熊烈火。早在9月21日那场生死攸关的八里桥之战后，深知败局已定的咸丰皇帝已悄然离京，并在临行前正式授命其弟恭亲王奕䜣“奉旨议和”，由此将这位年仅27岁的王爷强推上了外交舞台。而与早些年已多次同洋人打过交道的两广总督比起来，恭亲王的确算是个新人。由于一直身居京城，他甚至从未见过洋人的真面目。不难想象，对年轻的王爷而言，在这样一个起点上办理外交是多么艰巨的考验。

历史记载显示，在与洋人交涉初期，年轻气盛的恭亲王也曾一度表现强硬。由于当时中方已扣留了巴夏礼等人作为“人质”，因此他曾以此作为筹码要求英法停止敌对行动。但是谈判桌上最终还得靠实力说话。经过短暂的口舌之争，法国特使葛罗只给恭亲王提供了两样选择：要么屈服，要么摧毁北京、推翻清朝！ 10月1

额尔金（James Bruce, 8th earl of Elgin, 12th earl of Kincardine, 1811～1863），英国外交官，火烧圆明园的罪魁祸首。

日，葛罗收到恭亲王带威胁性的回复。照会警告说：“本亲王前已言明，和约未经议定，若草草送还，转非以礼相待之意。……至贵国若用兵力威迫，不独已成之和局可惜，且恐贵国在京之人亦必难保也。”但是最终，39名人质并无法阻挡两万余名英法士兵前进的脚步。10月5日，英法联军向北京挺进。

此时的京城，已由于咸丰皇帝悄然离去而恐慌不安。获知这一消息后，即使侵略者也在担心，没有了皇帝，他们将和谁打交道？因为如果没有了谈判对手，他们的胜利又有什么意义？

幸运的是，恭亲王留在了北京。不过在洋人看来，这位王爷就如同已经逃之夭夭的皇帝一样，神秘而不可捉摸。几乎所有人都在猜测，他是一个什么样的人呢？

根据西方人有限的了解，恭亲王此前的履历几乎是一张白纸。恭亲王奕䜣（1833～1898），道光皇帝六子，咸丰皇帝异母弟。中国后来的正史记载，少年时的奕䜣颇具英武之气，曾经与四兄奕詝共同习武，并创枪法二十八式、刀法十八式，龙颜大悦的道光皇帝亲自将枪法与刀法分别命名为“棣华协力”和“宝锷宣威”，同时单独赐给奕䜣一把金桃皮鞘白虹刀。这位皇子不仅习武善射，而且文采飞扬，留下了众多不俗的诗文，这样的文武全才在诸皇子中堪称佼佼者。然而吊诡的是，时运不济的奕䜣却在皇位竞争中输给了资质平平的奕詝。或许是心怀愧意，道光皇帝临终前亲笔下诏封奕䜣为亲王。这样一来，奕䜣势必遭到新皇帝的猜忌。咸丰即位后，虽然很快就遵父命封奕䜣为恭亲王，并让其担任一系列显赫的职务。然而没过几年，由于为其母争封号，奕䜣便被免去几乎所有职务。直到1860年，眼看英法联军马上就要攻入北京了，仓皇出逃的咸丰才想起这位弟弟，令其全权负责收拾烂摊子。只是这样的“重用”，哪里又是什么美差呢？

尽管胸中难免有郁愤，大清王朝的安危毕竟才是头等大事。临危受命的奕䜣很

《北京条约》签订时场景。

快就认清了形势，勉强“淡定”地分别与英、法签订条约，从而挽救了大清王朝的命运。事实证明，这次向洋人屈膝求和反而成了奕䜣捞取政治资本的绝佳舞台。因为他正是在主持议和及处理善后事宜的过程中赢得了西方的好感，从而为他以后开展外交活动创造了条件。而在此期间他还不声不响地笼络了户部侍郎文祥、文华殿大学士桂良、总管内务府大臣宝鋆、副都统胜保等重臣，从而在朝中形成了自己的政治集团。

10月24日，在英国方面选定的地点——位于天安门附近的礼部衙门，奕䜣作为全权代表与英国代表额尔金勋爵签署和约。不过对初担大任的亲王而言，整个签约过程简直就是一场噩梦。那天，中英双方原本拟定于午时会面，但一向以守时自诩的英国人却一直到下午3点才抵达礼部。显然，他们是想通过这种特殊的方式来给恭亲王一个下马威。据当时的目击者回忆，当“洋大人”额尔金乘坐八抬大轿不可一世地进入礼部大堂时，等候多时的恭亲王前去拱手致意，然而态度狂傲的额尔金竟只是略略一躬身作为还礼，目光中甚至带着几分轻蔑。在双方代表就座时，英国人也格外霸道。额尔金径直在左侧签约桌坐下，然后才示意恭亲王坐在右边。实际上，英国人早就了解到，按照中国的习俗，左尊右卑。

有趣的是，就在签约仪式举行期间，又发生了一件令恭亲王终生难忘的插曲，而这起意外事件的导演者便是我们前面提到的战地摄影时费里斯·比托。原来自来到中国以后，身为英法联军随军摄影师的比托就一直忠实地履行着自己的职责。凭着摄影师特有的嗅觉，他敏锐地意识到这次签约将给后人提供一幅历史性的场景。因此在整个签约仪式过程中，比托都在不知疲倦地忙碌着。由于当时的摄影技术还处于起步阶段，照相设备都还非常笨重，要想为条约签订拍摄一张好照片，的确需要费一番气力。据当时参加签约的英军司令格兰特回忆，当比托把他的照相设备搬进会场大门口，并用巨大的镜头对准恭亲王试图来个特写时，原本就情绪郁闷的亲王顿时惊恐地抬起头来，他面如死灰，以为英国人要用这门样式怪异的“大炮”轰掉他的脑袋。一阵尴尬之后，英方赶紧向亲王解释这完全没有恶意，而只是在给他拍肖像照。紧接着，在额尔金的指挥下，在场所有人员凝神肃立了好一阵子（因为当时照相所需的曝光时间很长），而许多不明就里的中国代表已是胆战心惊。对这一幕，当时在场的一些中国人记忆深刻。据说当费里斯·比托忙于拍照时，出于好奇而围观的群众达一万多人。一位文人还详细地记载了当时的情景：“大堂檐外设一架，上有方木盒，中有镜，复以红毡，不知何物？……是日观者万余人。”

遗憾的是，由于当时室内光线不好，这次摄影并未获得成功，也白白浪费了各位签约代表的珍贵表情，后人也无从目睹反映这场签约仪式的影像。不过在一周后的11月2日，当恭亲王与额尔金再次会晤时，比托又利用其特殊的身份为恭亲王补拍了一张肖像照。当天，对拍照已不再恐惧的恭亲王特地穿上一件紫色的、绣有黄龙的锦缎官袍。从画面效果来看，这张照片拍摄得非常成功，并在后世成为了恭亲王的标准像，也被视为目前所知最早的清代皇室贵族的照片。通过照片我们不难发现，这一时期的恭亲王表情肃穆，眉宇间透露出难以掩饰的忧愁。作为一个时代的见证，这张照片也成为中国近代史上的经典影像之一。

的确，初担大任便被迫签订屈辱条约，恭亲王没有任何理由不忧愁。只是他肯定不会想到，尽管自己曾在此后三十余年间几度登上权力的巅峰，但一个“愁”字却将成为其人生的主旋律：为国家愁，为自己愁；来自洋人的愁，来自国人的愁；男人令他愁，女人更令他愁……

虽然在初次与洋人正式打交道的过程中受到了怠慢，但恭亲王却意外地收获了中外舆论的一致好评。即便是原本对满清皇室极度反感的额尔金，也在谈判结束后对这位亲王刮目相看。而在此后三十余年间，恭亲王将不断给世人带来惊喜。以至于无论是在国内还是在西方，都曾有许多人这样大胆假设：如果当初道光皇帝选择了奕䜣，大清帝国的命运是否会有所不同？然而可惜的是，这样的假设永远也没有机会求证了。

英法联军的战火熄灭不久，1861年7月16日，体弱多病的咸丰皇帝还没来得及返回北京，便在热河行宫驾崩了。值此危难之际，恭亲王奕䜣一定感受到了莫名的失落。因为咸丰临终前遗命，怡亲王载垣、额驸景寿及辅国公肃顺等八人为“顾命大臣”，全权赞襄一切政务，辅弼幼主。尽管远在京城的奕䜣刚刚在与洋人的议和中立下汗马功劳，但却没有因此而赢得咸丰的信任。幸运的是，由于一个女人的出现，奕䜣的政治生命很快就迎来了转机。

这个女人就是新皇帝的生母、咸丰的贵妃慈禧太后。咸丰皇帝驾崩后，这个权力欲极强的女人与肃顺等权臣之间产生了不可调和的矛盾。于是，两个都想在政治上翻盘的人迅速接近并结成同盟。经过一番密谋，他们成功发动了辛酉政变，一举粉碎了以顾命八大臣为首的势力，两宫太后开始垂帘听政。夺取政权后，慈禧太后慷慨地回报了这位小叔子，授其为议政王大臣，军机处担任领班大臣，宗人府宗令和总管内务府大臣以及总理各国事务衙门王大臣等一整套要职。自此，奕䜣总揽大清帝国的内政外交事务。虽然当初没有当上皇帝，但这样的显赫权势也足以弥补内心的遗憾了。

接下来，凭借着权力作为后盾，奕䜣在外交内政诸方面掀起了一场颇具声势的改革，就连当时的西方舆论都为之侧目。

执政以后，面对新形势、新问题，奕䜣以其独到的见识提出，帝国要发展，首先就得在国际环境中求和平。与当时整个满清统治集团的颟顸保守相比，这样与时俱进的认识水平实属难得。要知道，几乎就在一年多前，当刚刚接受与英法两国谈判的任务时，血气方刚的恭亲王还坚决主张抵制对方的索求，并极力赞同处死被俘获的英国外交使节巴夏礼。不过当目睹了圆明园的漫天大火后，这位亲王对洋人的态度很快就发生了彻底的转变。他开始认识到，大清帝国已遵行了两百余年的朝贡体制，看来要注定被抛弃了。回想起1793年，当英吉利代表马戛尔尼前来寻求贸易谈判时，被高宗皇帝（乾隆）一通斥责草草打发了。即便在第一次鸦片战争中失败了，天朝也只是授命远离京城的总督们临时负责对外交涉。而今，洋人的使节即将在不平等条约的庇护下常驻北京。朝廷如果再实行鸵鸟政策，显然已没有任何可能了。经过一番筹措后，1861年1月，奕䜣联合文祥、桂良等人上《通筹夷务全局酌拟章程六条折》，提议建立专门的外交机构。在奏折中，奕䜣以非凡的勇气指出，外国人并非“性同犬羊”，犹可以信义笼络；只要中国信守条约，以善良和开明的态度对待洋人，不给他们抱怨的理由，就能保持和平。几天后，中国第一个官方外交机构——总理衙门诞生了，并很快成为军机处以外的另一中枢政府机构。或许是痛感于绑架英国外交代表招致的恶果，奕䜣还对国际法表现出了强烈兴趣。尽管以今人的目光而言，这种国际法不过是那个年代列强制定的游戏规则，软弱的清王朝只有“被”的份。但客观地看，在弱肉强食的国际大背景下，如果“羊”能巧妙利用好“狼”的规则，有时候也可以争取到某些属于自己的利益。在同文馆总教习丁韪良一干洋人的帮助下，恭亲王终于得到了《万国法原

巅峰时期的恭亲王奕䜣，1871～1872年，约翰·汤姆逊摄于北京，地点应为恭王府后花园。

暮年时期的恭亲王奕䜣。可以看出，照片中的这位王爷似乎从来就没有轻松过，眉宇之间总是显露出几丝忧愁。

理》的译本。在利用其中的条款打赢了一场国际官司后，喜出望外的恭亲王随即责令刊印300本发至各省当局。

就这样，在第二次鸦片战争之后的10多年间，恭亲王奕訢始终秉承自己的外交理念，即对洋人非暴力而合作。事实证明，这条外交路线为大清帝国争取到了宝贵的和平发展空间。特别是在成功平息太平天国运动后，以奕訢为首的改革派（又称洋务派）得以将全部身心投入到自强运动中，从而为后来的"同治中兴"奠定了坚实的基础。在文祥、曾国藩、左宗棠、李鸿章等人的大力协作下，奕訢成功推动了中国的第一次近代化运动，而其政治生涯也日益走向辉煌。无论是在经济、军事、外交还是教育方面，其骄人的成绩都获得了很多赞誉，并被许多舆论称为"贤王"。后世许多学者都认为，奕訢是晚清封建统治阶级中具有睿见卓识的改革家，在中国近代化道路上堪称先知先觉者。

遗憾的是，尽管成功掀起了晚清第一波改革大潮，但是这次"自强"运动并没有使王朝走向质的蜕变。实际上透过表面的辉煌人们依然会发现，就像《西游记》中的孙悟空一样，铁帽子王爷奕訢从来就没有摆脱过头上的"紧箍咒"。正如孙悟空无法逃脱如来佛的手掌心一样，奕訢也无法摆脱另一位"佛"的掌控，那就是慈禧太后"老佛爷"。仔细观察一下奕訢那有限的几张照片，不难看出，其面部表情的总体基调就是一个"忧"字。无论是在人生的哪个阶段，这位王爷似乎总显得心事重重，愁容满面。

在引领大清改革迅速起航时，奕訢被公认为舵手并获"贤王"的美誉。当然，朝中一班保守的顽固派则大为不满，并在私下里鄙称其为"鬼子六"。不过总体上看来，这些小波澜还撼动不了"贤王"的地位。但是"老佛爷"就不同了，因为她可以给奕訢巨大的权力，也可以让他瞬间一无所有。关于这一点，执政初期的奕訢或许还无法体会。然而在经过两次"下课"危机后，"贤王"就对此铭刻在心了。

奕訢与慈禧，堪称整个晚清最令人瞩目的政治组合。在长达38年的时间内，这二人之间时而合作，时而较量。从结果看，奕訢始终扮演着配角，而这也很好地诠释了他"忧"的人生主旋律。

毫无疑问，在掌控资源、玩弄权术方面，慈禧远胜于奕訢。想当初咸丰驾崩之后，承德行宫中的孤儿寡母简直是胆战心惊，无日不盼着远在北京的那位"皇叔"施以援手，除掉气势嚣张的顾命八大臣。然而刚到垂帘听政后第五个年头，皇帝虽然还是那个小皇帝，太后却已不再是那个太后了。

随着奕訢的地位骤升和声望日高，权力欲极强的慈禧太后按捺不住了。对这位昔日的政治盟友，太后的心情简直太复杂了。一方面，恭亲王在处理内外事务中所表现出来的活力与魄力，实实在在给朝廷带来了巨大好处；而另一方面，任何有可能威胁到太后权威的苗头都是不容滋生的。因此，在对奕訢的拉与打之间，慈禧可没少花心思。

1865年3月31日，原本藉藉无名的翰林院编修蔡寿祺居然上奏弹劾奕訢，说他揽权纳贿，徇私骄盈。要知道，在当时朝中，恭亲王的权势和威望正如日中天，即便那班资望甚高的清流派大学士，也只敢在奏折中旁敲侧击地对其予以讽刺，或者在私下里以"鬼子六"蔑称之。身为一名品级很低的学术圈官员，蔡寿祺敢摸老虎屁股，显然不是借酒撒疯，而一定是受到了来自高层的授意。出乎所有意料的是，接到奏折后，一向对恭亲王偏袒有加的慈禧太后竟突然翻脸，下令有关部门对其严加查办。仅仅两天后，慈禧太后就下旨，鉴于恭亲王目无君上，即行免去其议政王和

被排挤出权力中心的恭亲王奕䜣与醇亲王奕譞合影，1889年，著名摄影师梁时泰拍摄。

其他一切职务。消息一经传出，满朝文武为之骇然。随即，一场轰轰烈烈的保护恭亲王的运动在朝中上演，而奕䜣本人也在愣了好几天后回过神来。他开始意识到，如今的大清不需要“周公”，一切权力归“圣母”。据记载，最终恭亲王像个犯错的小孩，来到太后面前“伏地痛哭、无以自容”，恳求后者的宽宥。至此，慈禧太后的目的也达到了。因为从当时的形势看，朝廷还离不开奕䜣。因此在稍加训诫之后，慈禧太后又“慷慨”地允许奕䜣重新上岗，不过还是顺便剥夺了其“议政王”的头衔。

经过这次沉重打击后，恭亲王终于明白了一个硬道理：权力是太后给的。在此后的政治生涯中，这一教训就像达摩克利斯之剑，数十年如一日悬挂在他的头上。试想，如果内心深处始终萦绕着这样一个阴影，再高明的政治家也不会快乐。虽然后来心气颇高的恭亲王也曾在局部战场上予以反击，但最终的结果只能是遭到更沉重的打击。1868年，正是在奕䜣的大力支持下，山东巡抚丁宝桢果断杀掉了慈禧太后的亲信太监安德海。此事虽然着实令奕䜣出了一口恶气，但不可避免地招致了慈禧太后的忌恨。1872年，当同治皇帝准备重修圆明园作为对母后的献礼时，又是奕䜣纠集一班大臣极力劝谏，从而进一步触怒了慈禧太后。只不过当时洋务派的事业可谓蒸蒸日上，后者也只能隐忍不发。1881年，随着慈安太后的去世，奕䜣失去了在宫中可以制衡慈禧太后的唯一力量。而仅仅三年后，一次彻底的权力洗牌便再度上演。

1884月3日，由于不满帝国军队在越南前线惨败于法国，左庶子盛昱愤而参奏负有人事之责的军机大臣兼吏部尚书李鸿藻，其奏折《疆事败坏请将军机大臣交部严

同治皇帝（1856～1875）。

议》也在朝中引起轩然大波。显然，针对这样的指责，时任军机处首席大臣的奕䜣自然不会乐意。就当大臣们都以为这次政治风波会一如既往地被军机处平息时，慈禧太后的一道圣旨却令所有人都大跌眼镜。4月8日，慈禧太后颁布诏书，指责全体军机大臣“委蛇保荣……爵禄日崇，因循日甚”，着令恭亲王奕䜣开去一切差使，家居养疾；宝鋆原品休致；李鸿藻、景廉降二级调用；翁同龢革职留任，退出军机处。与此同时，慈禧太后又宣布了新的军机处人员名单：礼亲王世铎、户部尚书额勒和布、阎敬铭、刑部尚书张之万、工部侍郎孙毓汶等，并要求新的领导班子，如遇有紧要事件，须会同醇亲王奕譞（光绪皇帝生父）商办。这一事件便是晚清历史上著名的“甲申易枢”。事态发展到这一步，恐怕就连当初挺身参奏的盛昱也万万没有想到。而更令人欷歔的是，回想起20年前初次遭慈禧太后打击时，朝中几乎所有大臣都出面为奕䜣求情，而这次军机处被连锅端了，朝臣们竟出奇的平静，就那样冷漠地注视着恭亲王萧然的背影。尽管在此事件发生后，曾有这样一副对联盛传一时：“易中枢以驽马，代芦服以柴胡”，但也只能反映民间一些边缘知识分子的情绪而已。据记载，当彻底进入人生的低谷后，恭亲王长期隐居在北京西郊的寺庙，几乎不问世事。这种消沉得近乎绝望的状态，也直接体现出其真实的心境。整整十年后，随着帝国与日本兵戎相见，国事纷乱之际，慈禧太后在舆论的压力下重新又起用了这位当年以办外交著称的亲王。可惜的是，此时的恭亲王也不再是当年的恭亲王了，正所谓“廉颇老矣，尚能饭否”，虽然再度回到了总理衙门这个曾经最为熟悉的岗位，但暮年的奕䜣既脱离权力核心多年，显然已无力回天了，反倒是多了几分暮气。昔日的那位“鬼子六”亲王，早已将所有的功名都视作了“浮云”。四年后，正当康、梁等人鼓动光绪皇帝厉行变法之际，满腹忧虑的恭亲王与世长辞，终年66岁。虽然比他的皇帝哥哥多活了近40年，但实际上不过是多犯了近40年的愁而已。

李提摩太(Timothy Richard，1845～1919)夫妇，19世纪70年代，山东。从照片中可以看出，为了使自己像一个中国人，李提摩太与其夫人均身穿典型的中式服装。如果不是面孔显得别扭，人们很难将他们与普通中国人区别开来。

三、传教士的“中国结”

光绪四年（1878）二月二日，初春的山西大地依然没有丝毫生机。放眼望去，路面上行人稀少，只有间或吹来的北风呼啸而过，扬起阵阵黄尘。由于遭受了持续两年多的旱灾，这个内陆省分到处田地龟裂，饿殍遍地。这天，一位深目高鼻的洋人骑着毛驴来到太原以南300公里的洪洞县城。虽然他身穿中式服装，说的也是标准的中国官话，但仍然在当地引起了一阵骚动。当天晚上，在昏暗的油灯下，这位洋人写下了这样一段日记：“我见到了平生最可怕的景象。……城门口旁边堆放着被剥光了衣服的一大堆男尸，一个叠着一个，就好像在屠宰场看到的堆放死猪的样子；在城门口的另外一边同样地堆放着一大堆女尸，衣服也全被剥光，这些衣服全被送到当铺换取食物了。城门口停放着车辆，准备装运这两大堆尸体到城外埋葬……这一带路上的树都呈白色，从根部往上十尺到二十尺的树皮全被剥光充作食物。我们经过的许多房屋都没有门和窗，全部被拆掉卖了当柴烧了。屋里厨房的锅子，只只都是空的，因为卖不掉只好扔在那里，户主都已走光或死去。”

这位洋人，便是晚清时期著名的来华传教士李提摩太，而他来山西的目的，则主要是赈济灾民。一个外国人，不远万里来到中国投身慈善事业，其背后实在有太多太多的故事……

李提摩太(Timothy Richard，1845～1919)是一名来自英国的传教士。虽然出身于农民家庭，但在大学毕业后，满腔的宗教热忱却促使他加入浸礼会，成为一名青年教士，不久便受派前来中国传教。1869年11月，李提摩太乘坐“亚克利”号轮船从利物浦港出发，开始了自己漫长的东方之旅。可能就连他本人也不会想到，这一去，就是将近半个世纪。1870年2月，李提摩太抵达上海。在那里稍作停留后，便一路北上前往山东的烟台和青州一带传教。按照当时西方来华传教组织的规定，李提摩太首先要做的就是克服语言障碍，投入很大精力学习中文。经过一段时间的努力，他很快就学会了中国官话，能够与当地百姓自如地交流。然而李提摩太很快又发现，要想在中国民众间吸纳信徒，并没有预想的那么容易。

诚然，自1860年以来，随着一系列不平等条约的签订，大清帝国被迫向西方各国的传教机构打开方便之门，并对深入内地的众多传教士提供保护。不过每当传教士们充满热情地宣扬上帝之义时，所遇到的大多是冷漠甚至敌意。经过一番冷静思考，一些传教士开始另辟蹊径。他们认为，要想得到中国人的认同，首先就要使自己变成“中国人”。实际上，回顾数百年来基督教在中国的传播历程，许多先贤已做出了成功的表率。

远在明代万历年间，著名的耶稣会传教士利玛窦神甫（Matteo Ricci，1552～1610）之所以能在中国大获成功，靠的就是十足的“中国范儿”。

那是在16世纪，伴随着地理大发现的洪流，许多商人、士兵和冒险家从欧洲出发，前往遥远的东方寻找财富与梦想。与此同时，一大批虔诚的传教士，他们怀着将福音传播到世界每个角落的信念，历经种种难以置信的艰险，也来到这里为上帝开辟“疆土”。众所周知，18世纪之前，中华帝国几乎在各个方面都远优于欧洲。那时的欧洲人几乎一致认为，东方的月亮要比西方圆。因此当远道而来的传教士接触到这个谜一般的国度时，无不发出惊叹之声。在这样一种背景下，由罗马教廷派出的耶稣会士们，实际上又扮演了中华文明考察者和介绍者的角色。更重要的是，在意识到中华文明的优越处之后，这一代传教士所采取的传教手段也更灵活、更丰

利玛窦神父（Matteo Ricci，1552～1610）画像，耶稣会士，在东西方文化交流史上是一位标志性的人物。

汤若望神父（Johann Adam Schall von Bell，1592～1666），德国籍耶稣会士，曾在清朝初期受到朝廷的礼遇。

富。

1583年9月，来自意大利的耶稣会传教士利玛窦等人进入中国，次年获准在广东肇庆定居传教。由于事先已对中国的社会文化状况有了充分了解，因此他们并没有贸然行事，像后世许多传教士那样单刀直入地向中国百姓宣扬上帝的教义。最初，当面对中国官员的询问时，身穿佛教僧侣服饰的利玛窦声称自己来自“天竺”，致使后者以为他们是佛教徒。为了避免被驱逐，他还说：“我们是从遥远的西方而来的教士，因为仰慕中国，希望可以留下，至死在这里侍奉天主。”而为了传教的方便，他还从西方带来了许多用品，比如圣母像、地图、星盘和三棱镜等，甚至包括欧几里德的《几何原理》。结果，利玛窦带来的各种西方新鲜玩意儿，吸引了众多好奇的中国人。与此同时，在长期的接触中，他对中国文明也表示出由衷的钦佩，认为这个国家除了没有“神圣的天主教信仰”之外，简直就是“举世无双的”。也正是在这种心态的影响下，利玛窦等人起初的传教都十分低调。他们行事小心谨慎，把主要精力都用于学习汉语和中国的礼节习俗，以博得中国人尤其是官员们的信任。特别是在读了一系列儒家经典以及与许多上流社会人士交往后，利玛窦不但给自己起了中文名字（号西泰，又号清泰、西江），从1594年起便蓄发留须，并穿起了当时儒士的服装，这一举动也得到了罗马教廷方面的同意。据史料记载，当利玛窦在南京活动时，曾结交了一大批中国上层人士。很多博学的官员纷纷前来拜访，其中包括明朝著名思想家李贽。据说李贽在写给朋友的一封信中曾这样评价利玛窦：“现在，他能够流利使用我们的语言、用我们的文字写作，行为举止也符合我们的标准。他修养极高、待人接物坦诚直率，给人留下难以忘怀的印象。在我认识的所有人当中找不到能跟他相媲美的。”1601年，应大明皇帝之召，利玛窦又以欧洲使节的身份前往北京为朝廷效力直至去世，并成为第一个被中国皇帝赐地埋葬的欧洲人。

考虑到当时的特殊背景，能够以传教士的身份获得中华帝国的认同，这本身就非常不易了。当利玛窦逝世时，已有8名耶稣会传教士在中国获得认可，并创立了4个教区和一个传教所，所发展的信徒则达25000名。毫无疑问，利玛窦个人的成功为后人树立了一个典范。中国人尊称他为“泰西儒士”，而欧洲人则奉其为耶稣会传教士典范。即使在过了将近400年后，罗马教皇保罗二世还充满敬意地评价道：“利玛窦神父最大的贡献是在‘文化交融’的领域上。他以中文精编了一套天主教神学和礼仪术语，使中国人得以认识耶稣基督，让福音喜讯与教会能在中国文化里降生……由于利玛窦神父如此地道的‘做中国人中间的中国人’，使他成为大‘汉学家’，这是以文化和精神上最深邃的意义来说的，因为他在自己身上把司铎与学者，天主教徒与东方学家，意大利人和中国人的身份，令人惊叹地融合在一起。”

进入清王朝以后，像利玛窦一样取得成功的传教士也不乏其人，其中最负盛名的当属汤若望。汤若望（Johann Adam Schall von Bell，1592～1666），出身于德国科隆，耶稣会传教士。与利玛窦一样，身负传教使命的汤若望意识到，中国是一个历史悠久的文明古国，文化背景、道德观念、语言礼俗都与欧洲不同，要对这样一个东方大国传教，困难是不言而喻的。因此在实践中，他所依赖的仍是利玛窦的成功之道：以学术叩门而入，用西方的科学技术引起士大夫的注意和敬重，争取士大夫直到皇帝等统治阶层人物的支持，从而以适合中国习俗的方式传教。正是借助这一法宝，汤若望及其同事不仅在中国站稳了脚跟，而且进入了宫廷，先后受到崇祯、顺治、康熙等明清两朝皇帝的器重和礼遇，既打开了天主教传播的大门，又架起了中西文化交流的桥梁。在中国生活47年间，汤若望以渊博的学识、出色的工作和对皇帝的忠心，赢得了顺治帝的器重和礼遇。除了执掌钦天监之外，他先后被加封为太常寺卿、通议大夫等品衔，后又授通政使，官居正一品。由于这一代传教士的努力，天主教在中国的传播事业被推进到一个新的阶段。

尽管利玛窦、汤若望等老一辈传教士创造了一系列个人神话，但对整个基督教在近代中国的传播历史而言，这类辉煌只不过是昙花一现。由于中国儒家文化与基督教信仰之间在核心价值观上的冲突，注定了传教士们在中国的事业会遇到各种波折。即便是以胸襟开阔著称的康熙大帝，也对罗马教廷坚持反对中国教徒祭祖祭孔而大为震怒。到雍正皇帝时，干脆下诏禁教，驱逐外国传教士。此后的乾隆、嘉庆代帝王，都严格禁止西洋人入境传教。

18世纪中期以后，随着欧洲各国工业革命的兴起和发展，大规模的海外扩张也由此展开，而沉寂多年的传教事业同样再度复苏。如果说天主教扮演了16、17世纪在华传教的主角，那么这时则轮到基督教新教登台了。各资本主义国家掀起了一场全球性的宣教运动，各宗派纷纷组织传教会，派遣传教士向海外进行传教。19世纪初，英国新教传教会开始了向中国派遣传教士的规划，并逐渐成为东西方文化交流的主体。1807年，第一名新教传教士马礼逊到达广州，标志着新教传教士活动在中国的开始。从1807年到1842年第一次鸦片战争结束，鉴于当时的中国“禁教”政策，许多新教传教士活跃在南洋和中国南方沿海一带，通过创办报刊、译著立说传播宗教，向中国介绍西方文化。第二次鸦片战争后，中国的大门被迅速打开，“闭关锁国”的对外体制越来越趋向于瓦解。一系列不平等条约的签订，迫使清政府对西方传教士的传教活动实行“驰禁”政策，外国传教士开始大量拥人中国沿海及内

著名来华传教士伯驾。

著名来华传教士郭士立。

地。据有关资料统计，到1860年，基督教传教士由1844年的31人增加到100余人，到19世纪末更增至1500人。

尽管在炮舰的保护下获得了合法地位，但新一代传教士发现，比起利玛窦、汤若望那个时代，他们所遇到的困难似乎更多。由于广大中国民众的疑惧乃至敌意，要想通过单纯的说教来发展信徒，仍是难上加难。于是为了打开局面，传教士不得不再次采用各种非宗教手段，其中最重要的便是教育和行医。

在传教过程中，一些传教士发现，开展各种形式的教育活动无疑是宗教事业最有利的武器。例如著名传教士丁韪良就认为，“要发展美国基督教在华势力，必须从教育入手。”结果，在众多传教士的努力下，大批教会学校和研究出版机构在晚清帝国出现。通过全方位展现当时西方世界强大的“软实力”，传教士们力图从精神文化层面上“征服”中国民众，从而达到“润物细无声”的效果。环顾19世纪中后期，在此方面获得成功的西方传教士简直不胜枚举：马礼逊（Robert Morrison ）、理雅各（JamesLegge）、郭士立（Charles Gutzaff）、裨治文（E.C. Bridgman）、卫三畏（S.W.Williams）、文惠廉（W.J.Boone）、明恩溥（A.H.Smith）、谢卫楼（D.Z.Sheffeild）、施约瑟（S.I.J.Shereschewsky）、林乐知（Y.J.Allen）、士米怜（W.Milne）、麦都思（W.H.Medhurst）、雒魏林（W.Lockhart）……

事实上，由于传教士所办学校按西方的教学方针和课程设置，在传授基督教信仰的同时也教授现代科学和文化知识，因此不仅吸收了一批基督教徒，也培养了一批社会有用之才。可以说，近代中国人所了解的代数、几何、物理、天文、地理等知识，最早都是通过传教士获得的。第二次鸦片战争后，清政府为了开展洋务活动的需要，创设了少数几所与洋务有关而与中国传统教育有别的新式学堂，如同文馆、广方言馆等，试图通过这种新式的学堂教学培养一批精通西方知识的人才。结果，这些新式学堂无一例外地聘请了一些西方传教士如丁韪良、艾约瑟、傅兰雅等任教习，负责新式学堂的教学，从而无形中扩大了传教士的影响。例如美国传教士林乐知（Young John Allen，1836～1907），原本是基督教美国监理会传教士。1860年偕夫人来上海传教，后来却曾担任上海广方言馆和江南制造局的英文教习，时间长达18年，因此被中国知识界视为传播西方文化的使者。再如英国传教士傅兰雅（John Fryer，1839—1928），同样因长期致力于向中国译述和推广西方科学知识而备受推崇。

著名来华传教士丁韪良。

由于技术上的原因，以行医作为传教手段的情况较少，但像我们前面提到过的伯驾那样的成功者仍不乏其人。而经过长期的积累，以湘雅医院、齐鲁医院、协和医院等为代表的教会医院早就成为了知名品牌。可以毫不夸张地说，正是由于近代来华传教士的努力，中国才出现了最早的医院、最早的图书馆、最早的女子学校、最早现代意义上的大学……

19世纪末，四川某地的三位传教士。这张照片流传极广。图中的三位传教士无论从穿着打扮还是趣味上看，都显示出典型的中国士大夫派头。

除了上述两种手段外，作为一种宗教机构，通过慈善事业来扩大影响也是最重要的选择之一。在这方面，李提摩太堪称近代中国最成功的传教士。

李提摩太所属的英国浸礼会尽管成立于1792年，但是直到1859年才到中国来传教。进入中国后，该组织主要在山东、山西、陕西三个传教区开展工作。当李提摩太于1870年来到中国时，最初便在山东一带传教。或许是深受利玛窦等老前辈的启发，经过一段时间的思考，这位“洋鬼子”决定先从外在形象上着手改变自己，他特地置办了一身中国行头，以尽快获得

20世纪初一所教会学校的洋教师与他的中国学生，洋教师一身中国文人打扮。

19世纪末期，两名来华传教士在内地传教途中。请注意，两位传教士与他们的中国仆人打扮得一模一样。

中国民众的认同。在后来的回忆录中，李提摩太不无得意地描述了他那石破天惊的举动。他写道："考虑到服装问题，我想如果我改穿中国人的衣服，也许来拜访我的上层社会人士会多一些。因此，有一天，我换上了当地人的服饰，削了头发，做上了一条假辫子。当我走出旅馆作例行散步时，我碰上了一个卖点心的小男孩，他习惯了在旅馆里边打转转，向客人兜售点心。当时他正用头顶着装糕点的盆子走进来。乍看到我穿着中国式的服装，他吓得跳了起来，满盘子的点心都撒落在地上，使路过者好一个开心。当我走到街上时，好像消息已通过电话传到了每一个人家，男人、女人还有孩子，都跑出来要亲眼目睹这般景观。我听到背后一个人对另一个人说：'啊!他现在看起来像个人了!'那天下午，我被邀请去一户人家喝茶。现在我明白，以前没有人邀请我，实在是很有道理的。如果我穿着外国人的服装，看起来会非常奇怪，当我坐在屋子里时，各种各样看热闹的就会凑到纸糊的窗子前，每个人都悄无声息地用指头尖沾着唾沫把窗纸戳一个洞，在上面凑上一只眼睛。这样，在每一次邀请我做客之后，主人都得修补一次窗纸。反过来，当外国人穿上中国服装后，他就像一个普通的中国人，不值得一看了。"

"中国化"的李提摩太很快就得到了当地民众的认同，其传教业绩自然日益卓著。不久，一场规模空前的旱灾席卷了整个华北地区，而这次灾难却意外地为李提摩太提供了一个难得的机遇。

话说在1876年，也就是那位命运多舛的光绪皇帝刚刚登基第二年，一场可怕的灾难降临到本已万分羸弱的大清帝国身上。据历史记载，从1876年到1879年，华北的山东、山西、直隶、河南、陕西等省先后遭遇旱灾，受饥荒严重影响的民众人数多达1.6亿到2亿，约占当时全国人口的一半。经过持续4年干旱的蹂躏，上述各省农产绝收，田园荒芜，白骨盈野，直接导致1300万人口死亡！山西一省，1600万居民中就死亡500万人！这便是中国近代令人谈之色变的"丁戊奇荒"，堪称"二百余年

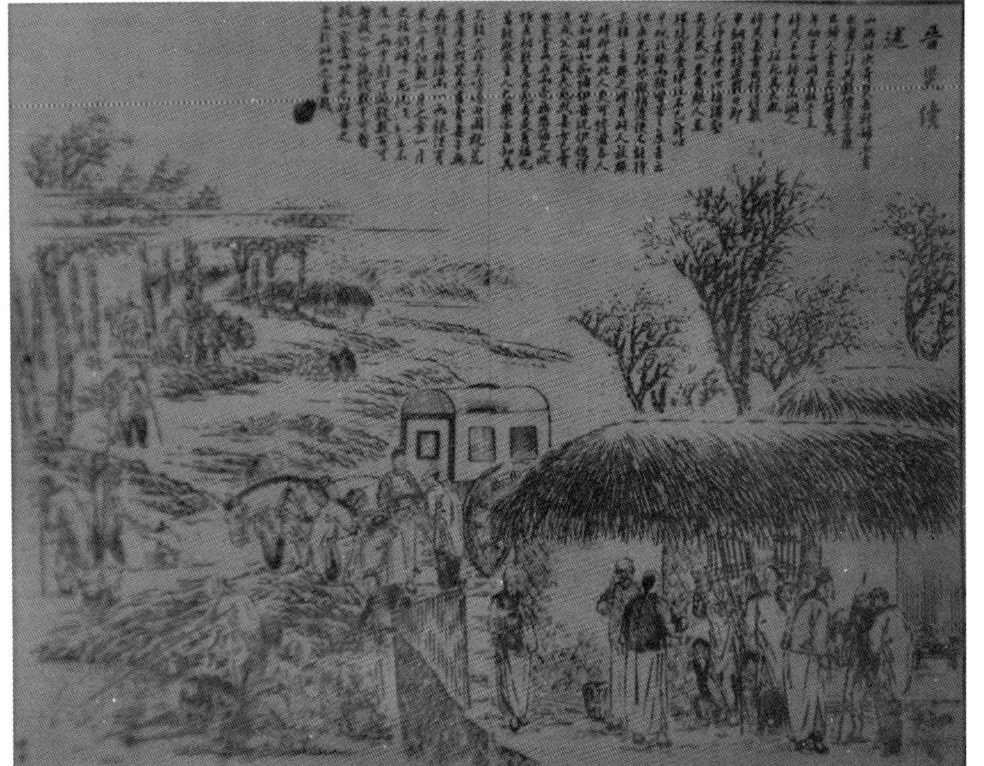

光绪三年山西省大旱，灾情及其严重。图为上海《点石斋画报》刊登的“新闻”性图画，当时中国的媒体尚未习惯使用照片。

未有之灾”。

面对这场空前的灾难，清王朝各级政府部门也心急如焚。但是由于国库空虚、官场腐败以及缺乏救灾机制等原因，致使灾情难以遏制。当此危难之际，一个外国人，不远万里来到中国救济灾民，这种国际主义精神的确很吸引眼球。

1876年，当山东各地最先发生旱灾后，身处其间的李提摩太立即行动起来，不辞劳苦到处为灾民募集救灾物款，并邀请了几位助手帮助他。次年，灾情进一步向山西等省蔓延。每当阅读到有关的报道，李提摩太都会感慨万分。据说在当时的山西，饥民为了活命，先是将树皮草根统统吃光，随后甚至取小石子磨成粉吃下，最终竟发展到“人吃人”的惨剧。要知道，一直以来，李提摩太都将中下层百姓作为传教对象。当亲眼目睹灾荒引发的可怕景象后，深为震撼的他更坚定了这样一种信念：要想拯救占人类人口四分之一的人的灵魂，解放他们那比妇女的裹足更扭曲的心智，必须先拯救他们的肉体。于是为了拯救千百万中国受灾百姓的“肉体”，这位传教士几乎是单枪匹马就踏上了前往山西的路程。

此时在山的那一边，大小父母官们正为救济灾民而绞尽脑汁。实事求是地讲，尽管在后人心目中晚清政府的公共形象实在不敢恭维，但在此次救灾过程中，倒也有可圈可点之处。面对灾荒，1877年5月刚刚到任山西巡抚的曾国荃没有丝毫懈怠。他一面上报中央要钱要粮，一面多方筹措，并且始终奋战在救灾第一线，亲临灾区核实灾情，平粜粮价，广设粥厂，赈济灾民。在他的呼吁下，其他省份的民众也纷纷慷慨解囊，成立了各种对口救援组织。此外，政府甚至派人前往东南亚一带竭诚

李提摩太在山西传教情形。正是由于他成效卓著的赈灾行动，为他在该省的顺利传教铺平了道路。

劝募，收获颇丰。就在这时，深目高鼻的英国传教士李提摩太，穿着一身长袍马褂，戴着留有长辫子的假头套，骑着一头小毛驴蹒跚而来。

李提摩太神甫是1878年初进入山西的，而一路的见闻则不断刺激着他的神经。虽然无法像如今的记者一样向外界作现场报道，但他仍忠实地在日记里记载下了一切。多年以后，李提摩太以其在华经历写成了一部回忆录——《亲历晚清45年》，其中就保存了一些当年的日记片断，至今读起来都令人触目惊心，我们开头所引用的那一段文字便是其中之一。虽然他本人来山西时只随身带了2000两白银，但凭着一颗慈善之诚心，他通过各种途径募集了大量资金。为了尽可能多地救助灾民，李提摩太除向中国各地的传教协会募捐外，还不断向英国浸礼会写信请求拨款，呼吁“把中国人从饥荒下解救出来，使他们能够奉守正确的道德准则”。正是在他的倡议下，伦敦成立了以市长为首的“市长官邸赈灾基金会”，两万余两银子运到中国灾区。另外，李提摩太还积极向中国地方政府建言，进献救灾良策，提出了向粮价低的地方移民，以工代赈等具体的赈灾措施。利用自己特殊的身份，他也经常与政府官员和士绅合作发放赈灾物资。由于他的大力倡议，时任直隶总督的李鸿章亲自派人将国外募捐的银子运到山西，并要求会见李提摩太。

正当李提摩太的救灾行动开展得如火如荼之际，一场误会却让他极为不爽。原来，对由外国传教士唱主角的“洋赈”，一些清朝政府官员犯起了嘀咕，而根源仍出自当时中国朝野上下对洋人根深蒂固的提防心理。实际上早在李提摩太对官方提出赴山西救灾的要求时，军机大臣瞿鸿机就向朝廷上了一道《请防外患以固根本疏》，要求对这些洋教士“婉为开导，设法劝阻”。收到朝廷下达的文件后，山西巡抚曾国荃很快就领会了上级的精神。结果，当初来乍到的李提摩太到太原拜访“省长”大人时，后者甚至没有出面接待，只是派了个秘书向对方表达了自己的不满，并在此后一度暗中阻挠他的救灾行动。这样的中国式思维着实令李提摩太大为不解。幸运的是，作为一代名臣曾国藩的弟弟，曾国荃毕竟不同于那些食古不化的顽固派官员。经过一段时期的考察，他发现李提摩太的确没有恶意，其救灾行动也并非只是为了收买人心，因此很快改变了态度。李提摩太在回忆录中说：“他立即派地方官员及其助理前来与我商谈。他们有那些村庄所有家庭的名册，并打算依此给每个家庭发放救济金。他们提议为我安排几个村庄去救济，并派官员和绅士帮助我，以便不受干扰地完成工作……在中国官员的完美配合下，救济工作开始了，井然有序，直到结束。”这年10月，当李提摩太暂时离开山西返回山东时，曾国荃还满怀真情地给其写了一封信。他在信中表示不仅以个人的名义，而且代表摆脱饥饿的千千万万山西民众，对李提摩太表示感谢。

就这样，在曾国荃的支持下，李提摩太在山西的赈灾大获成功。虽然自带银两不多，但他通过日记等形式向海外通报灾情，募捐效果空前。据统计，经李提摩太等西方施赈者从饥馑线上挽救过来的家庭数目达到10万户，得到救济的人员高达25万人。外洋赈款20余万两中，李提摩太及助手负责发放了12万两，领赈灾民超过15万人。

对李提摩太这类富有国际主义精神的慈善人士，当时的中国民众表达了最纯朴的感激之情。据李提摩太本人回忆，当“山东的赈灾工作结束后，倪维思博士工作过的地区的民众给他送了一顶‘万民伞’，上面写着对他深怀感激的一万个灾民的名字。这是一顶红色的伞，一般情况下只有各级政府官员才有资格使用。在中国以及在东方的其他地方，人们用这种红伞表达他们的敬意。”而在山西，在他发放过救济金的地方，平阳府的学者们为他立了一块石碑，那些心怀感激的乡民则派代表登门索他的照片，好供奉在本地的神庙里。或许这些“浮云”对李提摩太并无太大的意义，因为他还有更高的追求，那就是上帝的事业。果然，当山西的灾荒结束后，声望日隆的他成功地在该省开辟了传教区。与此同时，李提摩太又开始思考更深层次的问题：“通过对西方文明的反思，我认识到，对中国文明而言，西方文明的优越性在于它热衷于在自然中探讨上帝的工作方式，并利用自然规律为人类服务。……我相信，如果通过向官员和学者们作一些演讲，使他们对科学的奇迹产生兴趣，我就能够给他们指出一条路，一条利用蕴涵在自然中的上帝的力量去为他们的同胞谋福利的路。通过这种方式，我就能影响他们去修建铁路、开掘矿藏，以避免饥荒再度发生，去把民众从赤贫之境解救出来。”

此后，李提摩太的传教事业进入一个全新的阶段，他将传教的重点转向了中国的官员和学者。为了实现自己的计划，他不惜花费巨资购买科技书籍及科学仪器，先进行自修，然后向中国官绅宣讲各种西方最新的科技成果。至此，李提摩太的传教方式几乎完全与利玛窦一样了。1886年11月，他移居北京，一度在曾纪泽家中任家庭教师。通过与李鸿章、张之洞等一干洋务重臣的交往，他先后任《时报》主笔和广学会总干事。特别在负责广学会25年间，他对中国的维新运动产生了极大影响，就连康有为、梁启超乃至孙中山等人都视其为精神导师。1902年，由于李提摩太协助处理山西教案有功，朝廷同意他开办山西大学堂，并赐其头品顶戴和二等双龙宝星。1916年，在满清王朝覆灭五年后，这位在中国奋斗了大半生的传教士辞职务回国，三年后于伦敦逝世。

然而历史往往给我们留下悖论。尽管他本人心怀真诚的“中国结”，将满腔的热情都抛洒在了这个国度，但被视为近代来华传教士典范的李提摩太一定不会忽视这样一个事实：整个19世纪，西方的商人们来中国谋求利益，外交官和军人来到中国则谋求特权和让步，唯有基督教传教士到中国来不是为了获取，而是要给予。不过令人遗憾的是，在所有的冒险者当中，反而是传教士引起了中国民众最大的恐惧和仇恨。这，究竟是为什么呢？说起来，这个话题太沉重，又太复杂。如果简单些说，那就是，外国传教士有很多人确实是抱着增进中国人幸福的良善动机来华布道，但其中良莠不齐，流品不一，固然有道德高尚、行为善良的君子，也有道德卑下的伪善之徒。有的外国传教士参与侵华战争，或参与不平等条约的出笼，或干预民间诉讼。还有的外国传教士自觉不自觉地怀着西方文化优越的心态，歧视、贬低中国人民和中国文化。久而久之，便引发了近代史上令人痛心疾首的一系列激烈冲突。

这一历史的悖论，或许也正是李提摩太等传教士永远也无法打开的“中国结”。

戈登身穿黄马褂及清朝官服照片，摄于1864，中国近代史上最经典的影像之一。

四、穿黄马褂的“洋鬼子”

在封建王朝时代的中国，能够彪炳史册恐怕是无数臣子们最值得荣耀的事情了。为了使自己的名字和事迹被朝廷郑重记录下来，他们甚至不惜献出生命。读过二十四史的人都知道，如果能在“列传”这个栏目中获得一席之地，那必定是曾经响当当的人物。晚清时期，真可谓风云际会，闻人辈出。然而令人难以想象的是，在大清王朝的官方史书《清史稿·列传》中，居然不惜笔墨，为四名洋人——华尔、戈登、日意格、赫德留下了一席之地，有兴趣者可查阅《清史稿》卷四百三十五列传二百二十二。

那么，这些洋人究竟是何来头，竟能在异国他乡获得如此的荣耀？我们不妨先从大名鼎鼎的赫德说起。

赫德（Robert Hart，1835～1911），英国北爱尔兰人。1853年毕业于贝尔法斯特之王后学院，次年来华，先后在宁波、广州的英国领事馆任职。1859年辞去领事馆的职务，开始参加中国海关的工作，1863年正式担任海关总税务司，随即被清朝赏加按察使衔，成为正三品大员。1869年晋升布政使，官阶从二品，1881年被授予头品顶戴，1885年被授予双龙二等第一宝星、花翎，1889年升为正一品并追封三代，1901年加太子少保衔。毫不夸张地讲，从刚来中国时的19岁爱尔兰愣头青，到堂堂的正一品帝国大员，放眼当时整个清朝官场，像赫德这样步步高升的官员可谓凤毛麟角，更何况他还是一个外国人。更令人不可思议的是，作为一名大清王朝的雇员，他不仅仅只是统治海关近半个世纪，其影响力还渗透到王朝的军事、政治、经济、外交以至文化、教育等各个方面。在其事业鼎盛时期，居然能代表清政府在伦敦直接同外国商议条约草案，而每当朝廷要任命封疆大吏时，也要咨询和采纳他的意见。令无数高官显贵嫉妒的是，当已退休三年的赫德1911年病死于英国时，慷慨的大清王朝又追授其为太子太保。要知道，就连对王朝有再造之功的李鸿章、左宗棠等一干中兴名臣，也难以获得如此荣耀。

回顾赫德的发家史，他之所以能得到清王朝如此厚爱，其原因是多方面的，不过最重要的无非就是精通汉语、认真敬业、熟悉官场规则以及尊重中国利益，正如恭亲王奕䜣所言：“赫德虽系外国人，察其性情，尚属驯顺，语言亦多近礼。”正是由于具备了这些优势，他能在28岁时就在恭亲王、文祥等中央领导人的强力支持下，毫不客气地挤掉自己的顶头上司李泰国，一跃成为中国海关的掌门人，而且连续任职48年。

却说两次鸦片战争之后，随着闭关锁国时代的终结，清王朝与世界各国的进出口贸易也随之激增。然而由于对近代意义上的经济体制缺乏了解，结果在一个四亿人口的大国内，竟很难找出称职的海关管理人员。而与此同时，屡次对外战争失败所需的大量赔款又急需通过海关获得。于是在西方各国的“热情”赞助下，一向保守封闭的大清帝国居然破天荒地大胆引进外国人才，即所谓的“洋员”，从而也为后者充分施展自己的才能提供了广阔天地。正是在这样的背景下，刚刚二十出头的英国小伙赫德走上了历史舞台。在担任海关总税务司这一职位后，雄心勃勃的北爱尔兰人进一步改进和完善了前辈李泰国创建的新式海关制度。他所执掌的中国海关，采用当时先进的西方行政管理制度，对各地分关实行垂直统一领导，每个环节都有制度保障，严防舞弊。在他的领导下，海关从业人员无不爱岗敬业，以“诚实、高效、热心公众服务”为宗旨。令后人颇为感慨的是，当满清政府的绝大多数部门都呈现出颟顸腐败的局面

赫德，晚清时期帝国海关总税务司，他在这一职位上呆了48年之久，堪称近代中国最具影响力的外国人。

时，似乎只有洋人赫德领导下的海关做到了廉洁高效。

一个外国人，能够在海关总税务司这把金交椅上一坐就是48年，赫德自然有他的过人之处。按照当时的规定，海关税收除行政管理费用以外，全部如数上交朝廷。而在赫德的领导下，海关总税收不断增加，从1865年的830万两增加到1875年的1200万两，1885年又增加到1450万两，已经占到帝国财政收入的20%。对这样难得的理财专家，朝野上下几乎一片赞誉。也正是依靠来自海关的稳定收入，财政上捉襟见肘的清王朝得以勉强维持运转。据记载，清政府对海关关税的分配使用是如下安排的：60%的关税分拨给有关各省，用于中央直辖的地方事业，当时的江南制造总局、金陵机器制造局、福州船政局及船政学堂、天津机器局、天津武备学堂、长江口至南京下关等九处炮台，以及后来的京师同文馆、幼童赴美留学等洋务项目，经费均来自海关；余下的40%首先用作对英法两国的赔款，赔款在1866年付清后，该款项就归户部掌管，动用这笔资金必须经特别申请，要得到皇帝的批准。1874年，李鸿章提出每年从这笔款项中拨出400万两作为海防经费，筹建北洋海军，得到批准。新疆局势吃紧以后，清政府又用这笔款项支付左宗棠在西北用兵的军费。左宗棠西征三年总共耗银3722万两，最后全都是靠关税解决的。

尽管已成为大清帝国实际上的“管家婆”、“财神爷”，但聪明的赫德始终保持着清醒的头脑，他从一开始就非常清楚自己的位置和责任。早在出任总税务司时，赫德就为自己立下了这样的信条：“不必用花言巧语，以中国的利益为重是必须遵守的正确原则。” 既然自己是清政府聘用的雇员，那就必须以雇主为中心，否则就是越权和失职。在这一信条的指导下，赫德及下属基本都能遵守中国政府的法律规定。

赫德本人可能不会想到，作为对近代中国影响最深远的外国人之一，他在后世会承受各种互相矛盾的议论。曾经有一度，中国的教科书中是这样给他定论的：“赫德是帝国主义和中国封建势力相结合的典型的帝国主义分子……在中国横行48年，做

1891年的上海海关。

尽了坏事，博得了帝国主义统治者的欢心……但是他对中国人民来说，却是一个极端凶恶的强盗，他犯下了滔天罪行，他是中国人民最凶恶最阴险的敌人”。直到20世纪末期，又有人称他是中国近代化事业的先驱乃至“中国近代化之父”。而作为当事者的清王朝则是这样在史书中给赫德下结论的：“赫德久总税务，兼司邮政，颇与闻交涉，号曰客卿，皆能不负所事。”堪称“食其禄者忠其事”的典范。的确，由于任职期间尽心尽力为清政府服务，赫德甚至在情感上也与这个古老的帝国密不可分了。难能可贵的是，虽然当时大多数西方人都对中国文化心怀不屑，但赫德不但本人精通中文，深谙中国文化民情，甚至鼓励自己的儿子学习中国经史，参加科举考试。而当1885年被英国政府任命为驻华公使时，赫德毫不犹豫就谢绝了。或许正因如此，就连恭亲王奕䜣都私下里称他为“咱们的赫德”。

赫德之所以能获得令人难以企及的荣耀，也与其漫长的在华经历有关。相比之下，另两位来华冒险家则只用了短暂的时间，便无意间在中国的史册上留下自己的名字，而他们所获得的某些荣耀就连赫德也不曾得到。

在清王朝的“皇家恩典”当中，有两样东西最令人羡艳：顶戴花翎和黄马褂。一般而言，除非有盖世奇功，是无法获得这类赏赐的。特别是后一样，原本只有皇室宗亲才能得到。而在民间的各种演义中，御赐黄马褂简直就是万能护身符，任何人都不敢侵犯。尽管到王朝末年，皇家赏赐制度大为混乱，但黄马褂仍是许多高官显贵们也不敢奢望的。恰在此时，近代史上最具有戏剧性的故事发生了：几位原本默默无闻的外国大兵，居然因镇压太平军有功而获御赐黄马褂的殊荣！

那是在1860年，清王朝与太平军之间的较量正值如火如荼之际。这年3月，太平天国的忠王李秀成率军从皖南进入浙江，以迅雷之势攻克杭州，引清军江南大营分兵来救，然后退回皖南，会合陈玉成回师天京，大破江南大营。5月，李秀成领兵东征，连克常州、无锡和苏州，兵锋直指上海。由于当时驻守上海的清军力量薄弱，当地官绅

“洋枪队”演习情形，1862年。

顿时陷入恐慌，不得以谋求自救。在保持中立的驻上海英法军队拒绝出兵后，上海的地方官、道台吴煦情急之下想出了一招儿，即筹措资金组织在上海游荡的一干“洋自由职业者”，成立一支雇佣军，以保卫上海的安全。由此，近代中国历史上著名的“洋枪队”诞生了，而其创建者和首任统帅，便是清王朝眼中的“国际主义战士”华尔。

说起来，即便是在今天的中国，华尔也是一个广为人知的名字。随便问一名中学生，他（她）都会告诉你，此人是美国流氓、镇压太平天国的刽子手和殖民主义分子。的确，多年以来，我们的教科书就是这样给华尔定位的。然而在美国，许多了解华尔事迹的人却视其为大英雄，有些历史学家甚至称他是“战神”，一个为自己的信仰而不惜牺牲的伟大人物，一个为中国而献身的国际主义者。那么真相究竟如何，还是让我们回到历史现场，近距离考察一番。

如果时光倒流，“穿越”到150年前的上海，我们就会发现，来自美国的华尔其实很“中国”。

1831年，华尔(Frederick Townsend Ward)出生于美国马塞诸塞州的一个船主之家。或许是家庭出身的影响，他没有接受完整的教育，而是很小就开始了海外流浪生涯。长大后，他曾做过掮客，淘过金，甚至远赴拉丁美洲投奔过加里波第的起义军，后又作为雇佣兵参加了克里米亚战争，军衔升至法国陆军中尉。遗憾的是，直到1860年为止，所有这一切都没有给他带来财富和荣誉。眼看年近30岁，心怀野心的华尔依然藉藉无名。就在这时，中国的政治大动荡引起了全世界的关注，而他血液中的冒险基因也再度活跃起来。

1860年，身无分文的华尔来到上海这个冒险家的乐园，开始新一轮的梦想之旅。为了赚钱糊口，他暂时栖身于“孔夫子”号炮艇上担任大副，该船由上海银钱业公会购买，主要用于防范强盗。没想到，他的人生转机也就此降临了。

当时，在太平军的压力下，上海各界可谓风声鹤唳，上流社会更是缺乏安全感。

眼看清朝的政府军和驻上海的外国军队都无力挽救危局，嗅觉灵敏的华尔突然冒出一个想法：由上海商人出资，招募和训练一支民间武装对抗太平军。随即，他就此想法与“孔夫子”号的后台老板、上海商会会长杨坊进行了沟通。后者赶紧将华尔介绍给了上海道台吴煦，结果双方一拍即合，决定组建一支采用西式武器装备的“洋枪队”。

因为待遇优厚，后台够硬，华尔很快就招募了一批西洋亡命之徒。不过由于纪律涣散，鱼目混杂，在1861年的青浦之战中，华尔的洋枪队被太平军打得一塌糊涂。痛定思痛后，他以非凡的魄力遣散了西洋盲流，改用一批菲律宾雇佣军为骨干，并另招募了大约三千中国人。这支军队统一穿西式军服，以西法操练，并且从列强那里得到了大批新式榴弹炮和臼炮，因而战斗力大增。结果在1862年2月的战斗中，洋枪队在松江附近两次打败太平军，喜出望外的清政府随即将这支军队命名为“常胜军”，统领华尔也被封为四品武将，并赐顶戴花翎。在战斗中，华尔似乎与中国结下了深厚的友谊，居然娶了杨坊的女儿为妻并加入中国籍，成为一名地地道道的华籍美人。

美国人华尔，“洋枪队”的第一任统领。

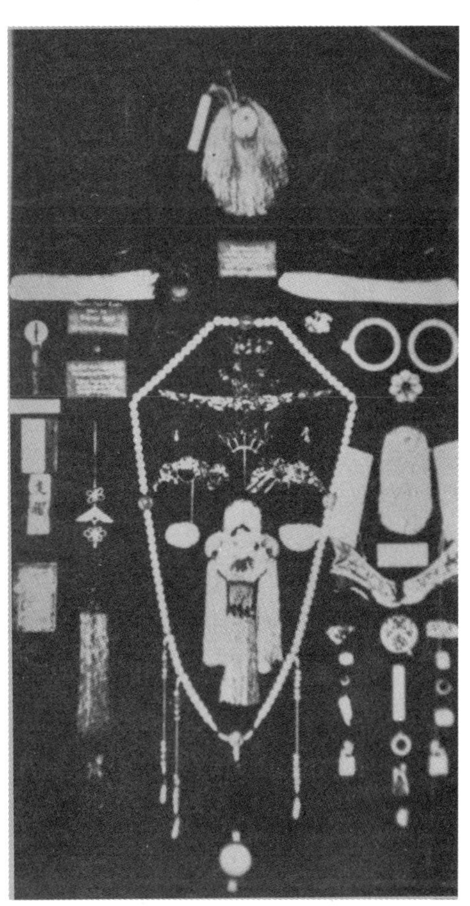

大清王朝赐给华尔的官服。

对这位中国洋女婿，当时刚被任命为江西巡抚的李鸿章也颇为欣赏。在后来的历次战役中，“常胜军”与淮军密切配合，收复了江浙地区一座又一座城池，真可谓双边共赢。一时之间，华尔在中国被视为神话般的英雄。面对这块难啃的硬骨头，太平天国杰出的年轻统领李秀成都曾心有余悸地说：“苏、杭之误事，洋兵作怪，领李抚台之银，攻我城池。洋兵见银，打仗亡命。”而多年后梁启超也曾在《李鸿章传》中这样评论道：“李鸿章平吴大业，固由淮军部将骁勇坚忍，而其得力于华尔戈登者实多。”正当华尔的个人声望达到顶峰时，在1862年9月21日浙江慈溪的一次战斗中，一颗流弹无情地击中华尔的腹部。后者随即被送至“勇敢”

华尔死后，大清王朝各界代表前往致祭。

号军舰，可惜的是还没有回到上海便断气了，时年31岁。噩耗传来，满朝文武为之神伤。为了表彰这位“国际主义战士”的功绩，朝廷下令将他安葬在松江（今上海松江区），并专门为其盖了一座祠堂。当这一消息传回到美国后，舆论界同样一片惋惜，时任美国总统林肯在悼念讲话中称他是“美国的杰出公民”。

华尔虽然死了，但“常胜军”的故事才刚刚开始。

华尔的意外阵亡着实令与其关系融洽的李鸿章伤心不已，不过既然战争还在继续，“常胜军”就不可一日无主。最初，李鸿章本来对华尔的副手、美国人白齐文(Henry Burgevine，1836～1865)寄予了很高的期望，希望后者能像其同胞一样对大清王朝精忠报国。然而没打几次交道，李鸿章就对白齐文头痛万分。他就纳了闷了，同样是来自美国的冒险家，做人的差距怎么就这么大呢？回想华尔在世时，虽然也经常表现出美国人特有的轻狂无礼，但对中国的各位领导还是很尊重的，战场上也能积极配合。而这位白齐文，不但性情暴烈，手下军纪败坏，而且屡屡与中国官员之间激烈冲突。最终，忍无可忍的李鸿章将其免职。令人不可思议的是，丢掉大清饭碗儿的白齐文居然一怒之下转而投奔了太平军，成为了太平天国亲密无间的“洋兄弟”，直到三年后才被李鸿章设计“解决”掉。

既然美国人指望不上了，李鸿章便把目光转向了在华势力最大的英国人，他请求驻华英军司令斯塔夫利(C. W. D. Staveley)为“常胜军”任命一位新统领。几经考虑后，后者向李鸿章推荐了自己的嫂兄、拥有少校军衔的戈登。在得到英国政府的批准后，戈登于1863年3月走马上任，成为“常胜军”的第二任统领。

就如同华尔一样，凭借镇压太平天国而扬名立万的戈登（Charles George Gordon，1833～1885)在中国的历史教科书中也是臭名远扬。与华尔有所不同的是，戈登可算得上根红苗正的军人子弟，他的父亲是英国皇家炮兵部队的一位中将，他本人

在华尔的葬礼上，朝廷赐其“同仇敌忾”匾额以示敬意。

则是正牌军校毕业，曾参加克里米亚战争。1860年，第二次鸦片战争爆发，戈登跟随英军后续部队，于当年9月到达天津。由于来得晚，戈登错过了大沽、张家湾和八里桥等重要战役，却赶上了火烧圆明园。战争结束以后，戈登随英法联军在北京驻扎了一年多，然后移驻上海。恰在此时，由于英国政府开始由中立转为协助清政府与太平军作战，而戈登也因此获得了一个难得的人生机遇。

戈登上任以后没多久，原本已军纪涣散的“常胜军”很快就被他镇住了。与华尔典型的美国做派截然相反，这位新统领治军公正严明，他不但建立起刻板的操练制度，并且禁止士兵掳掠，而代之以优厚的军饷和奖金。由于能够做到以身作则、冲锋在先，部下都敬其为神灵。1863年5月，“常胜军”与淮军密切配合，进攻太平军据守的太仓。战斗中，戈登充分发挥新式武器的威力，先以榴弹炮进行狂轰滥炸，将太平军的防御工事彻底摧毁，然后再命令冲锋，最终顺利攻克太仓。在接下来的昆山攻克战中，戈登的军队也给太平军带来了致命的打击。接连进行的战役，也使得“常胜军”损失惨重，不过戈登所表现出的理想主义精神使满清的官员都为之汗颜。他曾在写给母亲的信中有过这样一番告白：“不要说我脾气倔犟，但我真是不在乎提升或荣誉。我知道当我离开中国时，我会和来时一样穷。但是我想，通过我的努力，数十万人的生命能够得救，我就心满意足了。”也就是说，他这个外国人之所以参加中国的内战，所追求的只是尽早结束战乱，使老百姓不至于长期流离失所。

实际上从后来戈登在中国留下的种种事迹看，这个英国人还真不是在唱高调。虽然他一方面扮演着屠杀太平军的刽子手的角色，但其骨子里的绅士风度和骑士精神在战乱中仍格外显眼。特别是在著名的“苏州杀降”事件中，更充分地体现出了这一点。

那是在1863年10月，“常胜军”配合淮军开始围攻太平天国的军事重镇苏州。在西式火炮的轰击下，苏州外围相继失守。眼看大势已去，太平军守将郜云官等人开始考虑投降。于是他们通过在淮军担任营官的郑国魁介绍，与淮军将领程学启以及“常胜军”统领戈登等人秘密会谈，决定了投降条件，而担保人便是双方都信赖的戈登。11月29日，苏州顺利和平“解放”。不料仅过了四天，李鸿章就密令程学启设计将郜云官一干人等悉数杀害。闻知此事后，感到被出卖的戈登顿时目瞪口呆，他手捧郜云官的首级放声痛哭，发誓要为死者讨回公道。因为按照西方的道德观念，这种言而无信的“杀降”手段简直是太“流氓”了。据有关史料记载，事件发生后，怒气冲冲的戈登拎着手枪到处寻找李鸿章，声称要和他决斗以挽回自己的名誉。而李鸿章自知理亏，便闭门谢客以躲避这个难缠的家伙。出于对清政府的抗议，戈登甚至率领“常胜军”退出苏州，拒绝继续参战。

为了尽快安抚戈登，李鸿章也是煞费苦心。他先是向朝廷写报告，极力称赞戈登的功劳，并慷慨地犒赏“常胜军”六万两白银，其中一万两单独奖给戈登。同时赶紧向上海的英、法、美等国使团解释苏州杀降的前因后果，强调自己的苦衷。不久，朝廷下令厚赏“常胜军”，戈登被封为一品衔的提督，赐穿黄马褂及孔雀花翎，甚至还仿照西方式样为其制作了一枚巨大的纯金奖章。尽管如此，戈登仍对苏州杀降一事耿耿于怀。他不但向英国公使提交辞呈，还严辞拒绝了一万两赏银，并毫不客气地公开宣称：“由于攻占苏州后所发生的情况，我不能接受任何标志皇帝陛下赏识的东西。”好在经过英国公使一番苦口婆心的劝说，执拗的戈登最终还是接受了清政府的嘉奖，与李鸿章也冰释前嫌。

接下来，“常胜军”又继续与淮军通力合作，连战连捷，攻陷了一座座城池。

在与洋枪队打交道的过程中，李鸿章等地方大员开始引进西式方法训练军队，图为西方人帮助训练的淮军。19世纪60年代。

1864年5月，太平天国在苏南最后的军事重镇常州陷落。随着中国内战的大局已定，完成了历史使命的“常胜军”也宣告解散，而统领戈登随即返回英国。回国前，为了留下纪念，他特地穿上那套提督官服及黄马褂拍了一张照片，无意间也为后世留下了中国近代史上最经典的镜头之一。

拒绝了清王朝金钱赏赐的戈登回到英国后，立即把纯金奖章熔掉捐给了慈善机构，而只保留了那件中国皇帝亲赐的黄马褂。对这位传奇般的英雄，英国民众极为崇敬，舆论界一致称呼其为“中国人戈登”，首相格雷斯顿甚至评价他是“英雄中的英雄”。在被政府提升为中校后，戈登又被维多利亚女王封为“名誉勋爵”。随后的二十多年，他又继续着自己传奇般的经历，职位也越来越高。1880年，英国殖民统治下的苏丹爆发马赫迪起义。危机关头，英国政府想起了当年曾参与镇压太平天国运动的戈登，便于1884年任命其为苏丹总督，指望他来挽救困局。不料，戈登抵达苏丹后不久，便被10万起义大军围困在喀土穆。1885年1月26日早上，起义军攻入戈登的总督府。这位昔日的英雄没有反抗，他被长矛刺死，首级也被割下示众，就连尸身也被抛入尼罗河。至于他视为珍宝的那件黄马褂，则被起义军缴获，至今仍保存在苏丹的哈里发博物馆里。

戈登死后，英国上下为之哀叹，维多利亚女王亲自到其家中吊唁。而在万里之外的东方，大清帝国也不曾忘记这位昔日的“友好人士”。作为战场上共事多年的伙伴，李鸿章尤为伤心，后者已成为大清王朝的直隶总督。得知戈登蒙难的消息后，据说李鸿章不禁失声痛哭。他在回忆这位老朋友时，曾这样说：戈登虽然“有不少缺点，他心高气傲，脾气暴躁，没完没了地要钱……虽然我对他颇有微辞，但他的确是一个有高尚情操的人，我依然很欣赏他。”在李鸿章的建议下，为了纪念戈登，有关方面专门筹资在天津英租界修建了一座名为“戈登堂”的建筑。1897年，当天津英租

“洋枪队”进攻常州情形。

界扩充后，又将新修的第一条马路命名为戈登路（今湖北路）。如果戈登地下有知，看到大清帝国如此厚重的情义，相信他也会含笑九泉。

与华尔、戈登诸人在枪林弹雨中获得荣耀不同，另一位获得黄马褂的外国人则更要幸运，他就是法国军官日意格。

日意格(1835～1886)原本是一名法国海军上尉，第二次鸦片战争时随军来华，1861年9月任宁波海关税务司。当华尔组建洋枪队时，受到启发的日意格也会同法国海军军官勒伯勒东等一起招募了三千人，组成一支中法混合军，时称“常捷军”。与“常胜军”配合李鸿章的淮军不同，“常捷军”的任务是协助左宗棠的湘军作战。虽然在战绩上没有华尔、戈登那么显赫，但日意格也因在浙江战场上的功劳而受到朝廷的赏赐，被授予总兵衔。浙江的战事结束后，“常捷军”解散，深感清政府厚意的日意格临行前向左宗棠表示：“嗣后中国如有差遣，仍愿为中国出力。”

由于同左宗棠建立起了良好的私人关系，日意格在随后的二十余年间一直活跃在中国军界。

洋务运动开始后，成为封疆大吏的左宗棠致力于筹建造船厂，日意格便成为他的顾问。1866年8月，日意格随同已升任闽浙总督的左宗棠来到福州，由此开启了近代中国造船工业的序幕。起初，法国政府并不支持中国造船厂计划，甚至要撤销日意格的官方职务。正是在日意格的多方努力下，当时的法国皇帝拿破仑三世才改变态度，同

意派遣技术人员及出口机器设备。1867年，由于精通汉语，熟悉中国官场且具积极的合作态度，日意格被福州船政局聘为正监督。事实上，日意格尽管出身于法国海军，但在与中国官员交往的过程中却非常低调。他曾明确表示："我们来为中国政府工作，我们没有放弃我们作为法国臣民的权利，但我们不再寻找通常已到这些国家居住的法国人的那些条件（领事裁判权）。"可以说，身为船政总监督，工作勤勉的日意格忠实地履行了自己的职责。由于他调度得法，船政局仅用一年多的时间就造出了中国第一艘千吨级轮船"万年清"号。当日意格的工作合同期满后，船政大臣沈葆桢奏请朝廷嘉奖日意格。鉴于他的功绩，清王朝不但赏赐其24000两白银，还赐予一品提督衔以及花翎、穿黄马褂、一等男爵、一等宝星等荣誉。直到1884年中法战争爆发后，身为法国人的日意格才被解职回国，两年后因病去世。

无论是赫德还是华尔、戈登、日意格，这些晚清时期来华洋人的奋斗故事都具有强烈的吸引力。耐人寻味的是，在后世被视为侵略分子的他们，却对大清王朝表现出了无比的热忱，甚至比当时的很多中国人还"中国"。对此，《清史稿》中有明确的定论："华尔、戈登先后领常胜军，立功江、浙，世称'洋将'，时传其战略。日意格初亦参防战，继以船政著劳。赫德久总税务，兼司邮政，颇与闻交涉，号曰'客卿'，皆能不负所事。兹数人者，受官职，易冠服，或原隶国籍。食其禄者忠其事，实有足多，故并著于篇。"

李鸿章访问德国期间参观了著名的军工业巨头克虏伯工厂。

第二章 窗外风景

在领教了洋人的坚船利炮之后，虽然屡战屡败的天朝帝国被迫签订城下之盟，这种选择很无奈。然而与此同时，这并不妨碍大清王朝去认识外面的世界。那里，或许也很精彩吧？于是，天朝帝国破天荒地放下身段，派出外交官、留学生远涉重洋去与世界对话。结果就有了近代中国首批驻外使节，有了最早的官派留学生，也有了进行环球之旅的李鸿章。事实上，对窗外的西洋景，晚清的一些臣民很感兴趣。这不，就连一向被视为顽固派代言人的慈禧太后，也痴迷上了照相这种“奇技淫巧”呢。

1868年，蒲安臣使团在欧洲合影，该使团是大清王朝的“外交部”总理衙门派遣的第一个赴外使团，中间站立者为美国前驻华公使蒲安臣。

一、总理衙门的外交官

北京的东单大街车水马龙，在协和医院门诊大楼向北一百多米路东，有一块很不起眼的路牌，上门写着“东堂子胡同”。就在这条胡同里，路北一座院子的外墙上镶着一块汉白玉石牌，上面刻着“总理各国事务衙门建筑遗存”的字样。总理各国事务衙门又称总理衙门，其实就是大清王朝第一任“外交部”。如今的人们可能很难理解，堂堂担负外交事务的最高机构，当年为何会设在如此偏僻的胡同内呢？

话说在1860年清王朝被迫与列强签订北京条约后，建立一个正式的外交机构便成为当务之急。令人哭笑不得的是，由于在外交礼仪问题上迟迟转不过弯，一个四亿人口的泱泱大国居然没有正式的驻外使节。在保守派官员们看来，虽然大清国二十年来可谓屡战屡败，但天朝的脸面打死也不能丢。因为一旦建立了正式的外交关系，那我们的使节觐见人家的国王时该如何行礼呢？如果按他们的规矩只是鞠躬致意，那他们的使节在觐见我们的天子时岂不就有借口拒绝三跪九叩了？正是出于这种顾虑，尽管在1860年后被迫接受了外国公使驻京，但清王朝却以各种借口为由拒绝他们觐见皇帝。真应了老百姓的那句话：打不起我还躲不起？

不过一味的躲避总不是办法。既然国门已经洞开，与洋鬼子打交道之处也越来越多。在恭亲王奕䜣等洋务派大臣的呼吁下，朝廷总算下令成立了总理衙门这个专门处理对外事务的机构，这也算是近代中国第一任外交部了。众所周知，在当今世界范围内，外交部长在绝大多数国家都位列同级官员之首，像美国的国务卿，更是堪称二号实权人物。然而在总理衙门刚成立时，各位大臣却都是兼职，并无一例外地视其为苦差使。更可笑的是，为了表示对外国事务的轻视，朝廷特地将总理衙门设在偏僻的胡同里，让那些洋鬼子办事时被迫穿梭于犄角旮旯里。

随着时间的推移，特别是洋务运动开始之后，朝中越来越多的大臣感到了与外部世界全面交流的必要性。遗憾的是，由于缺乏获得信息的渠道，清王朝只有靠一些来华的外国人或者翻译人家的书报杂志。结果，朝野上下常常闹出一些国际笑话，就连总理衙门中的一些大臣，甚至也搞不清列强各国的地理位置。

面对这种局面，一些外国“友好人士”端的是看在眼里，急在心里，其中尤以大名鼎鼎的海关总税务司赫德先生为甚。

前面已经提到，赫德此人在中国的官场可谓如鱼得水。因为海关归总理衙门统辖，他与总理衙门大臣恭亲王奕䜣、文祥等人的关系都极为密切。在干好本职工作的同时，赫德还经常为清朝的外交事务出谋献策，因此被总理衙门视为“可以信赖的顾问”。1866年初，他撰写了一篇名为《局外旁观论》的万言书，向清政府提出了一揽子改革建议。在文章中，赫德特别强调了搞好外交的重要性。他指出，如果处理不好与西方列强的关系，中国的一切改革便无从谈起，希望清政府放弃天朝中心论的虚荣，以平等理智的态度处理国际关系。这年3月，当赫德准备回英国完婚时，他又苦苦劝说清政府派员随他出国考察。尽管是公费出国旅游，朝中官员却大多畏之如虎，这在今天简直是难以想象的。幸运的是，赫德的建议最终引起了恭亲王奕䜣的兴趣。在后者的支持下，总理衙门选派了一名中层干部斌椿带着他的儿子以及数名同文馆学生随同前往英国，让他们顺路考察一下国外的风土人情。3月7日，赫德带领着他的中国朋友从北京出发，这支民间考察团在欧洲总共呆了大约四个月的时间。回国后，领队斌椿向总理衙门的大臣们汇报了大致情况，还把自己的所见所闻写成一本名为《乘槎笔记》的小册子奏呈同治皇帝。令人欷歔的是，这竟

地处北京东堂子胡同的总理各国事务衙门，照片可能拍摄于19世纪70年代。

然是大清朝头一遭派官员前往西方。

转眼到了1867年，一桩令人挠头的外交事务又摆在了总理衙门面前。由于来年便是中英《天津条约》规定的修约期，为了避免英国届时再生事端，总理衙门赶紧就此事征求各位封疆大吏的意见，从而展开了一场外交问题的大讨论。讨论的结果是，如想说服列强不要借修约之机提出新的侵略要求，就必须向各国派遣使节去做游说工作。可是老问题又摆出来了：派谁去呢？外交礼节如何执行呢？正当总理衙门的众位大臣百般为难之际，一个叫蒲安臣的美国人出现了他们的面前。此人又是什么样的来头呢？

蒲安臣（Anson Burlingame，1820～1870），美国著名的律师、政治家和外交家。1846年毕业于哈佛大学法学院，后担任律师并投身政治，1855年当选为众议员。作为坚定的废奴主义者，蒲安臣还是共和党的创始人之一，后成为林肯总统的亲密盟友。1861年，蒲安臣被任命为美国驻华公使，任期6年。值得一提的是，在驻华公使任内，蒲安臣奉行对华“合作政策”，从而赢得了清政府的好感。1867年11月，任期已满的蒲安臣准备返回美国。按照惯例，总理衙门于27日为其举办了一场饯行宴会，位高权重的恭亲王也亲临捧场。于是，一场近代史上最有戏剧性的事情发生了。

在当天的宴会上，蒲安臣礼节性地向恭亲王表示，以后贵国与他国发生纠纷时，鄙人仍将尽力相助，各位大人就权当我是中国所派的使节吧（原文为：“嗣后遇有与各国不平之事，伊必十分出力，即如中国派伊为使相同。”）。当负责翻译的同文馆教习丁韪良将蒲安臣的意思转述给恭亲王时，后者随即顺水推舟地请求这位美国朋友帮忙与英、法两国交涉有关事项。末了他干脆试探性地说：“如果一个公使为两个国家服务是可能的话，我们很愿意派你充任我们的使节。”当天晚上，

总理衙门的三位大臣。约翰·汤姆逊（John Thomson，1837～1921）摄于1871年。

总理衙门的官员。詹姆斯·利卡尔顿（James Ricalton）摄于1901年。

对中国外交事务一向热心的赫德也听到了这个消息。第二天，他就前往总理衙门拜见恭亲王，极力表示赞同此事。于是在赫德的鼓动下，恭亲王正式向朝廷上奏，请求任命蒲安臣暂时担任使节，代表大清与西方各国交涉。很快，朝廷批复道："使臣蒲安臣处事和平，洞悉中外大体，著即派往有约各国，充办各国中外交涉事务大臣。"就这样，由于当时中国实在找不出懂外交的官员，也就只好聘请像蒲安臣这样既熟悉外交又对华友好的外籍行家出马了。而蒲安臣也由此创造了一项外交史上的纪录：他成为绝无仅有的既担任过美国驻华公使又担任中国使节的一位美国人。

对这第一次出使外国的行动，清政府表现出了高度的重视。由于担心任命美国人为使节会招致英、法两强吃醋，朝廷又加派英国使馆的翻译柏卓安为"左协理"，法籍海关税务司职员德善为"右协理"。与此同时，本着培养本国人才的目的，又突击提拔了两名中层干部：赐予记名海关道志刚和礼部郎中孙家谷"二品顶戴"，偕同"洋钦差"蒲安臣出使。

1868年2月25日，蒲安臣使团一行三十人由上海出发，乘坐"格斯达哥里"号轮船踏上了漫漫出访路。临行前，蒲安臣还受总理衙门之托设计了近代中国第一面国旗。具有讽刺意味的是，由于根本没有现代国家主权概念，尽管与西方各国打了好几十年的交道了，大清朝居然没有正式的国旗。经过紧张设计，蒲安臣命人制作了一面黄色的中国国旗，它镶蓝边，中间绘有龙的图案，龙长一尺三，宽二尺，这便是晚清时期作为国家象征之一的"龙旗"。

4月初，蒲安臣使团抵达他们的首站——海外华人聚集地旧金山。据说在为使团举办的宴会上，加利福尼亚州州长意味深长地祝贺蒲安臣是"最年轻的一个政府的儿子和最古老的一个政府的代表"。6月2日，使团到达华盛顿，四天后在白宫受到美国总统约翰逊的接见。当天，蒲安臣郑重地向美国总统呈递了近代中国第一份国书。6月28日，蒲安臣在纽约市欢迎宴会上发表热情的演说，已经完全进入角色的他以中国代言人的身份说："中国睁开它的眼睛了……她欢迎你们的商人，欢迎你们的传教士。"在美国期间，蒲安臣虽然没有严格遵守总理衙门的禁令，越权与华盛

大清国国书。

晚清驻外使节第一人郭嵩焘（1818～1891），其悲剧性的一生长期以来都是中国近代史研究领域的热门话题。

顿方面签订了《蒲安臣条约》。但实事求是地讲，由于其秉承对华合作政策，蒲安臣基本上坚持了中国的利益。

9月19日，蒲安臣使团到达伦敦。10月20日，维多利亚女王在温莎堡接见了他们。为了便于中国同事更深入地考察，蒲安臣在英国逗留了好几个月的时间。直到1869年1月2日，他们才抵达下一站巴黎。21日，法兰西皇帝拿破仑三世接见了蒲安臣使团。由于法国也是考察的重点，他们又在这里待了六个多月。此后，使团先后访问了瑞典、丹麦和德国，随后于2月1日抵达俄国圣彼得堡，受到了沙皇亚历山大二世的接见。不幸的是，由于舟车劳顿，加上在俄国的谈判并不顺利，蒲安臣竟一病不起，最终于2月23日病故，时年50岁。在给朝廷的报告中，蒲安臣的中国同事志刚高度赞扬这位“洋钦差”的敬业精神。2月26日，俄国方面在圣彼得堡的英国教堂内为蒲安臣举行了隆重的悼念。随后他的遗体被运回美国，安葬在马萨诸塞州剑桥市离其故居不远的奥本山公墓。著名作家马克·吐温为他写的悼词为：“他对各国人民的无私帮助和仁慈胸怀，已经越过国界，使他成为一个伟大的世界公民。”蒲安臣的去世引起许多国家的关注，他所访问过的国家元首和政府都表示了哀悼。3月22日，获知蒲安臣病逝的消息后，清政府也深表痛惜，随即下令厚赏其家属白银一万六千两，并破格追赠其一品官衔。

虽然总理衙门派出的第一个外交使团有些不伦不类，但大清帝国总算迈出了难得的第一步。更重要的是，由于蒲安臣的“私自”行动——在觐见外国君主时行国际通用的鞠躬礼，长期以来困扰中国外交的所谓礼节问题终于解决了。

在蒲安臣使团之前，清政府一直以“皇帝冲龄”和“中外礼节不同”来拖延外国使臣入觐一事。而由于蒲安臣访

1873年，列国驻华使节以西方礼节觐见同治皇帝。

问欧洲时自作主张对人家的国家元首采取了鞠躬礼，因此现在西方外交官便以此为由要求用对等的礼节觐见中国皇帝。特别是在1873年同治皇帝宣布亲政后，如果再坚持原来的“三跪九叩”就显得太不可理喻了。于是在这年6月27日，同治皇帝终于按西方礼节接受了西方使节的觐见。两年后，朝廷又发布上谕，正式同意派遣驻外使节。从1875年到1880年，清政府先后在英、德、日本、法、美、俄、日斯巴尼亚（西班牙）、秘鲁等八个国家建立使馆，派遣了常驻使节。

有位名叫马丁·梅耶的美国作家曾说：“外交是最出人头地的职业。”如果以现代人的眼光来看，外交官的确是非常“给力”的差事。他们通常待遇优厚，衣冠堂堂，并且经常出现在高端舞台上，成为聚光灯下的主角，往往少数几个人就能决定许多人的命运。可是在150年前的中国，外交官却是个“高危职业”，一般士大夫避之唯恐不及。对这一点，清朝第一位驻外使节郭嵩焘无疑是感受最深的，而他那悲剧性的一生，也堪称近代中国史上最具代表性的话题之一。

郭嵩焘（1818～1891），湖南人，与曾国藩同乡。1847年考中进士后一度闭门钻研学术，如同曾国藩一样，如果不是太平天国运动，他说不定也会在学术之路上一直走下去。1853年，在曾国藩的极力劝说下，郭嵩焘走出书斋，参与组建湖南地方武装镇压太平军。由于才能突出，1856年被咸丰皇帝任命为南书房行走，1863年署理广东巡抚，后因性格刚直而与上司不和，结果愤而辞职回乡隐居。1875年年初，鉴于其在洋务方面的才识，朝廷又任命郭嵩焘为福建按察使。就在他复出的这一年，云南发生了“马嘉理案”，英国外交官马嘉理在与当地居民冲突中被杀。在英国政府的强烈要求下，清政府被迫同意派一名钦差大臣登门道歉，并顺道担任驻英公使。令郭嵩焘意外的是，由于他素来以懂洋务著称，结果被朝廷选中担当此重任。而实际上，虽然郭嵩焘的确是洋务运动的重要人物，对西方的情况也有一些了解，但非要他担任首任驻英公使，实在有苦难言。

虽然已经历了两次鸦片战争，但在当时的中国士大夫阶层，封闭保守分子仍占据主流地位。甚至可以毫不夸张地说，自“睁眼看世界第一人”的林则徐以来，近30年间，除了孤军奋战的洋务派官员外，具有国际视野的士大夫仍然寥寥无几。因

刘锡鸿，郭嵩焘任驻英公使期间的副手，二人之间的冲突直接导致了郭氏的悲剧。

曾纪泽（1839～1890），晚清中兴名臣曾国藩的儿子，杰出的外交家。

此当朝廷决定派遣驻外使节的消息传开后，朝野上下顿时一片哗然。在大多数国民看来，被迫接受外国公使驻京本来就已经够丢人的了，如今又要派使节到外国常驻，堂堂天朝的脸面难道就一点都不要了吗？当获知这一任命后，郭嵩焘的亲朋好友都纷纷劝他慎重考虑，不要贸然答应，以免毁掉一生的名节。至于大多数不明就里的人，则毫不客气地痛骂郭嵩焘为汉奸，有些好事之徒还想出了这样一幅很“有才”的对联：“出乎其类，拔乎其萃，不容于尧舜之世；未能事人，焉能事鬼，何必去父母之邦！”而在当时最为守旧的湖南，士大夫们更是“义愤填膺”，认为郭嵩焘丢了湖南人的脸，因此竟聚集在一起讨论是否要开除他的省籍。许多被鼓动起来的“愤青”，还骂骂咧咧地朝郭家大院内丢了不少板砖。

面对如此强大的舆论压力，郭嵩焘也动摇了，毕竟几千年来，被口水淹死的人也不在少数。然而虽然曾几次以生病为借口推托，但终究君命难违，他被迫硬着头皮赴任。临行前，慈禧太后亲自召见了郭嵩焘，并语重心长地勉励他不要在乎外界的议论，说凡事有朝廷撑腰呢。不过后来的事实证明，这些口头许诺根本就不可能兑现。

1876年12月，郭嵩焘带领随从由上海出发奔赴英国，于次年1月下旬抵达伦敦。按照总理衙门的指示，他将这一路的所见所闻都以日记的形式寄给领导，希望通过自己的介绍能使国人对外部世界有一定的了解，早日摆脱夜郎自大的愚昧心态。令郭嵩焘意外的是，总理衙门刚刚将他的日记出版发行，读了一些片断的顽固派守旧者随即便展开了声势浩大的批判运动。这些“极左分子”纷纷发表文章，痛斥郭嵩焘的“反动言论”，一些人还直接上书朝廷，强烈要求将其撤职查办。好在由于一时之间实在找不出替代者，朝廷最终没有召回郭

总理衙门的大臣们。

公使，但是立即下令将其著作认定为禁书，将原版尽行销毁。

虽然暂时逃过了一劫，但郭嵩焘接下来的日子一点也不好过，因为他身边还有一位监视者——副使刘锡鸿。由于观念上的巨大差异，结果二人之间的关系一直势同水火。尽管理论上郭嵩焘是一把手，刘锡鸿只是他的副手，但后者却“上边有人”。在朝中一些保守派大员的支持下，刘锡鸿暗中监视郭嵩焘的一举一动，不断向国内打小报告，列出其一系列“罪状”。如果今天的人们看到这些报告，一定会感到好笑：有一次参观英国炮台时，突然天降大雨，这时热情的英国主人赶紧将自己的大衣披在郭嵩焘身上。您一定会感慨，英国人果然绅士风度十足。但刘副使却不这么认为，他在给国内的报告中“大义凛然”地声称，郭大人应该严词拒绝英国人的殷勤，哪怕是被冻死，也不应该披洋人的衣服啊！还有一次，巴西国王访问英国，郭嵩焘应邀参加巴西使馆举行的茶会，当巴西国王入场时，郭嵩焘随大家一同起立。这本是国际上通行的最起码的礼节礼貌，但刘锡鸿却将其说成是大失国体之举，因为“堂堂天朝，何至为小国国主致敬”？类似的“罪状”还有很多很多，刘大人记了整整一本儿。对副手的种种指责和诬陷，本来就性情刚烈的郭嵩焘也极为愤怒，他也毫不客气地向朝廷上书指责对手的迂腐，并表明自己的清白。此时。郭嵩焘多么希望当政者慈禧太后能给自己主持公道呀，然而令他寒心的是，老佛爷突然“失声”了。1878年8月，朝廷下令将郭、刘二人同时调回，表面上是各打五十大板，实际上却宣告了郭嵩焘政治上的“死刑”。要不是李鸿章、曾纪泽等人力保，有关部门本来还准备对他严加查办呢。

1879年1月底，郭嵩焘满怀惆怅地离开伦敦起程回国。在上海登岸后，他再也不愿去北京面对那班保守派分子的面孔了，于是便向朝廷请了长假，直接回到家乡长沙。谁知老乡见老乡却没有泪汪汪，迎接郭嵩焘的居然是骂声一片。当他踏进长沙城时，竟难堪地发现，这座破旧的省会城市已被无数的“小广告”——揭帖包围了，这些揭帖无一例外地斥责郭嵩焘是“勾通洋人”的卖国贼。从此，尽管开明派一致公认其为难得的人才，但郭嵩焘再也没有被朝廷起用。1891年7月18日，这位外交使节第一人在孤寂中病逝。他去世后，李鸿章曾上奏朝廷请求国史馆为其立传，并按惯例赐谥号，但终因郭氏争议颇大未被批准。甚至在郭嵩焘死后9年，当义和团运动兴起时，朝中居然还有官员上奏要求对其开馆戮尸以谢天下呢！

平心而论，在晚清第一代外交官中，郭嵩焘的确是人才难得。作为真正意义上的睁眼看世界者，他对鸦片战争以来清王朝的外交政策有着清醒的认识，并曾一针见血地批评其为“一味蠢”、“一味蛮”、“一味诈”和“一味怕”。尽管在世时得不到外界的认可，但他仍对自己百年后的历史地位颇为自信。就在去世前不久，他还曾写下这样的诗句：“流传百代千龄后，定识人间有此人。”

以郭嵩焘为肇始，清政府先后派出了一系列正式的驻外使节，其中不乏青史留名的佼佼者，诸如曾纪泽、薛福成、黄遵宪等人，都称得上“弱国无外交”背景下的外交精英。而与此同时，由于有机会近距离观察先进的西方社会，他们的思想观念也开始发生巨大变化，认识到大清朝必须要改革才能图强。在这方面，他们远远地走在了同代人之前。曾纪泽作为曾国藩之子，袭封一等毅勇侯，他以如此尊贵的身份先后出使英、法、俄诸国，为了国家的权益而多方奔波，博得了国内舆论的好评和西方外交界的尊重。而身为“曾门四弟子”之一的薛福成，曾先后出使英、法、义（意大利）、比等国，致力于保护华侨利益，并在滇缅边界谈判过程中迫使英国人少见地让步，因此就连光绪皇帝也褒奖他“办事甚好”。至于黄遵宪，他不但是一位外交家，还是一位杰出的诗人，并因其独特的个人魅力而令海外舆论折服，从另一个层面为大清朝挣回了颜面。

黄遵宪（1848～1905），字公度，广东梅州人，晚清著名的诗人、外交家和教育家。历任驻日参赞、旧金山总领事、驻英参赞、新加坡总领事以及署湖南按察使等职。1877年，刚刚中举的黄遵宪随驻日公使何如璋前往日本。在日本期间，他与日本知识阶层广泛交往，并因其风格独特的诗作而备受推崇，后来曾被日本政界评为中国“最有风度、最有教养的外交家”。作为一名改革派人士，黄遵宪还根据自己在日本期间的见闻写成了《日本国志》一书，详细论述明治维新后日本变革的经过及其得失，借以提出中国改革的主张。特别值得一提的是，在驻日期间，针对日本1875年派兵占领琉球的行径，黄遵宪曾向朝廷建议对其采取强硬政策，但终因清王朝的软弱无能而未被采纳。1882年，在调任驻美国旧金山总领事后，黄遵宪所做的第一件事就是回击美国政府制定的《限制华工条例》。为了保护中国侨民，丝毫得不到政府支持的黄遵宪尽力行使自己的职权。后来，他又先后担任驻英国二等参赞、驻新加坡总领事等外交职务。1894年中日甲午战争期间，黄遵宪被召回国任江宁洋务局总办。维新运动兴起后，他一度署理湖南按察使，还曾被任命为出使日本大臣。不过在戊戌变法失败后，由于被朝廷列为“从严惩办”的乱党，黄遵宪差点被杀头，幸运的是由于外国驻华公使们的干预，才被允许辞职还乡，1905年3月病逝于家乡梅州，终年57岁。

有趣的是，还有个别总理衙门派出的低级别外交官，虽然在国内鲜为人知，但在西方世界却享有盛名，其中一位名叫陈季同的低级外交官堪称典型的代表。

据后世研究者调查发现，在19世纪八九十年代，如果让欧洲人选择他们最熟悉的中国人，陈季同这个名字无疑是出现频率最高者之一。

陈季同（1852～1907），字敬如，福建侯官人。1867年考入福州船政学堂。

薛福成（1838～1894），晚清著名的外交家之一。

黄遵宪（1848～1905），晚清杰出的外交家和诗人。

1877年3月，作为清政府首次派遣赴欧留学生之一，陈季同与同学严复、马建忠、刘步蟾、邓世昌等人一同抵达欧洲，随后进入巴黎政治学堂学习国际法，后获学士学位。由于精通法语，陈季同在巴黎读书期间就开始在中国驻欧使馆任翻译。加上天性本就活泼开朗，兴趣广泛，且待人热情、善于结交，这名品级很低的翻译官竟结交了一批欧洲上流人士，其中不乏俾斯麦、甘必大这样的政治大腕儿。遗憾的是，由于一场债务官司，陈季同于1891年被清政府撤职，从此再也没有返回欧洲。然而由于写作方面的成就，陈季同却成为当时在欧洲最有影响的中国人之一。他用法文写的书在法国多次再版，并被译成英、德、意、西、丹麦等多种文字，在欧洲产生广泛影响，并因此被法国政府授予“一级国民教育勋章”，还成为一些政治杂志的封面人物。在自己所有的著作中，陈季同最主要的目的便是将中国文化传播到西方，让西方公众理解中国人的观点，从而改变他们对中国的误解和偏见。对这样的外交官，后世人更应该尊重和纪念。

1879年，卸任美国总统的格兰特将军（Ulysses Simpson Grant，1822～1885）访问中国，其间在天津与李鸿章有过交往，这张照片是二人在天津的合影，晚清著名摄影师梁时泰摄。

二、“裱糊匠”的国际影响力

1896年6月27日，在德国汉堡附近的小城奥姆勒，往日一向宁静的福利德里斯鲁庄园洋溢着一派节日的气氛。提起这座庄园的主人，那可真是如雷贯耳，他就是德意志帝国昔日的“铁血宰相”冯·俾斯麦。虽然几年前因为与皇帝威廉二世政见不合而被迫辞职隐居家乡，但念其功劳，政府还专门在这里铺设了一条直通柏林的私用铁路。令人欷歔的是，正所谓人走茶凉。自从俾斯麦退隐以来，这条铁路就几乎没有启用过，德意志帝国似乎早将这位昔日的功勋老臣忘记了。不过就在这天，由于一位来自远东的重量级人物将要拜访俾斯麦，这条闲置已久的铁路终于被派上用场了。为了迎接远道而来的客人，整个福利德里斯鲁庄园立刻紧张起来，原本宁静的小城顿时变得热闹非凡。

这位神秘的客人，便是大清帝国最具国际影响力的实力派人物李鸿章。而此次访问德国，只不过是他环球之旅的其中一站。

提起李鸿章，以往在国人的心目中简直就是卖国贼的代名词。的确，在晚清最后三十多年间，他作为实质上的外交部长，先后被迫与列强签订了一系列不平等条约，真可谓丧权辱国。殊不知，在这些表面现象的背后，无论是内政还是外交方面，李鸿章的一系列作为都被抹杀了。结果在近代中国命运的总体背景下，这个历史人物便越来越被脸谱化，其真实的面目反而变得模糊起来。好在随着近些年来观念的解放以及各种新史料的发掘，人们才对李鸿章有了一个较为客观的评价。实际上，在晚清时期，如果仅就国际影响力而言，李鸿章无疑称得上是知名度最高的中国人了。梁启超甚至曾不无夸张地说，当时世界只知道李鸿章而不知中国。而能够得到挑剔的西方舆论的认同，这里面的学问可大着哩。

毫无疑问，李鸿章之所以能从一名幕僚迅速发迹为封疆大吏，还要感谢那场史无前例的太平天国大起义。早在年轻时，这位安徽才子就表现出了对仕途和追逐功名的强烈欲望。20岁那年，当他赴京赶考时，曾写了一首后来广为传诵的诗：“丈夫只手把吴钩，意气高于百尺楼。一万年来谁著史，三千里外欲封侯。定将捷足随途骥，那有闲情逐水鸥。笑指芦沟桥畔月，几人从此到瀛洲。”即便在170多年后，我们依然可以从中体会到他对功名利禄的热衷和政治野心。或许正因如此，就连李鸿章的恩师曾国藩都戏称其是“拼命做官”。的确，从1862年担任江苏巡抚起，一直到1901年去世，李鸿章几乎从未离开过官场，并且始终为了官位而奋斗。然而与当时大多数为官者不同，李鸿章是既做官也做事，做事是为了做官，做官也是为了做事。

1870年，李鸿章接替恩师曾国藩，出任直隶总督兼北洋大臣，从此开始执掌清朝外交，成为与国际社会打交道最多的大臣。尽管他所办理的是弱国外交，却被后世史学家公认为近代中国“两个半外交家”中的一个（另一个是周恩来，半个是顾维钧）。

在当时外国人眼中，李鸿章的确处处与众不同。他身高一米八以上，身材魁伟，举止端庄，官派十足，因此获诨名“李大架子”。可想而知，单凭这种相貌上的气度，李鸿章就足以给外国人留下深刻印象了。关于这一点，1896曾与他近距离接触过的英国议员濮兰德（Bliand）的一番话尤其具有代表性：“当我从议院出来时，突然与李鸿章打个照面，他正被领入听取辩论。他像是来自另一个世界的身材奇高、容貌仁慈的异乡人。他的蓝色长袍光彩夺目，步伐和举止端庄，向他看到的

李鸿章，1871年，约翰·汤姆逊摄。当时李鸿章刚刚出任直隶总督兼北洋大臣。

李鸿章。1874年，费斯勒（L. F. Fisler）摄于上海。

每个人投以感激的优雅微笑。从容貌特征来看，这一代或上一代人都会认为李鸿章难以接近。这不是因为他给你巨大成就或人格力量的深刻印象，而是他的神采给人以威严的感觉，具有某种半神、半人、自信、超然，然而又文雅和对苦苦挣扎的芸芸众生的优越感。”其实在很多私人场合，李鸿章都是仁慈、开朗和诙谐的。但是一回到官场和外交场合，他就往往表现出傲慢、暴躁的一面，以便从气势上镇住对手。

客观地讲，在晚清时期办理头绪杂乱的外交，放眼当时的中国，恐怕只有李鸿章能够担此重任了。由于守旧顽固势力的存在，每一次对外交涉时，主张和局外交的李鸿章都会遭到抨击和诽谤。但事实却是，每一次大清朝与列强交战，结果无非是丧权赔款，而最终收拾残局的都是李鸿章。更悲哀的是，当中国民众齐声痛骂李鸿章丧权辱国时，却不知他根本就没有那么大的权力，他本人所扮演的不过是替罪羊的角色罢了。当然，在晚清最后三十年间，李鸿章应该算是最有权势的大臣，就连总理衙门这个实际上的“外交部”也经常被他绕开。其结果就是，许多外国人以为李鸿章就是大清朝，大清朝就是李鸿章。即便是在令李鸿章最感耻辱的甲午战争之后，这种情形也丝毫没有改变。

1895年4月17日上午，经过长达数月的谈判后，在日本马关一家名为“春帆楼”的河豚料理店里，清朝全权代表李鸿章与日方签订了丧权辱国的《马关条约》，在甲午战争中一败涂地的中国被迫向日本割地赔款。回想起过去那噩梦般的几个月，李鸿章不禁悲从中来。因为正是在这场“赌博”中，不但大清朝丢掉了土地，失去了银子，而他费尽心血积攒的家底——北洋海军也彻底覆灭。更令他无奈的是，本来作为败军之将就够痛苦的了，朝廷竟又严令他作为全权代表去与日本人谈判。局外人都知道，无论谈判结果如何，这项差事唯一的报酬就是唾骂。然而君命难违，已经七十有余的李鸿章不得不踏上日本的国土。果然，条约签字的消息一经传出，国人立即骂声一片："卖国者秦桧，误国者李鸿章！"此时又有谁还能想起，就在日本交涉期间，要不是李鸿章被日本浪人迎面打了一枪，大清朝要付出的代价可能还会更加惨重呢？

在日本遇刺后，那颗子弹就一直留在李鸿章面颊内。7月29日，带着肉体与心灵的双重创伤，李鸿章回京复命。第二天，当他觐见光绪皇帝时，后者对他的伤势只是象征性地慰问了几句，而对和谈结果却苛责不已。与此同时，昔日的政敌也对李鸿章群起攻击，就连对他一向信任的慈禧太后老佛爷也转而重用他人了。虽然朝廷暂时没有下死手，但免去其直隶总督和北洋大臣的职位，无疑是对李鸿章的政治生涯宣判了死缓。真不愧是久经沙场的"战士"，失去了大清朝头把交椅后，百无聊赖的李鸿章并没有偃旗息鼓。他暂时借住在京城东安门外冰盏胡同的贤良寺内，修身养性，耐心地等待机会东山再起。果然仅过了半年的时间，一场重要的外交大戏再度呼唤这位昔日的"头牌"出场了，正所谓"山穷水尽疑无路，柳暗花明又一村"。

李鸿章。1879年，梁时泰摄，这是一张近代中国摄影史上经典的肖像照。

原来在甲午战争后，西方列强意外地发现，大清帝国如此一个庞然大物，在弹丸小国日本面前竟如此不堪一击。要知道在战前，国际舆论几乎一边倒地认为中国定会把挑衅的小日本痛揍一顿。在目睹清王朝的无能后，几乎所有的西方国家都想拣这个大号的软柿子捏一把，来捞取一些油水。首先动手的便是中国北方野心勃勃的"大熊"——沙俄。当时，俄国正在着手修筑西起莫斯科、东达符拉迪沃斯托克（海参崴）的西伯利亚大铁路。一旦铁路建成，俄国在远东的利益将得到有力保障。1894

1895年《马关条约》签订时场面，日本人根据当时的现场绘制。

年，西伯利亚铁路修到了邻近中国东北的外贝加尔地区。为了节省成本，同时为将来的势力扩张提供便利，狼子野心的俄国竟提出一个横穿中国东北的修建方案，并乘中国忙于对日作战之际完成了路线勘测。甲午战争结束后，眼看日本在中国东北不断扩张，俄国赶紧向清政府提出合作谈判，并将谈判地点选在了俄国彼得堡。由于1896年5 月沙皇尼古拉二世将举行加冕典礼，届时各国政府都会派特使致贺，俄国便建议清朝派出的祝贺特使负责此次谈判。

接到俄国的通知后，清政府不敢怠慢。最初，朝廷准备派布政使王之春前往。但是俄国驻华公使喀西尼听到这一消息后立即提出抗议，他说："皇帝加冕，俄国最重之礼也。故从事斯役者，必国中最著名之人，有声誉于列国者方可。王之春人微言轻，不足当此责。可胜任者，独李中堂（鸿章）耳。"如果不是喀西尼点名，朝廷几乎快将李鸿章忘在九霄云外了。既然是人家俄国指名道姓地要李鸿章出马，光绪皇帝尽管不情愿，也不得不于1896年2月10日颁旨任命李鸿章为专使赴俄。2月28日，已经冷落李鸿章多时的慈禧太后亲自召见了这位昔日的亲信，无非又是一番安慰勉励。就这样，在蛰伏了半年之后，李鸿章再度成为威风八面的钦差大臣。而更大的惊喜还在后面。获知李鸿章将要赴俄的消息后，不甘落后的英、法、德诸国也赶紧纷纷竭力邀请其首先访问。对即将到来的这趟周游列国之旅，李鸿章尽管已年老体弱，但精神头十足的他却充满了兴奋与期待。

3月14日，"钦差头等出使大臣"李鸿章由北京抵达上海，准备由这里出发。本来他打算先访问法、德两国后再转赴俄国，但俄国担心这样一来会对将来的谈判不利，便由喀西尼出面与李鸿章商定路程：乘法国轮船从上海出发，穿越红海和苏伊士运河，在埃及塞得港换乘俄国轮船，由地中海进入黑海，到达俄国港口城市敖德

1896年环球之旅期间，李鸿章与随员们合影。

萨，然后乘车前往莫斯科。既然俄国方面如此精心安排，李鸿章也不便再持异议。3月28日，李鸿章带领两个儿子李经方、李经述以及俄国顾问柯乐德、德国顾问德璀琳、法国顾问穆意索、英国顾问赫政、美国顾问杜维德等45名随员，乘坐法国邮船“爱纳斯脱西蒙”号，浩浩荡荡从上海出发，开启了环游地球之旅。

为了迎接即将到来的李鸿章，俄国方面真是煞费苦心。根据沙皇尼古拉二世的旨意，朝中显贵乌赫托姆斯基公爵专程前往埃及塞得港迎候李鸿章一行，然后换乘俄国豪华邮船，最终于4月27日抵达敖德萨。李鸿章一靠岸，就受到了俄国文武百官的热烈欢迎。为了赶在沙皇加冕典礼前把谈判搞定，俄国方面将李鸿章直接带到了彼得堡。30日，李鸿章乘坐专列快车抵达彼得堡，被安排到俄国富豪巴劳辅的私人府邸居住。为了讨得客人的欢心，主人更是处处体贴入微，从饮食到室内陈设都是正宗的中国货。就是在这样一种氛围下，李鸿章与俄国财政大臣维特开始了谈判。维特提出，希望中国能答应“借地修路”，但李鸿章却对此提出异议。为了加快谈判进展，沙皇特地于5月4日接见李鸿章，并暗示俄国愿意与中国合作对抗日本和英国。就这样，双方一直从彼得堡谈到莫斯科。

5月18日，李鸿章到达莫斯科，随后参加了沙皇尼古拉二世加冕典礼。令李鸿章感动的是，在典礼上，俄国方面特意将他安排在各国专使之首，并授予他两枚镶满钻石的宝星勋章。毫无疑问，俄国人对李鸿章的百般笼络终于收到了奇效。另一方面，朝中大臣也大多赞同“联俄制日”。6月3日，李鸿章代表清政府在《中俄密约》上签字。条约的主要内容有：日本如侵犯俄国远东或中国、朝鲜领土时，中俄两国共同出兵并互相接济粮食、军火；战争期间，中国所有口岸均应对俄国军舰开放；中国允许俄国在黑龙江、吉林两省修筑铁路直达海参崴。对自己的这一“丰硕

李鸿章访问德国期间参观了著名的军工业巨头克虏伯工厂。

成果”，李鸿章当时颇为沾沾自喜。据说事后他曾对密友黄遵宪说：“二十年无事，总可得也。”遗憾的是，后来的事实表明，在弱肉强食的国际背景下，他这个“老外交”也犯了回天真，俄国人根本就不打算履行诺言。《中俄密约》还为李鸿章带来一项恶名，据说他在谈判中曾收受了俄国人的巨额贿赂。一些国内媒体，包括俄国的一些外交官员在内，都曾声称李鸿章从此条约中获得了300万卢布的签字费。而作为直接当事人的维特，则断然否认曾向李鸿章行贿。对这件事的真实性，后人一直感到扑朔迷离。不过近来随着各种档案的披露，最终证实上述指控纯属谣言。

完成在俄国的任务后，李鸿章一行于6月13日乘火车抵达德国。或许是从俄国人那里受到了启发，德国人也赶紧行动起来，想尽一切办法讨好这位钦差大臣。李鸿章一到柏林，就被安排在最豪华的凯撒大旅馆，而为了投其所好，德国人甚至连他常吸的雪茄烟以及最爱听的画眉鸟都准备好了。14日，李鸿章觐见了德皇威廉二世。宾主双方言谈甚欢，李鸿章对德国干涉还辽、帮助中国训练军队以及制造军械船只等都表示感谢，而德皇也极力鼓吹两国友谊。两天后，李鸿章又应威廉二世之邀参加国宴，并被安排在各国亲贵之前。宴会后，威廉二世又兴致勃勃地邀请李鸿章一同检阅皇家卫队。看着卫队装备精良、训练有素、阵法纯熟，李鸿章不禁感慨万千，而威廉二世则乘机表示德国愿意帮助中国训练军队。与此同时，李鸿章还受到德国商界的热烈欢迎，因为他曾是德国军火业的大主顾。由于幻想从这位中国大佬手中获得订单，德国商界开展了一系列公关活动，不断的宴请和参观几乎令李鸿章应接不暇。不过遗憾的是，这时的李鸿章已没有此项大权。尽管德国人如此“情深意重”，但在谈到实质问题时，他就显得颇为吝啬了。李鸿章此次出访列国，除了与俄国签约外，另一项重要使命便是与各国谈判增加关税问题。在与德国人交涉该问题时，李鸿章先是叫苦连天，希望对方能体谅中国要偿付日本巨额赔款的难处。然而，德国人似乎毫无同情之心，反而借机勒索，要求中国出让权益作为增加关税的前提。最终，郁闷的李鸿章以无权签字为由回绝了对方。

虽然身负的官方使命进展艰难，但李鸿章在德国也有意外的收获，那就是与俾斯麦的会面。众所周知，在德国近代史上，俾斯麦堪称一位响当当的人物。正是在他的领导下，原先的普鲁士王国能击败一个又一个对手，最终摇身一变成为德意志帝国。在担任帝国宰相期间，俾斯麦一直深受老皇帝威廉一世的信赖。然而在1890年，由于同年轻的威廉二世皇帝政见不同，俾斯麦被迫辞职，隐居在老家的庄园里。令德国人吃惊的是，虽然俾斯麦在德国已经过气了，但在万里之外的中国，却有李鸿章这样的重量级“粉丝”，后者一直对俾斯麦钦慕有加。当结束在德国的一系列官方活动后，李鸿章突然提出要拜会神交已久的俾斯麦。对中国客人的这一要求，威廉二世虽然很不爽，但也只好答应，命手下人安排好一切，于是就有了本文开头所发生一幕。

1896年6月27日，李鸿章拜访德意志帝国前首相俾斯麦（Otto Von Bismarck，1815～1898），宾主可谓惺惺相惜。

当听到李鸿章将来拜访的消息后，俾斯麦表现得异常兴奋。6月27日下午1点49分，李鸿章一行乘坐的火车缓缓抵达俾斯麦的私宅福利德里斯鲁庄园，该庄园地处汉堡附近小城奥姆勒。此时，俾斯麦已盛装站在庄园门口迎接贵客。只见他身穿威廉一世皇帝赠送给他的军礼服，腰佩军刀，制服上还挂着黑鹰星章和铁十字勋章，这在德国可算是最高礼遇。宾主一番寒暄后进入会客厅，通过翻译互相交谈。一见面，李鸿章就以仰慕的口气说：早就听说您的大名和伟大功绩，今天能见到您，看到您的眼神，更觉您的伟大。30年前普鲁士战胜奥地利时，就仰望您的大名，如今总算如愿以偿。俾斯麦则回敬说：也很高兴能招待一个建立伟大功勋的总督。李鸿章赶紧谦虚地表示：不能与阁下相比，您的贡献有世界意义。随后，俾斯麦命手下布置家宴招待李鸿章。据史料记载，当进入饭厅时，一向心高气傲的俾斯麦竟亲自扶着李鸿章的手臂。饭后，两人又继续交谈了一番治国之道，俾斯麦还就改革、练兵等问题向李鸿章提了

访问英国期间，李鸿章同样受到礼遇，首相格雷斯顿亲自搀扶他。

李鸿章在美国访问时的盛况。

自己的建议。

离开德国后，李鸿章又先后应邀访问了欧洲的荷兰、比利时以及英、法两国，在法国还有幸参观了国庆阅兵，在英国也受到了维多利亚女王的接见。尽管所到之处，李鸿章都受到了高规格的接待，但他所负的外交使命却毫无进展。一谈到提高关税问题，欧洲列强无一例外地顾左右而言他。

8月22日，李鸿章离开欧洲，从英国横渡大西洋前往美国，28日抵达纽约。与欧洲相比，美中两国的关系一直较为融洽，而美国人似乎对李鸿章本人更感兴趣。值得一提的是，在这个年轻的资本主义国家，新闻媒体已经非常发达了。当李鸿章即将到访的消息传开后，众多报刊立即展开了“炒作”大战。当时的各种报道显示，李鸿章抵达纽约当天，市民们几乎倾城而出，人们纷纷盛装打扮拥向码头，就为了一睹这位中国总督的风采。29日，正在海滨度假的美国总统克利夫兰特地中断休假，赶至纽约接见了李鸿章。随后的几天，李鸿章就被热情的美国人所包围，不是出席各种活动就是接受各路记者的采访。他还先后参观了费城的独立厅和自由钟、华盛顿的美国国会及其图书馆，而美国的大小报刊都不惜版面地报道他的行踪和照片，据说有些商家甚至将李鸿章作为“代言人”以提高销量。

在美国访问期间，李鸿章还做了一件极为轰动的事——祭奠前总统格兰特。格兰特是美国第18任总统，南北战争期间的杰出统帅。1879年，卸任总统的格兰特将军曾访问中国，并在天津与时任直隶总督的李鸿章有过一番交往，两人也算是老朋友了。更令李鸿章难以忘怀的是，格兰特甚至曾将李鸿章列为当时世界四大伟人之首，而其他三人则是英国首相迪斯累利、法国总理甘必大、德国首相俾斯麦。遗憾的是，时隔17年，如今李鸿章来到了美国，可是格兰特却已驾鹤西去了。为了了结自己的心愿，李鸿章提出要拜访格兰特的墓地祭奠故人，这使美国舆论界深为感动。当天，李鸿章乘坐敞篷式四轮马车前往墓地。而在街道两旁，近50万市民拥挤在沿途，纽约市政府为此出动了1400名警察维持秩序。目睹此景，李中堂大人做梦也不会想到，尽管自己在国内遭人唾骂鄙视，但在异国他乡却居然拥有如此超高的人气，不禁感慨万千。在格兰特的墓地，李鸿章深情地凭吊了故人，并且献上月桂花圈以表敬意。

9月5日，李鸿章结束对美国的访问，离开华盛顿前往加拿大，途中顺便参观了著名的尼亚加拉大瀑布。在加拿大，李鸿章一行从多伦多转往西海岸的温哥华，于9月14日搭乘美国太平洋轮船公司的航船，横渡太平洋返回中国。当途经日本横滨时，又发生了一段著名的小插曲。原来，当年因在马关签订了耻辱的投降条约，对此事刻骨铭心的李鸿章曾发誓，至死不再踏上日本国土。按照行程安排，到横滨后，李鸿章一行必须换乘中国籍轮船——招商局的“广利”号回国。这样一来麻烦就出现了：换乘轮船必须先上岸，但这样岂不违背了李鸿章的誓言？好个李鸿章，他宁死也不违背誓言。最终，李鸿章的手下只好在两艘轮船之间搭起一块长木板，让这个七十多岁的老头子颤巍巍地在海风中走过独木桥。10月3日，李鸿章一行抵达天津，终于结束了这次历时190天、行程达9万里的环球之旅。

诚然，单从外交层面上讲，李鸿章的欧美之行没有多么丰硕的成果。但不言而喻的是，由于对各国全方位的考察，李鸿章的眼界和思维更加开阔了。因此当他一回国后，就立即向朝廷建言改革的紧迫性。遗憾的是，廉颇老矣，尚能饭否？此时的李鸿章已是垂暮之年，而大清帝国似乎比他还要苍老，要想返老还童，又谈何容易。他所能做的，无非就是继续当一名“裱糊匠”。

还在1895年蛰居于贤良寺期间，内心极为苦闷的李鸿章曾对他的幕僚吴永说了这样一番话：“我办了一辈子的事，练兵也、海军也，都是纸糊的老

Figures of History.

SUGAR AND SALARY QUESTION

Manifested Great Interest in the Strength of Our Army and Navy, and Inspected the Dolphin.

PROGRAMME FOR TO-DAY.

IN CHINESE.

今日下午一点半钟李傅相往驻纽约商局会午餐随后阅本华城大夫队罢差等操演又往唐人街游街六点钟纽约华商请李傅相宴饮

TRANSLATION.

Li Hung Chang will leave the Hotel Waldorf at half-past one o'clock this afternoon and will take luncheon at the Merchants' Club, in Leonard street. Thence he will drive through Mott street. At four o'clock he will review the Police, Fire and Street Cleaning departments in Union square plaza, and at six o'clock will partake of a dinner given by the Chinese merchants of this locality in Delmonico's.

Li Hung Chang has decided that whatever ...

美国新闻媒体有关李鸿章来访的报道。

访问美国期间，李鸿章向美国军官密尔斯赠送的肖像照片。

李鸿章，1896～1900年间，他腿旁放的那根拐杖是格兰特遗孀赠送的礼物，李鸿章对这根格兰特生前最喜爱的拐杖格外珍惜。

虎，何尝能实在放手办理？不过勉强涂饰，虚有其表，不揭破犹可敷衍一时。如一间破屋，由裱糊匠东补西贴，居然成一净室，虽明知为纸片糊裱，然究竟决不定里面是何等材料。即有小小风雨，打成几个窟窿，随时补葺，亦可支吾应付。乃必欲爽手扯破，又未预备何种修葺材料，何种改造方式，自然真相破露，不可收拾，但裱糊匠又何术能负其责？”不料仅过了5年，他最担心的事就发生了。1900年，在义和团运动的风潮中，以慈禧太后为首的一班王公大臣竟丧失理智地对列强集体宣战，终于将大清王朝这座纸糊的屋子扯破了。

1900年6月，随着八国联军入侵，清王朝宣布与各国进入战争状态。李鸿章当时正在广州担任两广总督，据说当他得知这一消息之后，顿时罕见地捶胸顿首，痛哭流涕。当来自北京的电报要求南方各省北上勤王时，李鸿章竟公然违抗圣旨，并与江南各省督抚结成“东南互保”同盟，静观时局的变化。不久，朝廷再度任命他为直隶总督兼北洋大臣，以全权大臣的身份与列强交涉。可惜的是，随着形势的激剧恶化，李鸿章手中的筹码也越来越少了。8月15日，京城沦陷，慈禧太后携光绪皇帝及少数亲信仓皇逃往西北。9月29日，李鸿章一路北上到达天津。这时，就连本应作为他办公场所的直隶衙门也已沦为一片废墟。10月11日，李鸿章到达北京，再度住进贤良寺，准备硬着头皮最后一次替大清帝国收拾残局。由于压力过大，加上年老体衰，“裱糊匠”终于病倒了。已经开始咳血的他深知自己时日无多，而与列强的谈判却注定是一场持久战。即便是生命垂危，李鸿章仍显示出大清第一外交高手的能耐。他充分利用列强之间的矛盾，并采取拖延、游说等手段，终于将赔款额从10亿两白银降到4亿5000万两，虽然最终的数字带有明显的侮辱性，但朝廷仍感到庆幸万分，毕竟

李鸿章。1900年摄于天津，詹姆斯·利卡尔顿摄。

列强没有要求惩办太后和皇帝。

1901年1月15日，李鸿章与庆亲王奕劻一道，代表清朝与列强11国签订了《辛丑条约》。又是一个卖国的不平等条约，又是李鸿章签字！眼看国家的权益一次次经自己之手拱手送人，李鸿章这次是悲恸到极点了。签完字回家的路上，他就大口吐血，医生诊断为胃血管破裂。痛定思痛，心犹不甘的李鸿章在病榻上给朝廷上了最后一道奏折，内中言道："臣等伏查近数十年内，每有一次构衅，必多一次吃亏。上年事变之来尤为仓促，创深痛巨，薄海惊心。今议和已成，大局稍定，仍希朝廷坚持定见，外修和好，内图富强，或可渐有转机。" 说白了，这位晚清中国为数并不多的明白人是多么希望执政者能"韬光养晦"呀，可惜的是，尽管外国媒体常常称他是中国的"副国王"，但实际上，他只不过是朝廷的一枚棋子。

1901年11月7日，病入膏肓的李鸿章终于走向了人生的尽头，时年78岁。临终前，他曾赋诗一首感慨自己的一生："劳劳车马未离鞍，临事方知一死难。三百年来伤国步，八千里外吊民残。秋风宝剑孤臣泪，落日旌旗大将坛。海外尘氛犹未息，诸君莫作等闲看。"而此时，在北京的街头，"卖国者秦桧，误国者李鸿章"的讨伐声仍在久久回荡……

李鸿章死后，因感念其盖世功勋，朝廷也确实没有亏待他。慈禧太后和光绪皇帝都曾流了眼泪，并下令赐其最高规格的封赏：赠太傅，晋一等肃毅侯，谥文忠，建祠10处。而在国际上，包括李鸿章的敌人在内，都对他给予了极高的评价。就连日本首相伊藤博文也认为，李鸿章是大清帝国中唯一有能耐与世界列强争长短之人。

1872年，留美幼童出国前在上海轮船招商局门口合影。

三、哈特福德的“中国女孩”

同治年十一年（1872）三月十五日，广东南海农民詹兴洪签下了一份“生死文书”，其内容如下：“具结人詹兴洪今与具结事，兹有子天佑情愿赴宪局带往花旗国肄业，学习机艺回来之日，听从中国派遣，不得在外国逗留生理，倘有疾病生死，各安天命，此结是实。童男，詹天佑，年十二岁，身中面圆白，徽州婺源县人氏。曾祖文贤，祖世鸾，父兴洪。”在亲笔画押后，詹兴洪的手仍在微微颤抖。是啊，眼看自己年仅12岁的儿子即将远赴万里之外的花旗国（美国）求学，而且一去就将是15年，做父亲的又怎能不感慨万分？

这份“生死文书”中的詹天佑不是别人，正是后来被尊为“中国铁路之父”的那位著名工程师，也是近代中国最早的“海归”之一。他12岁就前往美国留学，后毕业于赫赫有名的耶鲁大学。生活在今天的人们一定会感到困惑，能去美国公费留学，这是多少人梦寐以求的好事，怎么会搞得跟生离死别似的？然而如果倒退150年，相信很多人都会对此表示理解。这一切，还得从近代中国史上著名的“留美幼童”说起。

提起“留美幼童”，首先就不能不谈到容闳。容闳（1828～1912），字达萌，广东香山人，他是中国近代史上首位留美学生，后因致力于中国早期留学生事业而被誉为“中国留学生之父”。1835年，七岁的容闳跟随父亲来到澳门，入读一所英国伦敦会所属的马礼逊纪念学校，老师则是著名传教士郭士立的夫人。1839年，容闳的老师换成了来自美国的牧师勃朗。1842年，容闳随学校迁往香港继续学业。1847年，当勃朗牧师返回美国时，容闳与另外两名同学黄宽及黄胜一同随其前往美国，不过最终只有容闳一人留在美国继续深造。1850年，容闳考入耶鲁学院，成为首名在该学院就读的中国人。1852年，容闳加入美国籍，成为近代早期为数不多的美籍华人。从耶鲁大学毕业后，他又返回中国，曾先后在广州美国公使馆、香港高等审判厅、上海海关等处任职。

在此期间，容闳突然冒出一个大胆的想法：假如中国更多的青少年像自己一样有机会在美国接受教育，那他们若干年后将为祖国的振兴发挥重要作用。他还敏锐地意识到，留学一定要“从娃娃抓起”，只有这样才能使他们接受现代化的系统教育。可惜的是，自己作为一个“假洋鬼子”并没有太大的发言权，要促成此事，还得依靠朝中掌权的开明派官员。巧合的是，由于回国后广泛的经历，他先后结识了曾国藩、李鸿章等洋务派重臣，从而为实现自己的计划奠定了基础。

1863年，由于其特殊的身份，容闳受清政府之托为筹建江南制造局赴美采购机器。1868年，他首次向清政府提出以选派幼童出洋留学为重点的四项条陈，可惜没有得到回应。1870年，经江苏巡抚丁日昌引见，容闳结识了洋务派重臣曾国藩，担任后者的翻译。借此机会，他向曾国藩详细陈述了自己的设想。对容闳的设想，当时正苦于缺乏新式人才的曾国藩大为欣赏。随即他联合深有同感的李鸿章一起上书朝廷，提出了一个系统的留学教育计划——“选派幼童赴美办理章程”。章程规定：暂定留学名额为120名，分4批，每批30人，留学年限为15年；学生为12至15岁、家世清白、身体健康之孩童，经考试合格后，先入预备学校学习中西文字，至少1年方可派赴美国留学；且出洋之先，学生之父兄须签订生死文书；至于学生留学经费及服装，皆由政府出资供给；每批学生出洋时，并派一名汉文教习随同偕往。既然是曾、李两位重臣的建议，该计划很快得到批准。1872年，朝廷下令在上海设

容闳（1828～1912），近代中国第一个留美学生，摄于1854年。

第三批留美幼童梁如浩（右）和唐绍仪（左）出发时的合照。1874年。

立"幼童出洋肄业局"，在美国设立中国留学生事务所，任命陈兰彬和容闳为正、副监督。

留学计划虽然被朝廷批准了，但招生工作却遇到了令人尴尬的困难。容闳可能忽视了一点，当时的中国太封闭了。当政府向全社会公布了招收学员的消息后，很长一段时间内，居然应者寥寥。原来在那个年代，中国广大民众对外国根本就不了解，认为美国是一个非常野蛮而不开化的地方，如果把自家的孩子送到那儿，岂不是白白送命？更重要的是，在科举制时代的大背景下，只要家庭条件许可，人们都希望自己的孩子读圣贤书，考取功名。至于学习什么洋人的"奇技淫巧"，将来又如何能出人头地？特别是听说要签订生死文书，一般家长就更犹豫了。结果，容闳虽然使出了浑身解数，就是招不到首批30名幼童。无奈之下，他不得不返回广东老家，通过自己的现身说法动员说服乡亲们报名，甚至还跑到香港招生，最终才勉强凑足了首批30名学员。

资料显示，在清朝当年派出的总共120名幼童中，来自广东等东南沿海地区者占了绝大多数，而他们的家境也基本是比较贫寒的。例如我们开头提到的詹天佑（1861～1919），虽然后来因修建了著名的京张铁路而蜚声海外，但他早年能留学美国，还要感谢很多人。原来，当时在听说被派幼童的家长必须在一张写明"倘有疾病生死，各安天命"的文书上签字画押后，詹天佑的父亲詹兴洪不禁犹豫了。恰在此时，詹兴洪在香港经商的同乡谭伯村前来拜访。思想颇为解放的谭伯村非常看好詹天佑这个孩子，他力劝詹兴洪不要放弃这个留洋的机会，说孩子将来一旦学成回国将会成为"洋翰林"，甚至慷慨地答应把自己的四女儿谭菊珍许配给詹天佑，詹兴洪这才横下一条决心签了文书送儿子出国。无独有偶，另一名幼童李恩富也对这种生死离别铭记终生。他在回忆录中曾这样描述自己当年与家人告别的场面："在和我的叔叔、婶婶、兄弟姐妹以及街坊邻里告别后，我用传统的方式向我母亲做最后的告别……我没有拥抱她，也没有亲吻她。噢，这在中国传统礼仪中可不是体面的做法。我所做的就是向我们的母亲磕了四个头。她想装出很高兴的样子，但我能看见泪水在她眼睛中转。她只是给了我一些零花钱，嘱咐我做个好孩子，经常给家里写信……"实际上，父母们的担心不是没有道理的。在留学过程中，的确有三个可怜的孩子病死在了太平洋彼岸。

第一批留美幼童之一的梁敦彦，摄于美国。

美国康州哈德福城的幼童出洋肄业局大楼。

就在这样一种悲凉、惶恐而又期盼的气氛中，1872年8月11日，经过学习准备的首批30名留美学生从上海出发，经过漫长的旅途，最终跨越太平洋抵达旧金山，随后乘坐火车，经过刚刚贯通的太平洋铁路到达美国东北部的新英格兰地区，从此开始了一波三折的留学生涯。此后3年中，清政府又先后遣送了90名幼童赴美留学。按照中美双方的协议，幼童们当时被分配到54户美国家庭中生活，其中康涅狄格州34户，马塞诸塞州20户。为了统筹安排留美学生工作，清政府还在容闳的建议下，斥资43000美元在哈特福特市修建了一座三层楼房，作为选派和管理留美学生的办公场所。该楼于1875年竣工后，容闳等人就在此办公，幼童们也定期来这里上中文课。哈特福德市位于美国东部康涅狄格州，虽然如今在美国只是个很不起眼的三线城市，但150年前却曾经辉煌一时，就连斯陀夫人（《汤姆叔叔的小屋》的作者）和马克·吐温等文化界大腕儿当年都曾生活在这里。

当踏上这片陌生的国土后，幼童们必须先经历一段时间去适应完全不同的文化和生活方式。首先就是语言问题，为了尽快提高他们的语言能力，主办方将他们每三、五人一组安排到美国友

一名留美幼童与美国同学合照。

第四批留美幼童之一的周传谏。

人家中，然而在起初却闹了不少笑话。例如，他们的女主人对这些远道而来的中国小客人好奇而爱怜，因此一见面就把他们抱起来猛亲几口。可是幼童们哪里见过这种阵势，结果个个满脸通红，不知所措。更难熬的还是饮食问题。由于吃不惯西餐，那年头又没有方便面之类的食品，致使这些正长身体的男孩子每天饥饿难耐，不几天就将中国老师带来的腌黄瓜偷吃得一干二净。如果说生理上的委屈还能忍受的话，那么心理上的障碍就更难克服了。幼童们永远也不会忘记，当他们刚到达美国时，当地人马上就对他们奇特的装束产生了兴趣。出国前，为了实行标准化管理，朝廷特地为孩子们每人定做了一套制服：瓜皮帽、蓝缎褂、黑布鞋。这套衣服加上垂在后脑勺上的油亮的大辫子，令美国人感到非常好奇。以至于幼童们只要一上街，就会有一群美国小孩子跟在后面围观，有的还高喊："中国女孩！"这让本来是"纯爷们儿"的中国幼童非常难堪，有的还被气得直哭鼻子。

好在随着时间的推移，由于聪明好学，中国幼童终于克服了语言障碍，渐渐适应了美国的生活方式，而美国人也适应了他们的奇特装束。据当年幼童的美国同学回忆："这些男孩子穿着打扮和我们一样，只是头上留着长长的辫子。他们玩橄榄球的时候，会把辫子藏在衬衣里，或盘在头上；如果辫子松了，那可是给对手一个太强的诱惑。我们玩的所有的游戏对他们来说都是陌生的；但他们很快就成了棒球、橄榄球、冰球的好手，在花样滑冰场上技术更是超群。"事实上，虽然来自体育事业非常落后的中国，但幼童们却在许多项目中表现突出。例如詹天佑等人就组织了一支棒球队，在当地几乎所向披靡。而由他们担任主力的耶鲁大学划船队，也曾多次在比赛中击败死敌哈佛大学队。另据当时哈特福德媒体的报道，当幼

留美幼童中美教师合影。

童们参加毕业典礼时，还因他们独特的装束而着实出了一番风头：“三位中国学生独树一帜，他们身着华丽的丝质长袍：一位是橄榄色缎子，另一位在橄榄色长袍上系着华丽的珍珠色缎子腰带，第三位身穿非常名贵的浅褐色丝袍，打着黄色缎带绑裰。为了和服装款式相配，第三位学生手中还拿着一把扇子，并戴了一顶满清式的缀有红纽扣的帽子。中国学生卓尔不群的打扮无疑吸引太多的目光。”的确，如此具有东方神秘情调的造型，在清一色的西装革履中简直太“酷”了。而在1876年6月哈德福特中学的一次学生演出中，中国幼童竟承担了总共9个节目中的4个。

经过七八年的学习，中国幼童以其优异的表现征服了美国人。他们中的大多数学生已经中学毕业，个别的如詹天佑等则考入了大学，还有一些进入中专或其他职业学校学习，眼看成才在望。据不完全统计，到1880年，共有50多名幼童进入美国的大学学习，其中22名进入耶鲁大学，8名进入麻省理工学院，3名进入哥伦比亚大学，1名进入哈佛大学。看到这样的局面，祖国一定在为他们高兴吧？然而这些天真的孩子哪里知道，他们的好日子就要到头了。

按照清王朝的思路，国家之所以花钱派留美幼童，其主要目的就是要他们学习人家的先进技术，以便成才后为洋务事业服务。而与此同时，对这些青少年的思想政治工作也丝毫不能放松，决不能让他们沾染上腐朽的资产阶级毛病。也正因如此，幼童们除在美国学校学习日常课程外，还必须定期集中起来学习汉语，每周写一篇作文，如果写不出来就要被打板子。在上课之前，学生们还要像在国内读私塾一样，需先给孔夫子的画像叩头，然后给老师请安。起初，慑于中方管理人员的威严，幼童们基本上能做到按部就班。然而随着年龄的增长，以及美国教育对他们的

1878年，中国留美幼童在哈德福特城组成东方人棒球队，前排左起第三人为梁敦彦，后排左4为詹天佑。

影响越来越深，一切就都乱套了。中方管理人员发现，仅仅过了几年后，这些幼童就不愿穿中式服装而是经常一身美式打扮了，一些胆子大的居然悄悄剪掉了拖在脑后的长辫子，只是见中方领导时才弄一根假辫子装上。这要换在国内，犯事者早就被砍头了。更令人不能容忍的是，一些“败家子”居然信奉了基督教，跟着美国人一块虔诚地读《圣经》、做礼拜。早在出国之前，朝廷就曾三令五申，严禁幼童进教堂，没想到他们走得更远。最令人羞于启齿的是，个别幼童还和人家美国女孩谈起了恋爱。

对以上这些新情况、新问题，虽然已经美国化的容闳感到不值得大惊小怪，但是他的中国同事却再也不能忍受了。想当年，虽然朝廷采纳了容闳的建议，但毕竟对这位“假洋鬼子”信任有限，因此只让他担任留美生副监督，而重大问题还得由正监督拍板。在最初的四年间，容闳与正监督陈兰彬之间就一直存在摩擦，围绕幼童的安排受了不少冤枉气。不料在1876年换了吴子登这个监督后，日子就更难过了。原来，老吴这个人虽然也属洋务派，甚至还有一定的英语水平，但他骨子里的保守气却比陈兰彬更甚。随着幼童们越来越难以管理，二人之间的矛盾也越来越尖锐。末了，吴子登不断给朝廷上奏，讲述留美幼童如何“美国化”，如何不听管教，容闳如何放纵幼童。结果就连李鸿章、曾纪泽这样开明的官员都信以为真，认为留美幼童难以成才。1881年，吴子登竟上书请求朝廷将幼童们全部撤回，随即得到批准。至此，曾被许多开明人士寄予厚望的留美幼童计划就这样夭折了。

一腔报国热血的容闳原本计划，像留美幼童这样的模式应该一直坚持下去至少上百年的时间，而中国将从中受益匪浅。如今面对朝廷无情的命令，无论是对幼童还是对美国方面，他都无法交代。作为留学承办方的美国，也对清政府的此项决定

IN THE SCHOOL-ROOM

留美幼童学习情形。

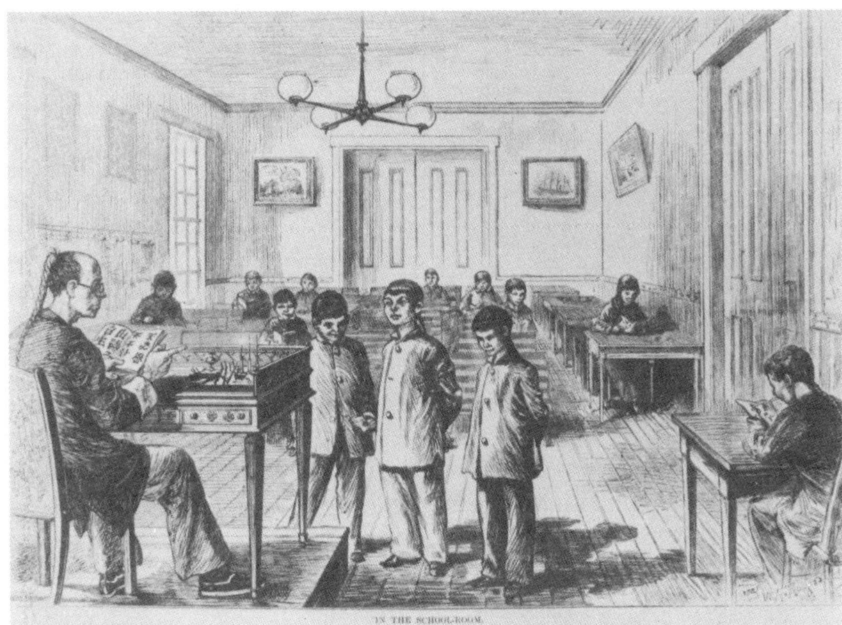

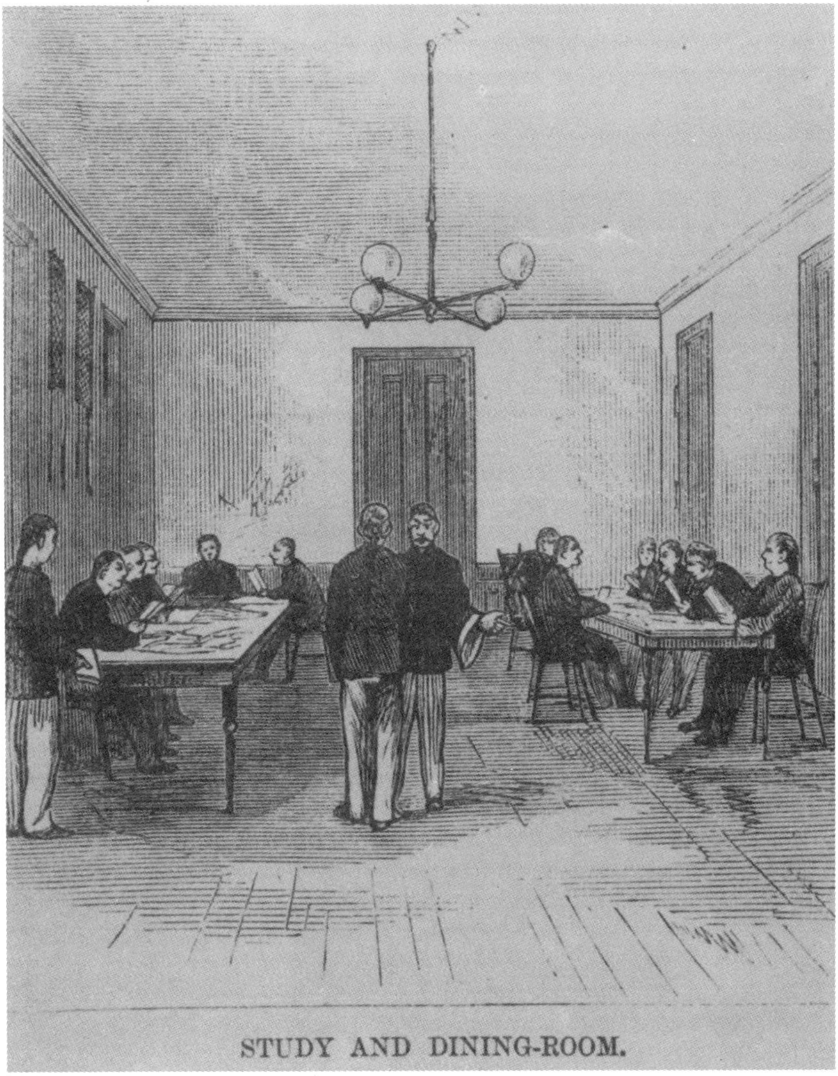

STUDY AND DINING-ROOM.

留美幼童钟文耀。

詹天佑，留美幼童中为数不多的在美国完成学业者。

难以接受。毕竟，只要再过四五年，一些幼童就会大学毕业，其他的一部分也会陆续升入大学。为了挽回局势，耶鲁大学校长波特(Porter)特地联合一批教育界著名人士致信清王朝总理衙门，信中称："贵国派遣的青年学生，自从来到美国，人人善用时间，研究学术，各门学科都有极佳的成绩。……他们的道德，也无不优美高尚。……他们不愧是大国国民的代表，足以为贵国增光。他们虽然年少，却都知道自己的一举一动关系祖国的荣誉，因此谨言慎行，过于成人。他们的良好行为收到了良好的效果，美国少数无知之人平时对中国人的偏见，正在逐渐消失。而美国国人对中国的感情，则日趋融洽。今天听说要召令学生回国，真是无比遗憾。对学生来说，目前正是最重要的时期。……他们像久受灌溉培养的树木，发芽滋长，就要开花结果，难道要摧残于一旦尽弃前功吗？"他们批评中国政府，对两国政府当年有正式协议的留学计划，不加详细调查，没有正式照会，突然将学生从校中召回国内，这种举动只能损害中国的国体。与此同时，一直对留美幼童充满好感的大作家马克·吐温还亲自去纽约面见前总统格兰特请求帮助。事件发生后，美国舆论也表示出强烈的关注。1881年7月23日，《纽约时报》的一篇评论称："不可思议的是，政府认为这些学生，他们花的是政府的钱，就应该只学习工程，数学和其他自然科学，对他们周围的政治和社会影响要无动于衷。这种想法是非常荒唐可笑的。"

遗憾的是，不管容闳如何哀求，也不管美国方面如何抗议，清王朝仍顽固地命令召回留美幼童。当时，耶鲁大学的22位留学幼童中只有詹天佑和欧阳庚二人顺利完成学业；容揆和谭耀勋抗拒召回，留在美国完成耶鲁大学学业；李恩富和陆永泉则是被召回后重新回到美国，在耶鲁读完了大学。这样，120名留

1881年，留美幼童回国前合影。

晚年的容闳。

1905年，当年的留美幼童蔡绍基与哈特福德城高校同学在天津合照。

美幼童，除先期因不守纪律被遣返的9名、执意不归及病故者26名外，其余94人全部于1881年8月21日起分三批被遣返回国。

有趣的是，就在回国之前，由詹天佑等幼童组建的“中华棒球队”在美国留下了他们最后的纪念。在这支棒球队中，拥有最佳投手吴仰曾，他后来成为中国机械采矿业的开山鼻祖；神投手梁敦彦，后曾出任清政府的外务大臣；绰号“小旋风杰克”的黄开甲……1881年，满怀惆怅的留美幼童被迫返回中国。就在回国途中，当他们路经旧金山候船时，再次上演了一场中美之间的棒球战。原来，当地有一支小有名气的奥克兰棒球队，他们听说“中华棒球队”曾在哈特福德所向披靡，便主动发出挑战，要求来一场比赛。结果比赛那一天，观众将球场围得水泄不通。不可思议的是，这支由中国学生组成的棒球队竟一举击败了实力雄厚的奥克兰队。消息传出后，当地的华人一片沸腾。不过在留美幼童们悉数回国后，那支曾创造许多赛场神话的“中华棒球队”也随即解散了。

令这些“海归”们心寒的是，当他们回到阔别已久的祖国后，发现迎接他们的既没有鲜花和掌声，更没有奖金和欢迎仪式，有的只是劈头盖脸的责骂。对这些年轻人，当时国内影响最大的《申报》是这样评论的：“国家不惜经费之浩繁，谴诸学徒出洋，孰料出洋之后不知自好，中国第一次出洋并无故家世族，巨商大贾之子弟，其应募而来者类多椎鲁之子，流品殊杂，此等人何足以与言西学，何足以与言水师兵法等事。”接下来，幼童们像犯人一样被关在了一所学堂里，连中秋节都不许外出。过了好几天后，朝廷才开始给他们“分配”工作： 21人被送去电报局，23人被福州船政局、上海机器局等国企留用；另有50人分赴天津水师、机器、电

留美幼童于1890年举行圣诞同学聚会，后左二为詹天佑。

报、鱼雷局等处当差。至于专业为工程的詹天佑，则被派往广州教英语。

尽管受到了如此不公正的待遇，但只要是金子总会发光。随着时代的变迁，这批留美幼童的处境也在逐渐好转。到20世纪初，他们基本都取得了相当可观的成就。据初步统计，这批留美生中从事工矿、铁路、电报者30人，其中工矿负责人9人，工程师6人，铁路局长3人；从事教育事业者5人，其中清华大学校长1人、北洋大学校长1人；从事外交行政者24人，其中领事、代办以上者12人，外交部长1人、副部长1人，驻外大使1人，国务总理1人；从事商业者7人；进入海军者20人，其中14人成为将领。至于他们的恩师容闳，也因其杰出的贡献而得到回报，他的画像至今仍悬挂在耶鲁校园，与后辈校友布什、克林顿等名人并排一起受学生瞻仰。

正所谓"青山遮不住，毕竟东流去"，历史的潮流任是谁也挡不住。在仅仅过了不到30年的时间后，同样是大清王朝，又掀起了一场官方留美热潮，这便是著名的"庚款留美"，而推动这一热潮的，正是几位当年的留美幼童。

话说在1900年义和团运动平息之后，清政府被迫与列强签订《辛丑条约》，向各国偿付巨额赔款，史称"庚子赔款"。1904年12月，围绕中国对美国的赔款是用黄金还是用白银一事，中国驻美公使、当年的留美幼童梁诚与美国国务卿海约翰进行了多番交涉。在一次谈话中，海约翰无意间透露"庚子赔案实属过多"，当即引起梁诚的注意。既然美国人都觉得赔款有些多了，那中国何不就此要求减免呢？对美国人的游戏规则非常熟悉的梁诚随即多番奔走，通过各界人士呼吁，希望美国政

1910年，已成为中国驻美公使的梁诚。

府能同情中国的处境“减收赔款”。几年后，他的努力终于打动了美国政府。1907年12月3日，西奥多·罗斯福总统在给国会的咨文中，要求授权“退还”多收的庚子赔款。这一议案虽然被正式通过，但美国方面又规定，所退还的赔款共10785286.12美元必须用于派遣中国学生留学美国，从而就有了著名的“庚款留学计划”。

为选派学生赴美，1909年，清政府在北京设立了游美学务处，而负责人便是当年的第二批留美幼童、现任外务部主事的唐国安。与三十多年前派出留美幼童不同的是，此时出洋留学已成为国人眼中的香饽饽，因此报名者极为踊跃，招生工作非常顺利，最终从630名报考者中仅录取47人。政府还决定，成立一所留美预备学校，先在国内有计划地训练，以便培养合格的毕业生送美留学。为表示对此事的大力支持，朝廷还命内务府将皇室所属的清华园拨给学务处，该预备学校便名为“清华学堂”。1911年，唐国安任学堂监督，后学堂改名为“清华学校”，也就是后来赫赫有名的清华大学。

1909年，第一批庚款留学生。

慈禧太后艺术照，裕勋龄摄于1904年左右。照片中的太后完全出乎后人的想象，这时的她就与普通爱美的女人无异，而不再是那个位高权重、不怒自威、冷酷无情的皇太后。

四、老佛爷的“艺术照”

天刚蒙蒙亮，宫廷摄影师裕勋龄就紧张地忙碌起来。为了防止太监们弄坏自己的宝贝，他亲自将笨重的照相机拖出屋来，然后仔细地在一块块玻璃底片上涂满药粉。由于天气炎热，当这一些都布置停当后，勋龄已是气喘吁吁，他那英俊的脸庞上隐约可见几丝汗水。而在此时，大清国慈禧皇太后的寝宫内，一干宫女太监正忙乱地拿出各种戏服，准备给老佛爷来个艺术妆。隔壁的几间房子里，李莲英、四格格等人也纷纷挑选出自己的行头，好按老佛爷的吩咐上场……

这是光绪二十九（1903）年农历七月十六，在皇城内中海畔，一场晚清历史上最著名的摄影秀将要上演。而演出的主角，便是年届70岁的慈禧太后老佛爷。或许在后人的想象当中，很难将专权、卖国、顽固的慈禧这位老太婆与艺术照联系起来，然而这却是一段真实的趣闻。

今天的人们完全有理由感慨，照相术无疑是近代以来人类最伟大的发明之一。自从1839年法国人路易·达盖尔发明这项技术以来，很快就风靡世界。如前所述，早在1844年，时任两广总督的耆英就大着胆子尝了尝鲜，让法国海关总检察长于勒·埃及尔为他照了一张相，并在与洋人的交往中多次将自己的“玉照”送给对方，以此来拉近双方的感情。第二次鸦片战争期间，英法联军随军记者费利斯·比托等西方摄影师又将照相这一新奇的玩意儿带到了京城，恭亲王奕䜣那张著名的照片就诞生于此时。此后，随着中外交流的日益频繁，国人对照相术的接触也越来越多。1866年，当“蒲安臣使团”出访欧洲列国时，随行的中国官员斌椿和张德彝就曾分别在巴黎和伦敦拍了肖像照，并将其作为礼品赠给外国朋友。

虽然有个别人壮着胆子吃了一回“螃蟹”，但在封闭落后的中国，绝大多数民众对照相术仍充满了疑惧。由于对现代科技缺乏了解，当时中国民间一直流传这样的说法：照相机是洋人“收魂摄魄”的妖术。因此最初来到中国的西方摄影师往往会惊奇地发现，每当他们将镜头对准中国百姓时，后者就会变得惊恐不已。而为了让他们服服帖帖地充当临时“模特儿”，摄影师甚至不得不花费大把的银两。民间百姓尚且如此，生活在深宫禁苑中的皇室后妃们就更难以接近了。毕竟在封建时代，女性的肖像如果被拍摄、复制并广为流传，岂不太失体统了？直到19世纪末期，在照相术已大为流行后，情况才有所改观。据考察，第一位接触到照相术的皇室女性可能是光绪最宠爱的珍妃，至今我们仍能看到她的一张半身照。

不过今天我们要说的是当时的大清王朝皇太后慈禧老佛爷，探寻一段她与照相术之间的趣事。

众所周知，作为同治、光绪两朝实际上的最高统治者，慈禧太后一直过着随心所欲的帝王生活。在一般人的印象中，这个老女人几乎就是心理变态的代名词。在后世教科书中，她穷奢极欲、武断乖戾而反复无常，如果不是她的擅权、保守、狭隘和顽固，晚清时期的中国历史恐怕也不至于那么惨不忍睹。然而就是这个怪物般的老太婆，在各种新奇的西方玩意儿面前，却表现得像个小姑娘，这真是一种最大的讽刺。

细究起来，慈禧太后之所以能与照相术结缘，还要归功于她所信赖的一些皇室成员。话说在1885年4月，光绪皇帝的生父醇亲王奕譞受命到天津检阅海军。为了加强宣传，他特地聘请天津著名摄影师梁时泰和德国人来兴克为自己拍照。后来当他把这些照片进呈给慈禧御览时，后者不禁大为惊叹和赞赏，希望亲身体验一下这

慈禧太后照片，摄于1903～1905年间。

洋玩意儿。据考证，慈禧太后的首次摄影秀很可能发生在1898～1899年间，而第一位幸运儿便是日本摄影师山本赞七郎。此人于1898年来到北京，并在内城隆福寺附近开设了一家照相馆，清朝皇室则是其主要服务对象。晚清文人徐珂在他的《清稗类钞》中，曾简述了山本赞七郎应诏为慈禧在颐和园拍照的故事。据说在拿到照片后，心情大好的慈禧太后当时竟曾厚赏山本两万多两白银！可惜的是这次拍摄的照片并没有留存下来。由于1900年发生了震惊中外的义和团运动，随着八国联军的入侵，慈禧太后也携光绪皇帝仓皇西逃，自然也就没有心思再琢磨照相的事了。值得一提的是，在义和团运动的风暴中，照相业作为洋玩意儿也遭到了沉重打击。据说在当时的北京城内，几乎所有照相馆都被付之一炬。好在经过一番动荡后，天下又暂时太平了，老佛爷终于可以好好见识一下这洋玩意儿的魅力了。

1903年3月的一天，皇家行宫颐和园迎来了三位打扮怪异的母女三人，她们是应慈禧太后之邀前来做客的。有趣的是，后来正是在她们的撺掇下，一向神秘而充满威严的老佛爷迅速喜欢上了照相。这母女三人，便是刚刚从法国归来的外交官裕庚的洋夫人及两位混血女儿。裕庚（?—1905）汉军正白旗人，是当时八旗子弟中少见的人才，1895年奉命出使日本，后又任驻法公使数年。值得一提的是，这位满清贵族早年还轰轰烈烈地搞了一场国际恋爱，娶了一位法国籍夫人，因此生下了四名混血儿：长子馨龄、次子勋龄、大女儿德龄、二女儿容龄。四兄妹均随父母在欧洲生活多年，受过西方教育，精通英、法文，小女儿容龄还曾在法国专门向舞蹈大师邓肯学过芭蕾舞呢。至于大女儿德龄（1881～1944），更是因其“公主”的身份和所撰写的一系列回忆录而闻名于世。

醇亲王奕譞照片，著名摄影师梁时泰拍摄。

1903年1月，裕庚任驻法公使期满回国，旋被赏给三品衔太仆寺卿，并留京养病，他的两双儿女也随父来京。而在此时，由于刚刚经历了八国联军的打击，慈禧太后“翻然醒悟”，决定“洗心革面”，与列强全面搞好关系。不过，虽然老佛爷急切地希望向列强驻华使节及其夫人们暗送秋波，却苦于本人既不懂外语又不熟悉西方礼节，因此急需一位相关人才。这年3月，一个偶然的机会，她从庆亲王奕劻口中得知，新近回国的裕庚不但娶了位洋夫人，两位女儿也通晓洋文及西方礼仪。喜出望外之下，慈禧赶紧传旨，令宣裕庚夫人带着德龄、容龄姊妹入宫觐见。见面后，由于活泼天真的性格和老练的社交能力，姊妹二人深得太后的喜爱，随即被留在其身边，成为当时紫禁城八女官之一，德龄后来还被封为郡主，因此得名“德龄公主”。

据德龄回忆，与后人的印象不同，晚年的慈禧对西方事物反而表现出了强烈的好奇心。她不但对一些国家的地理、政治等概况有了初步了解，甚至还自比为英国女王维多利亚。有趣的是，当接到进宫的圣旨后，裕庚的洋夫人因没有满式礼服而紧张万分，不料老佛爷竟宽容地允许她们母女三人穿着西式服装觐见。当慈禧见到打扮怪异的客人时，居然兴致勃勃地仔细欣赏了一番，并命她们就穿着洋装在宫中呆了一段时间，直到几个月后才改穿满式服装。在听说德龄姊妹会跳洋舞后，慈禧还让她们在宫内演出过好几次。

由于来年（1904）将是自己的70寿辰，为了留下纪念，慈禧太后特地请美国女画家凯瑟琳·卡尔（1858～1938）进宫为自己画像。据记载，1903年时，经美国驻华公使康格夫人介绍，卡尔女士觐见慈禧太后，在那里一直工作到1904年，前后为太后画了4幅肖像。当时，宫中人都称卡尔女士为柯姑娘。就在准备画像前，慈禧

慈禧太后与德龄姊妹及她们的母亲（慈禧身后站立之三位女性）等合影，右一为光绪皇后裕隆。裕勋龄摄于1903～1905年间。

偶然间认识了照相术的神奇。据德龄回忆，有一天，正在颐和园游玩的太后路过她的房间时，意外地看到了她在法国时拍的照片，立即为其逼真传神而叫绝。随即，慈禧问德龄姊妹俩会不会照相，因为她决定在让柯姑娘画像前先照几张像。德龄的母亲赶紧回答说，虽然姊妹俩不会，但她的儿子勋龄却略懂。于是慈禧赶紧迫不及待地宣召勋龄第二天便进宫拍照。就这样，身为男性的勋龄从此竟得以自由出入宫廷，成为慈禧太后的御用摄影师。

现有的材料显示，勋龄的爱好摄影，很可能深受其父裕庚的影响。因为后者在担任驻法公使时，曾兴致勃勃地穿着法国服装在王宫中拍摄了几张化妆照。在接到命令后，勋龄便携带从法国带回国内的全套照相器材进宫，专门为慈禧太后拍照。很快，太后就对这名年轻人产生了好感，因为他不仅有着良好的教养，而且是个“小帅哥”，英俊而优雅。从现存的照片不难看出，勋龄本人的确算得上是一名美男子。

按照德龄的记述，勋龄为慈禧所拍摄的第一张照片，是表现后者起驾前往仁寿殿的情形。当天天气晴好，当慈禧一行步入庭院时，勋龄已携带着笨重的照相设备等候在那里了。面对着那个神秘的木匣子，太后似乎感到非常好奇。她还让一名太监站到照相机的前面，然后自己通过镜头看到底是什么样子。当她看到镜头里太监的头是朝下的时候，觉得非常新鲜，德龄向慈禧解释说，照好以后就不是这样的了。在拍完照之后，慈禧又执意前往暗房里去看看到底是怎么冲洗照片的。看到自己的照片泡在药水里，脸都是黑的，就非常吃惊。等冲洗完成以后，慈禧迫不及待地把照片拿回自己的房间欣赏。如今我们依然可以看到这张特殊的照片，照片上一大群太监及后妃、宫女们前呼后拥，大总管李莲英、二总管崔玉贵在前开路，慈禧

在经历了义和团运动之后，慈禧太后对于洋人的态度发生了巨大变化，这张她与几名公使夫人的合影便是一个例证。裕勋龄摄于1904年左右。

太后端坐在肩舆上，地上还有她那条备受宠爱的长绒毛狮子狗。

有了第一次的成功后，慈禧太后便像上瘾似地迷上了照相。有意思的是，每次照相前，老佛爷都要查阅皇历，选一个黄道吉日让勋龄开展工作。很多人可能不知道，当时的摄影术可不像今天的数码相机这么方便廉价，就连胶卷技术也还不很成熟。摄影师主要采用的大多是玻璃版，先在上面涂抹化学材料，然后长时间曝光显影，其制作过程极为复杂，成本也非常昂贵，不过这些对尊贵的慈禧太后而言都是小菜一碟儿。据说为了追求更好的效果，勋龄每次都要连续拍好几张底版，最后从中挑选出精品献给太后。据统计，在1903～1906年间，慈禧总共拍摄了30多张照片，随后放大印制数百张，每张有25.4厘米长，个别得意之作甚至放大成76.2厘米的巨幅照，让宫廷画师对照片着色，非常精细平整地托裱在硬纸板上，装帧极为考究，并镶在长107厘米、宽85厘米的特制雕花金漆大镜框内，以增强艺术观赏效果。另外还专门配制了紫檀木匣盒，长128厘米、宽100厘米、厚20厘米，外加御用明黄色丝绣锦袱，其豪华程度堪称空前绝后。

从流传下来的慈禧照片来看，最多的是她个人的肖像照，这些照片都拍摄于颐和园乐寿堂前一个宽大的御座旁。虽然已是69岁的老太婆了，但照片中的慈禧却面貌姣媚，目光炯炯有神，真可称得上驻颜有术。每幅照片中，慈禧的装束、头饰和周围的陈设都有所不同。颇为有趣的是，据说当勋龄给慈禧照相时，按规矩还得跪着拍摄，然而这样一来就够不着高大的相机了。正当勋龄急得满头大汗时，大太监李莲英便给他搬来一把凳子，让他跪在凳子上照。末了还是“开通”的慈禧恩准其照相的时候免跪。或许是太投入这场“摄影秀”了，心情大好的老佛爷又即兴来了场“服装秀”。她每拍一张都要更换一次衣服和首饰，据说前后所换的衣服就包括

裕勋龄，清朝外交官裕庚之子，在外国接受教育，擅长摄影，后成为慈禧太后的御用摄影师，1905年离开宫廷。

缎绣龙袍、龙褂、绣蟒袍、绣百蝶袍、绣牡丹袍、绣凤和寿字袍，各色缂丝、绣不同式样的寿字图案敞衣、马褂、金丝串珠丝绣礼服、绣花串珠褂等。至于照片中御座周围的陈设也随时更换，其中有鹤灯、九桃檀香熏炉、盛满水果的七宝锦鸡牡丹大瓷盒、插着盛开的荷花的龙凤大胆瓶，另有兰花、青松、钟表等。御座周围地上铺着华丽精美的提花地毯，座后是孔雀牡丹围屏，上悬“大清国当今圣母皇太后万岁万岁万万岁”横幅，御座两旁竖着一对孔雀翎掌扇。或换成松柏玉兰屏风，后边以布帏挡住，布帏上绘山石丛竹图案，屏风上悬挂有一幅横匾，上写“大清国当今慈禧端佑康颐昭豫庄诚寿恭钦献崇熙圣母皇太后”26字。还有一些照片是慈禧与后妃、格格、女官及外国公使夫人等的合影。

今天的人们恐怕无论如何也想不到，在当年，慈禧这位堂堂的大清国皇太后竟还曾拍了一组艺术照，真可称得上近代史上的奇闻一件了。那是在自己70大寿前的盛夏季节，老佛爷突发奇想，传令勋龄精心准备，在七月十六这天为自己的寿辰准备一组照片。当勋龄奉命到达颐和园中海畔时，顿时目瞪口呆了，因为皇太后和周围的侍女、太监竟纷纷换上了戏装，乘坐无蓬平底船出现在荷花丛中。只见老佛爷打扮成观音模样，而另外的“配角儿”隆裕皇后、瑾妃、庆亲王奕劻的三格格和四格格、德龄、德龄之母、容龄、袁大奶奶、总管太监李莲英等人则分别妆扮成善财童子、龙女、白娘子、韦驮等神话人物。一时之间，小小的湖面上热闹非凡。作为慈禧太后最钟爱的得意之作，这些照片一直珍藏在紫禁城中并流传至今。由此可见，当人们纷纷指责满清王朝老迈、顽固、腐朽之际，

大清國當今聖母皇太后萬歲萬歲萬萬歲

裕勋龄为慈禧太后拍摄的各种标准照，请仔细观察，每张照片的背景都有所不同。

慈禧太后却用另一种方式显示了自己的“与时俱进”。

或许正是由于最高层统治者的表率，在清王朝的最后几年，照相术这种舶来品在中国的流传速度也日益加快，朝野上下无不争相效尤。既然太后老佛爷都热衷于拍“艺术照”，那后果自然可想而知。短短几年间，化妆照相在大清迅速流行，不但很多文人雅士酷爱此项游戏，就连赳赳武夫袁世凯，也曾在1908年被迫回家“养病”时将自己打扮成垂钓江畔的老渔翁呢。

裕勋龄为慈禧太后拍摄的各种标准照。

慈禧太后并不是一个孤芳自赏的人，老太太还特别喜欢与人分享自己的“玉照”。早在1902年，俄国沙皇尼古拉二世和皇后就曾将一幅八英寸的着色全家福赠送给慈禧太后和光绪皇帝。或许是受到友邦领导人的启发，不甘落后的慈禧后来也如法炮制。据史料记载，1904年，当德国皇储来华访问时，老太后不但亲切接见了客人，还慷慨地取出一幅制作精良的个人照片，托皇储转赠给德国皇后。据说为了显示大清朝廷对此事的重视，先由太监将太后的“玉照”放置在黄色的小亭子中，随后由他们恭恭敬敬地抬到外交部，最后派火车专列将其与德国皇储一起送到天津，由那里乘船前往柏林。

裕勋龄为慈禧太后拍摄的各种标准照。

美国总统西奥多·罗斯福也曾收到过慈禧太后的“玉照”，而在这次赠送背后还有更多的故事。原来在义和团运动之后，慈禧太后意识到必须改善与西方国家的关系。为了改变自己的国际形象，她听从一些大臣的建议，向各国驻华公使和领导人送去了自己的照片。更大的动作还在后面。1904年，当世界博览会在美国圣路易斯举行时，灵光闪现的慈禧太后居然下令将自己的画像送去参展，而这幅画像正是出自柯姑娘之手。画像中，慈禧身穿冬季朝袍，披一件珠翠披肩，头上珠宝饰物，雍容华贵。令老佛爷高兴的是，她的目的还真

慈禧太后銮驾图。右一为著名太监李莲英。裕勋龄摄。

达到了。在博览会上，许多观众闻风而来，为的就是一睹中国皇太后的风采。这起颇为轰动性的事件，也算是中国展馆在那次博览会上最大的收获吧。为了进一步发展中美两国之间的友谊，博览会结束后，慈禧太后又授意将那幅画像作为国礼赠给罗斯福。当听到这一消息时，罗斯福总统感到非常意外，为此专门在白宫举行了庄重的接受仪式。不过考虑到中国皇太后画像的特殊意义，罗斯福并没有将其留在自己手中，而是交给了美国国家博物馆收藏。

或许是被慈禧太后的深情厚谊所感动，1905年，当罗斯福第二次当选为美国总统后，他特意派自己的女儿艾丽斯前往中国旅游，并专程拜访慈禧太后。虽然当时由于美国政府顽固坚持排华政策，中国民众正在进行轰轰烈烈的抵制美货运动，但慈禧太后却热情地接待了艾丽斯。1906年2月，当罗斯福准备在白宫为女儿艾丽斯举行婚礼的消息传遍世界后，大洋彼岸的慈禧太后虽然没有接到请柬，也不可能亲自道贺，却特意让人准备了一大箱名贵的丝绸衣物和锦缎专程送到白宫。据当时媒体报道：在2月17日举行的豪华盛大婚礼中，新娘艾丽斯所穿的长裙就拖着长达18英尺的中国锦缎。耐人寻味的是，仅过了一年，罗斯福总统就向国会提出咨文，要求国会授权退还多收的中国庚子赔款，作为中国人的教育费用。在他的努力下，这项提案在国会顺利通过。1908年，美国正式宣布退还“庚子赔款”1160余万美元给中国，作为资助留美学生之用。这难道是慈禧太后的“温情牌”发挥了作用？恐怕已无人能说得清了。

值得一提的是，慈禧太后似乎与照相有着特别的缘分，即使在她死后也有相关的故事发生。原来在1908年11月，慈禧太后去世。第二年9月，随着她的陵墓——东

慈禧太后的又一张生活照。裕勋龄摄。

陵竣工，朝廷着手准备举行“奉安大典”。由于这次典礼规模巨大，世界轰动，一些新闻界人士便试图获得独家头条。就在这时，天津一家名为“福升”的照相馆老板发现了“商机”，鉴于当时国内报刊尚无摄影采访能力，他计划把“典礼”经过拍成照片高价出售。于是，该老板花大价钱买通直隶总督端方的一个仆役，然后率领几名员工拉上全部照相器材，在大典沿途拍照。不料到10月1日，当他们拍照时，引起了一些警觉性很高的官员的质问。发生如此严重的“政治事件”，朝廷极为重视。最终，“福升”老板被判十年监禁，而那位可怜的仆役则被永远监禁。

令慈禧太后遗憾的是，就在她对照相最为热衷时，勋龄兄妹诸人却要离开紫禁城了。正如德龄所回忆的，虽然慈禧太后也时常表现对新鲜事物的好奇，甚至曾推动西餐在京城的流行。但在宫中两年的生活，也使她渐渐认识到老太后冷漠、阴森、险恶的一面。1905年3月，裕庚因病到上海就医，电召德龄姐妹前去陪护。乘此良机，兄妹三人便向慈禧请求去上海，随即获准离开宫廷。后来，德龄结识了美国外交官怀特并与其结婚。1915年随夫赴美后，这位昔日的郡主以“德龄公主”的署名用英文撰写了多部作品，披露了许多慈禧及清宫的生活情景和晚清政局见闻，在世界范围内产生了很大影响。不过这一切，慈禧太后是没有机会知道了。

这两张照片均为慈禧太后的艺术照，照片中老佛爷自己装扮成观音，而身边的侍从太监则扮成各色神话人物。裕勋龄摄于1903年。

汉阳铁厂，1908年，在盛宣怀的运作下，该厂与萍乡煤矿合并为汉冶萍煤铁总公司，成为清末中国的龙头企业之一。

第三章 绝地自救

晚清七十年，其基本的主旋律就是内外交困、民族危亡。一方面，大清王朝所遭遇的发展瓶颈已到了令人窒息的地步。而另一方面，来自外部势力的压迫又进一步考验着整个帝国的神经。随着危机的日益加剧，几乎所有国民都开始意识到，世界上从来就没有什么救世主，要想使古老的帝国重新焕发生机，就必须进行自救。然而遗憾的是，无论是洋务派的兴办实业还是王朝如梦方醒时的政治变革，抑或是义和团风暴中丧失理智的抗争，最后都没有拯救大清王朝的命运。至于历史场景中的那些主角儿，他们唯一能告慰后人的便是：我醒过，我做过。

1900年（农历庚子年），在镇压了义和团运动后，攻占北京城的八国联军进入大清王朝的皇宫紫禁城。美国人詹姆斯·利卡尔顿摄。

一、庚子年的纷乱

1900年夏天，全世界媒体的焦点都对准了东方的中国。人们从各路记者发回的报道中得知，在古老的中华帝国，正上演着一场可怕的排外浪潮。据说在官方的暗中支持下，被称为“义和团”的革命者对所有洋人展开了迫害和屠杀，原本平静的北京城，如今已陷入空前的混乱之中……

上述报道所反映的，正是晚清时期震惊世界的义和团运动，又称“庚子事变”。据估计，在这场运动中，有240多名外国传教士及2万多名中国基督徒死亡，还有更多的无辜死难者。由于自鸦片战争以来已习惯了中国人的驯服，因此这样的暴力事件自然强烈地刺激了西方人的神经。而在后世许多历史教科书中，人们是这样给义和团运动定性的：19世纪末中国发生的一场以“扶清灭洋”为口号，针对西方在华人士包括在华传教士及中国基督徒所进行的大规模群众暴力运动。那么，在那个纷乱的庚子年，事情的真相又如何呢？

严格说来，义和团运动兴起最主要的原因是当时西方教会在中国无序活动的结果。实际上，我们前面在讲述几位来华传教士的故事时已经提到，近代以来，虽然有不少传教士的确出于单纯的宗教目的来到这个古老的帝国，他们的许多行为也证明了对中国人民的友好。然而在不平等条约的大背景下，注定了中国民众从一开始就对来自西方的基督教心存疑惧。更要命的是，为了尽快打开传教局面，或者出于某些不那么单纯的动机，教会往往会借助不平等条约将自己凌驾于中国法律之上，正所谓有权不用，过期作废。具有讽刺意味的是，虽然传教士们口口声声要将福音带给中国，但他们对特权的利用却只能一次次伤害中国人民。由于拥有治外法权，不仅西方传教士不受大清帝国法律的管辖。例如，每当教会因修建教堂等事宜而与中国百姓发生纠纷时，地方官府通常的做法就是“强拆”了事。就连他们发展的中国信徒也常得到教会的庇护，而其中一些“吃教者”入教的真正目的只是为了获得保护，他们甚至有恃无恐地藐视地方官、逃避差役，跋扈乡里。可以想象，既然朝廷不允许越级上访，那么随着民众不满情绪的积累，极端的群体性冲突事件当然不可避免。据统计，在整个晚清时期，全国大大小小的教案竟多达500起以上，而最严重的一次便是震惊中外的义和团运动。

更严重的是，经过甲午战争的惨败之后，中国百姓突然感觉到了亡国灭种的危机，这在很大程度上刺激了他们敏感的神经。眼看生活水平日益下降，国家的权益被一步步蚕食，不是割地就是赔款，而腐败软弱的朝廷却无能为力，老百姓哪里还能感到生活的尊严？正是在这种全民性的集体焦虑中，对外部世界的仇视也日益增强。简单地说，此时的中国百姓并非“仇富”，也不是“仇官”，而是“仇洋”。怀着最朴素的爱国主义情绪，他们急切地希望国家能触底反弹，尽雪前耻，因此将所有的愤怒都对准了洋人。关于这种情绪，义和团时期一张流传极广的“传单”（揭帖）便是最好的阐释：“神助拳，义和团，只因鬼子闹中原。劝奉教，自信天，不信神，忘祖仙。男无伦，女行奸，鬼孩俱是子母产；如不信，仔细观，鬼子眼珠俱发蓝。天无雨，地焦旱，全是教堂止住天。神发怒，仙发怨，一同下山把道传。非是邪，非白莲，念咒语，法真言，升黄表，敬香烟，请下各洞诸神仙。仙出洞，神下山，附着人体把拳传。兵法艺，都学全，要平鬼子不费难。挑铁道，把线砍，旋再毁坏大轮船。大法国，心胆寒，英美德俄尽消然。洋鬼子，尽除完，大清一统靖江山。”

这类“小广告”（揭帖）当年曾在华北地区极为流行，反映了晚清时期下层民众对于洋人的痛恨。

义和团原本发端于山东曹州一带，这与当地教案频发也有相当大的关系。最初，作为一种“有黑社会性质”的组织，其成员所使用的兵器无非就是一些民间的管制刀具，因此又被称为“大刀会”。为了吸引会员，他们主要使用的手段便是封建迷信，即所谓“升黄表，焚香烟，请来各等众神仙”的形式。他们到处宣传自己拥有特异功能，只要加入组织，经过一定训练后，就能做到刀枪不入。这些手段其实并不新奇，大多是中国民间司空见惯的气功和咒语。有趣的是，在一些土秀才的帮助下，他们的咒语往往被编成顺口溜。例如关于挡子弹的咒语是这样的：“弟子在红尘，闭住枪炮门，枪炮一齐响，沙子两边分”。更邪乎的是，一些咒语据称还能达到意念杀人的效果。据说有一种咒语，在法力生效后能使一把普通的扇子像导弹一样在天空中腾云驾雾，自由飞翔；当它出现在洋人的大炮面前时，后者就全变成了哑炮；它只要轻轻一挥，洋人的轮船、城池以及楼房都将自行焚毁！

经过一段时期的发展，“大刀会”改名为“义和拳”、“义和团”。凡加入义和团的人都扎红头巾，内藏符咒，红兜肚、红腿带、红巾裹两手，手腕内也藏有白纸符咒。社会矛盾一尖锐，群众就容易被组织，古今中外向来如此。在各种宣传的吸引下，来自社会各界的人士都纷纷加入义和团，其中既有贫苦农民、手工业者、城市贫民、小商贩和运输工人等下层人民，也有部分官军、富绅甚至王公贵族，后期又混杂进了不少流氓无赖。或许正因如此，导致义和团运动最终人心散了，队伍不好带了。

显而易见，从一开始，义和团就暴露出致命的缺陷——迷信思想。不过令人无奈的是，面对可恶的洋鬼子带给中国的屈辱，义和团的广大团员却几乎无能为力，

这类“小广告”（揭帖）当年曾在华北地区极为流行，反映了晚清时期下层民众对于洋人的痛恨。

打又打不过人家，怎么办？绝望之际，他们不得不将这种局面归结为“点儿背”，咱大清朝遇上了“劫运”，“劫运到时天地愁，恶人不免善人留”。那么又是谁导致了这一切呢？正确答案就是：洋人，洋教，洋货。当时，华北一带普遍遭遇旱灾，眼看地里的麦苗渐渐枯死，百姓们不禁开始埋怨：“天无雨，地焦干，全是教堂遮住天”。为了讨回公道，他们纷纷加入义和团，期望真有超自然的力量能将洋人赶出中国。

既然斗争的主要对象是洋教，义和团又搬出祖先留下来的老本儿，试图借助众位“国产”神仙对抗洋教的上帝耶稣。于是就出现了世界宗教史上最为奇特的一幕，这可真有些“关公战秦琼”的味道。从现有资料来看，当时的义和团几乎将全中国的各路神仙都请了出来，既有佛祖、观音、玉帝、天师，又有济公、诸葛亮、刘伯温、长棍老师、短棍老师、金刀圣母和梨山圣母，甚至连很没品的狐仙也跟着沾了一回光，成了民族品牌的代言人。每当有重要仪式时，义和团的首领便会念咒请神，其代表性的台词是：“天灵灵，地灵灵，奉请祖师来显灵，一请唐僧猪八戒，二请沙僧孙悟空，三请二郎来显圣，四请马超黄汉升，五请济公我佛祖，六请江湖柳树精，七请飞镖黄三太，八请前朝冷于冰，九请华佗来治病，十请托塔天王金吒木吒哪吒三太子，率领天上十万神兵。”

虽然势头迅猛，不过义和团在山东的发展却很不顺利，特别是山东巡抚袁世凯，对这一蛊惑人心的“邪教”组织更是毫不留情，一直采取血腥镇压的态度。迫不得已，一部分义和团开始向邻近的直隶（河北）、河南、山西等省转移。最初，朝廷对该组织严厉镇压。不过由于义和团的影响越来越大，特别是在直隶地区，几

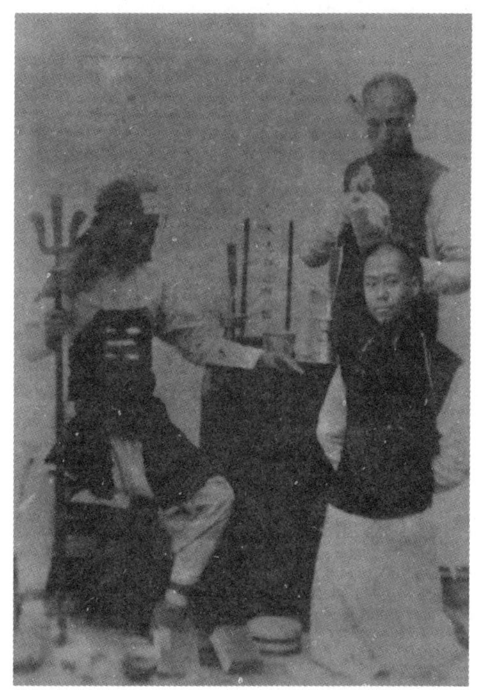

义和团入会仪式，这种秘密民间组织后来却获得了迅猛发展。

著名的义和团“红灯照”，据说拥有诸多特殊法力，因此备受团民遵奉。

乎到了难以遏制的状态。对义和团的发展，列强各国自然感到担忧，他们纷纷要求清政府采取措施消灭义和团。然而不巧的是，由于清王朝内部出现的一系列政治变故，情况变得日益复杂了。

原来在两年前的戊戌政变后，重掌朝廷大权的慈禧太后试图废黜不听话的光绪皇帝，结果由于各国驻华使节的干预而未付诸实施。随后，光绪被幽禁在瀛台，从此开始了凄苦的生活。即便只是大清王朝名义上的皇帝,但光绪的存在仍对慈禧及其亲信意味着某种威胁。特别是朝中一些顽固派官员，更是担心一旦老佛爷这棵大树倒下后，重掌政权的光绪势必对他们展开反攻倒算。为了除掉这个眼中钉，他们竟企图采用下毒谋害的手段，并预先放出风声说皇帝病重。然而没想到，可恶的洋鬼子竟公然干涉大清内政。听到风声后，英国驻华公使窦纳乐随即照会总理衙门说：“我坚信，假如光绪帝在这政局变化之际死去，将在西洋各国之间产生非常不利于中国的后果。”为了预防万一，他又将一名法国医生强行送入宫中为光绪诊病，该医生很快宣布皇帝根本就没有生病。这样一来，慈禧等人只能是哑巴吃黄连，被迫忍气吞声地先放光绪一马。1899年，经过密谋，慈禧一伙又想出一狠招儿。由于光绪一直都没有子嗣，他们便提出立端王载漪之子溥儁为大阿哥（太子），作为同治皇帝载淳子嗣，借以废黜光绪皇帝。1900年1月24日，慈禧太后召集王公大臣会议，决定立溥儁为大阿哥，并预定庚子年元旦（1900年1月31日）光绪皇帝行让位礼，溥儁登基，改元“保庆”，并邀驻京各国公使入宫朝贺。但是令慈禧太后很没面子的是，爱新觉罗的家务事再度遭到列强的干涉。立储的消息传出后，各国公使不但断然拒绝祝贺溥儁为大阿哥，甚至鼓动一大批有影响的在野人士联名通电反对此事。最终，一向好强的慈禧太后被迫又一次服软，将废立计划搁置。到1901年八国联军侵华后，溥儁正式也被废黜，这是后话，暂且不提。

列强各国对光绪如此保护，其实也并非因为与其有多么深厚的国际友谊。他们之所以屡屡干涉清王朝的宫廷事务，主要还是从自身的利益考虑。因为在戊戌变法失败后，掌握朝廷大权的基本上就是徐桐、刚毅、赵舒翘以及载漪等人，而这些人无一例外的都是著名的顽固派首领。例如徐桐因仇视西方的一切事物，以至于见到洋人时都要躲瘟神似的用扇子挡住自己的脸。试想一下，如果这样的主儿长期当政，对中西关系有什么好处？不过这样一来，列强就彻底得罪了慈禧太后。虽然老佛爷暂时没有底气说“不”，但是假如有机会反击，她是决不会手下留情的。恰在此时，同样仇视洋人的义和团出现了，这简直就是冬天里的一把火，瞬间点燃了老佛爷胸中的怒气。而根据手下人的报告，慈禧又惊喜地发现，原来义和团的各位师兄是如此的“给力”！

光绪皇帝，自从在戊戌变法失败后便被慈禧太后打入冷宫软禁起来，一度甚至面临被废黜的危险。

庚子年的春天，在漫天飞扬的黄沙中，义和团源源不断地拥向京城。对这股势力，朝廷开始转变态度，由之前的严厉镇压改为招抚，从而使其力量急剧壮大。既然有皇太后的鼎力支持，义和团的腰杆顿时硬了很多，他们纷纷打出“奉旨义和神拳”的旗号，宣称要“扶清灭洋”，结果就连一些朝廷大员都成了义和团忠实的“粉丝”。为了表示支持，军机大臣徐桐在北京城门上挂起一副巨型对联对义和团歌功颂德。而为了表忠心，尊贵的庄亲王载勋甚至将自己的府邸变成了义和团“坎”字团的团部。他自己也公开举行仪式加入义和团，成为一名光荣的“义和团员”。

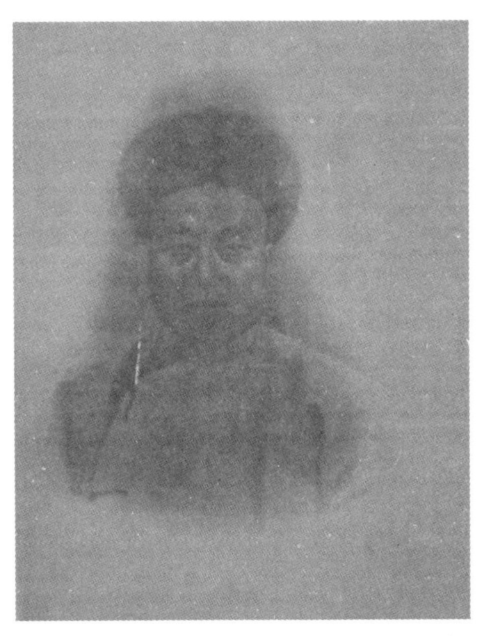

端亲王载漪，其子溥儁原本已被慈禧太后立为皇储（大阿哥），但因列强的干涉而空欢喜一场，因此他后来极力鼓动慈禧太后借助义和团的力量反抗洋人，成为这场政治大动乱的幕后推动者之一。

鉴于形势越来越严峻，到4月份，列强驻京公使先后照会清政府，限令在两个月内剿灭义和团，否则将直接出兵干涉。压力之下，朝廷内部的纷争也

加入义和团的清兵。

逐渐激烈起来。到5月28日，驻京各国公使举行会议，决定以“保护使馆”为名联合出兵北京。随后，列强先后派出上千人的军队。为了打探义和团的底细，慈禧太后特派亲信赵舒翘和刚毅等人去现场考察，看看他们是否真如传言中所说能“刀枪不入”。结果这些大臣回来后，都异口同声地称义和团的确了得。实际上，有资料显示，这一切都不过是骗局。据说在赵舒翘和刚毅去查验时，义和团当场给他们表演了“刀枪不入”的本事，一名“团员”在挨了一枪后居然毫发无损，令各位大人着实见证了一回“奇迹”。其实就连赵舒翘和刚毅也心知肚明，在义和团表演时已将弹头去掉了，因此才出现所谓的“刀枪不入”。但是为了让老佛爷铁下心来，他们都不约而同地充当了一回魔术表演的“托儿”。另一位大臣裕禄的考察结果更邪乎，他在给慈禧的报告中信誓旦旦地声称，自己亲眼看到“义和团练习时，忽见玉皇大帝降临”。接到这些报告后，慈禧非常兴奋，感觉扬眉吐气的时刻终于到了。而此时，义和团已经在天津一带与洋人展开厮杀了。

6月11日，日本驻华使馆书记杉山彬被刚调入京城的清兵甘军所杀。6月20日，德国驻华公使克林德在前去总理衙门的途中被清军虎神营士兵击毙。这些事件一经发生，立刻成为列强对华开战的借口。经过各国媒体的渲染，全世界都开始讨伐清王朝。与此同时，一份来路不明的照会也彻底点燃了慈禧太后的怒火。6月17日，因立储流产一事而对洋人最为仇视的端王载漪向慈禧呈送了一份来自民间的所谓“洋人照会”，照会中要求：指明一地，令中国皇帝居住；代收各省钱粮；代掌天下兵权；勒令皇太后归政！看到洋人如此猖狂，老佛爷不禁怒火万丈，当即毫不犹豫地召开御前会议，决定对外开战。虽然在一个月之后，慈禧太后通过调查得知，那份所谓的照会完全是别有用心的载漪伪造的，但局势已经无法挽回了。

6月21日，清政府以光绪的名义，向英国、美国、法国、德国、意大利、日本、俄罗斯、西班牙、比利时、荷兰、奥地利11国同时宣战，义和团及朝廷军队随即开始围攻各国在北京的使馆。在当时颁发的“动员令”中，朝廷愤愤不平地指出，我大清朝对洋人一向宽厚仁慈，但这些洋鬼子却屡屡侵占我国土地，蹂躏我国百姓。是可忍，孰不可忍。因此号召全国人民“与其苟且图存，贻羞万古，孰若大张挞伐，一决雌雄”。为了杀一儆百，朝廷还下令处死主和派官员许景澄、袁昶、徐用仪、立山、联元五人。

反对朝廷与列强开战的大臣许景澄，1900年6月被慈禧太后下令处死。

很快，慈禧太后懊恼地发现，所谓“刀枪不入”的义和团实在是不堪大用。整整几十天，几万人攻打一座只有几十人守卫的使馆都没有结果。这要是洋人的大部队来了，可怎么办呢？事实证明，义和团所标榜的各种法术，简直就是一场滑稽闹剧。有趣的是，晚清似乎特别盛产以法术与洋人作战的人物。据历史记载，早在第一次鸦片战争期间，朝廷特派前去广州与英军作战的杨芳将军便上演了这么一出。此人早年因镇压多次起义有功，被封为一等果勇侯。不过正所谓“内战内行，外战外行”。到广州后，面对英国人的坚船利炮，杨芳束手无策。通过观察他发现，英国人的大炮总能击中我方，而我方却不能击中敌人，这一定是他们施展了妖术。情急之下，杨将军想出了一条“妙计”，他广贴告示，传令手下在广州城内四处收集妇女使用过的马桶，然后将这些马桶平放在一排排木筏上朝敌舰冲去，以期破英国人的邪术。结果，在英国人的炮火中，这些马桶与大清士兵们一起，被炸得满天飞舞。最终被吓破胆的杨芳向英军乞和，花了600万元的“赎城费”，时人对此赋诗嘲讽说：“粪桶尚言施妙计，秽声传遍粤城中”。而今，义和团又捡起了此类法宝，幻想借此打败八国联军。据说在当年，由于迟迟攻不下洋人的教堂，义和团的高参们

义和团攻打列强使馆场景（图画）。

想出了一个绝招儿，请来一些妓女助阵，让她们脱掉裤子将屁股对准洋人的大炮，以为这样就能让大炮打不出炮弹。结果呢，自然可想而知。

对义和团所谓的“法术”，当时曾在北京进行现场报道的英国人辛普森(Simpson)同样深有感触。当年，辛普森恰好被围困在英国使馆，因此有机会将所有的见闻以日记的形式记录下来，后来汇集成《庚子使馆被围记》一书，在西方产生了巨大影响。据辛普森记载，虽然义和团在放火前宣称有神术保护，大火只烧洋人不烧百姓，但实际上却有成千上万的北京百姓跟着遭殃。至于义和团此前所标榜的“刀枪不入”，辛普森也很早就知道他们的底细，对其表演时所用的小把戏了如指掌。

值得一提的是，在这场风波平息后，慈禧太后却信誓旦旦地表示，自己从来就没有相信过义和团真能“刀枪不入”。不管是不是“事后诸葛亮”，慈禧还曾这样为自己辩解：“依我想起来，还算是有主意的，我本来是执定不同洋人破脸的，中间一段时间，因洋人欺负得太狠了，也不免有些动气。虽是没拦阻他们，但始终总没有叫他们十分尽意的胡闹。火气一过，我也就回转头来，处处都留着余地，我若是真正由他们尽意的闹，难道一个使馆有打不下来的道理？”

虽然攻打洋人教堂和使馆的行动很不顺利，义和团却在其他方面表现得如鱼得水。进入北京城后，义和团列出了一张长长的名单，上面全是他们眼中的敌人：“一龙”（光绪帝）、“二虎”（李鸿章、奕劻）、“三百羊”（主和的京官大臣）以及“十毛子”。传教士为“毛子”，教民为“二毛子”……但凡读过洋书的、会说洋话的、用洋货的，都属于“十毛子”，统统在严厉打击之列。可想而知，根据这样的标准，恐怕会有无数人难脱厄运。果然，几位官员因为逃跑时随身携带了一支铅笔而被乱刀砍死；有一户人家仅仅因为家里有一根火柴而遭屠杀……只要是带

义和团运动期间西方在华教会躲避灾祸情形，在这场政治风暴中，许多无辜的教会中人，包括大量无辜的儿童都惨遭屠杀。这组照片均由美国人詹姆斯·利卡尔顿拍摄，1900年。

义和团运动期间，北京前门一带的民居在战火中被焚毁。

当八国联军攻入北京后，曾经意气风发的义和团瞬间便成为了政治的牺牲品。詹姆斯·利卡尔顿摄于1900年。

八国联军占领北京期间，昔日的皇帝宝座也成为了侵略者的战利品。

“洋”字者，义和团都视之如仇敌，只有“洋钱”除外。在义和团闹得最凶的时候，端王载漪一伙儿就像打了鸡血似的。据说在好几此御前会议上，他们竟敢公然羞辱光绪皇帝，骂他是“二毛子”。而在6月25日，载漪、载勋、载濂、载滢四兄弟甚至曾率60多名义和团员冲进皇宫，要将光绪乱刀砍死，只是由于慈禧太后还没有老糊涂，可怜的皇帝才保住了性命。当然，损失尤为惨烈的还要数基督教会。在义和团事件中，全国各省，特别是华北的直隶、山西，以及内蒙古和东北，普遍发生了针对外国人和中国基督徒的大规模集体屠杀事件。据统计，共有241名外国人、2万多名中国基督徒在屠杀中死亡。

义和团运动期间，还有一桩事件非常值得后人深思，这便是聂士成之死。许多人都知道聂士成是一位在义和团运动期间因抗击八国联军而殉难的英雄。但实际上令人匪夷所思的是，这位英雄恰恰死于义和团之手。聂士成原本是淮军将领，曾参加中法战争以及甲午战争，因功被授直隶提督。1900年义和团运动爆发之初，聂士成因奉朝廷之命镇压义和团而成为后者的敌人。后来由于义和团在载漪、刚毅等人的支持下得势，因此聂士成的许多部下都曾被杀害。八国联军入侵中国后，虽然聂士成与义和团一样也奋起抗敌，却屡屡遭到义和团及其支持者的攻击。义和团甚至造谣说聂士成私通洋人，变成了“二毛子”。受此侮辱，聂士成每次作战都冲锋陷阵，一心想以死来证明自己。令人发指的是，就在聂士成与八国联军激战之时，义和团竟抓走了他的母亲和女儿。当聂士成率部追击时，其军队里的义和团内应便从后面开枪，聂士成身中十余弹而亡。对其恨之入骨的义和团本想夺回他的尸体分割，只是由于八国联军的步步逼近才得幸免。耐人寻味的是，这一史实后来却被掩盖了。

面对中国发生的可怕事件，列强没有保持沉默。6月10日，他们正式组建八国联军，不过最初由于兵员过少没有取得决定性胜利。到7月份，八国联军的大规模军事行动开始，大约有45，000名来自日、美、奥、英、法、德、意、俄各国的士兵参与了对中国的侵略。7月14日，联军占领天津，随后于8月4日向北京进发。到8月16日晚，八国联军基本占领北京全城。而此时，慈禧太后正携光绪皇帝及一班大臣颠簸在西逃的路上。为了报复义和团对洋人的屠杀，侵略者随即展开了掠夺与清洗。正如德国皇帝威廉二世在为该国远征军送行时所命令的：“你们知道，你们面对一个狡猾的、勇敢的、武备良好的和残忍的敌人。假如你们遇到他，记住：不要同情他，不要接收战俘。你们要勇敢地作战，让中国人在一千年后还不敢窥视德国人。”

如果说义和团的过激行为表现出了其愚昧与野蛮的话，那么自诩“文明”的西方侵略者的表现只能归结为一个词——残暴。在占领北京后，八国联军将这座帝都划分成不同的占领区，然后便到处屠杀义和团，许多无辜者也惨遭杀害。极为无耻的是，侵略者在杀人时还常常进行现场拍照以此为乐。至今，我们仍能接触到大量这类照片。8月28日，八国联军在皇宫阅兵，各国军队耀武扬威地进入紫禁城。就如同他们的前辈在1860年所做的一样，侵略者到处疯狂抢劫，把他们想要的东西装入口袋。北京被占领以后，八国联军统帅、德军元帅瓦德西特许士兵公开抢劫三天，以后各国军队又抢劫多日。在这场浩劫中，就连太和殿前铜缸上面的镀金也被侵略军用刺刀刮去。据粗略估计，侵略者在中国掠夺的财富仅白银就达6000多万两，珍贵的文物和艺术品更是不计其数，就连古观象台上的仪器也被德国人运回了柏林（直到第一次世界大战结束后，作为战胜国的中国才从德国手中索回这批仪器）。混乱中，一些往日的“受害者”也趁火打劫，法国天主教主教樊国梁一人就抢走了价值数百万两白银的财物。

如今，历史的烟尘已渐渐散去，但难以愈合的伤口却永远留在中华民族的记忆中。回顾100多年前的这场纷乱，后人又该如何言说，至今仍存有激烈的争论。但无论如何，我们谁也不应该将它忘记。

1869年5月10日，美国太平洋铁路比原计划提前7年正式宣告竣工。然而在竣工仪式上，却没有为铁路修建作出巨大贡献的华工的身影。

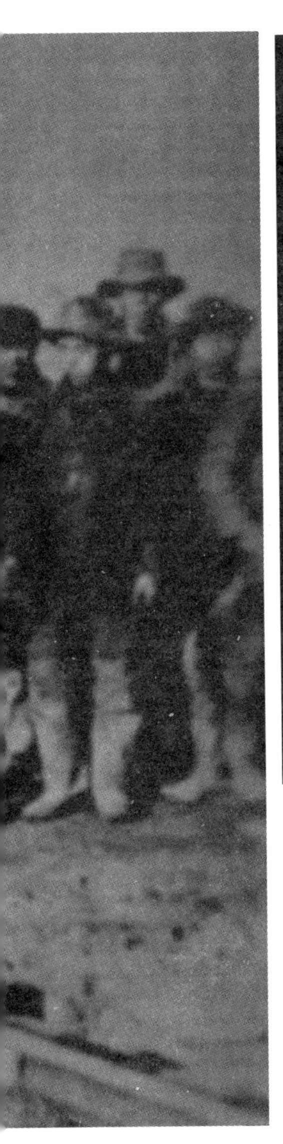

二、华工的血泪与呐喊

烈日当空，骄阳似火，在茫茫的大海上，几艘货船正缓慢地驶向远方。在货船闷热的底舱里，挤满了几百名中国人。他们衣衫褴褛，饥饿难耐，有的已经奄奄一息……这幅场景，正是19世纪无数华工被运往海外途中的真实写照。在那个时代，东南亚、澳洲、美洲乃至非洲的许多地方，仍是一望无际的荒野。而当成千上万的华工抵达后，一切都开始改变。

那是在19世纪60年代， 由于备受舆论谴责的黑奴贸易陆续停止，西方列强为了解决其殖民地越来越紧缺的劳力问题，便开始将目光转向中国。尽管《大清律例》中明文禁止华人出洋，但早在1800 年左右，英国的东印度公司就通过其驻广州商馆的买办，从广东沿海一带私自招募华工到马六甲、槟榔屿等地。到19世纪中叶，随着天朝大门被列强的大炮轰开，清王朝对本国子民的控制也越来越力不从心了。第二次鸦片战争结束后，列强纷纷逼迫清政府签订条约，使华工出国正式合法化，对其外出打工不得阻拦。由此，华工开始大规模被运往海外。有数据表明，仅从19世纪50年代至20世纪初的70年内，就有700万华工被运往世界各地。

就在这样一种背景下，大量华工来到世界各地。其中，东南亚因其地理原因成为吸收华工最多的地区。鸦片战争以来，欧洲殖民者掀起了开发东南亚的热潮。而大批华工的到来，极大程度上为他们解决了劳力问题。华工到达东南亚后，有的从事工匠、种植园工人、店员、小贩、商人、教员等职业，如在马来西亚和新加坡种植橡胶、胡椒、香料。但更多的是从事酿酒、采矿、采珠、烧瓦、冶铁等艰苦行业，如马来西亚的主要锡矿就全部由华工开采，达25万人之多。当时目击者表示，在东南亚劳动的华工，条件是非常艰苦的。1901，清政府的一位外交官员在考察印尼邦加的锡矿时，曾无限感慨地记录下这样一段话：“矿厂大半在山涯，山水下流，厂主不设抽水机，华工日在水中，既患潮湿，又系褐腹。故染病最易。况天气炎热异常，时症不息，死者枕藉。”而在苏门答腊的许多烟草种植园里，数万名华工也在恶劣的环境中从事着强度极大的劳动，无数人因疾病死去。

经过华工几十年的建设，东南亚各地的面貌发生了天翻地覆的变化。他们勇敢朴实而吃苦耐劳，并且能与当地人民和睦相处。在他们的共同开发下，东南亚的经济和文化都得到了巨大发展。

在中国人向来陌生的非洲大陆，同样也留下了华工的足迹。有关资料表明，从18世纪中叶到20世纪30年代，被招募到非洲的华工人数在10万人以上，他们的足迹几乎遍及整个非洲。早在1783年，就有一批华工被运往毛里求斯岛的种植园。据说1815年著名的拿破仑被流放至圣赫勒拿岛时，就曾对当地华工的表现大为赞赏。鸦片战争以后，英、法等殖民国家又向清政府施加压力，试图通过合法手段吸收更多廉价的华工，以加快非洲的建设。到19世纪后期，法国、德国、比利时等国都曾招募大批华工，将他们送往刚果、马达加斯加、坦噶尼喀等地。

1904～1906年，英国政府又通过中英《招工章程》，开展了规模最大的一次华工招募行动，而其目的便是开采“布尔战争”后在南非占领的德兰士瓦金矿。当时，为了迅速弥补金矿劳力不足的局面，英国殖民当局以“借垫款项”、“预支工资”等条件招募华工。据统计，在此期间共有63000多名主要来自直隶、山东的华工前往南非。由于大批华工的辛勤劳动，南非金矿的生产得到了迅速的恢复和发展。如1903年，其黄金产量只有2972897两，而1907年则高达6450940两。华工的血汗造

19世纪末，华工在马来西亚锡矿劳作。

就了约翰内斯堡市的繁荣，使它从一片荒野变成南非的经济中心和最大的城市。但是另一方面，广大华工却遭受到种种非人的待遇。据目击者称，华工们住的苦力宿舍由白人看守，不得擅自离开，否则就要判刑、罚款或判做苦役；他们只准做粗工，每天工作12小时以上，而工资只及欧洲人同工种工资的十分之一。

然而，正是由于华工太物超所值了，因此那些国际猎头公司便纷纷前来，通过诱骗和拐掠等手段将大批华人贩卖到海外充当苦力，这便是近代史上臭名昭著的“苦力贸易”。而在贩卖者眼中，这些华工居然被视为“猪崽”。当华工们被装上船出发后，他们就如同进入了“浮动的地狱”。为了最大限度地赚钱，黑心的贩运者往往千方百计尽可能多地塞装“人货”。超载现象是如此严重，以至于当时一家美国报纸曾这样报道说：“每只船所载苦力人数，都超过船的法定载客数额几倍甚至十倍”。结果在狭窄的船舱内，华工们被迫拥挤在一起，致使舱内阴暗潮湿，垃圾成堆，臭气熏天。为了防止华工反抗，船上还配备全副武装的警卫人员，戒备森严，对敢于反抗者严加惩罚。可以想象，在如此恶劣的条件下，加上路途遥远，华工们的死亡率自然很高。据说有一批被运往秘鲁的775名华工，途中就死去了289人！

在这股海外劳务输出的浪潮中，被贩运到拉美各国的华工可能要算最苦命的了。从19世纪40年代至70年代，有三四十万名华工被输入拉美，他们主要分布在古巴、秘鲁、巴拿马、墨西哥、智利等地。经过数十万华工的辛勤劳动，拉美各地的经济发展取得了很大成就。例如在古巴，华工不仅及时解决了制糖业所面临的劳力问题，修建了著名的巴拿马铁路，还在参加垦殖荒地的过程中，向当地人民传播了先进的农业技

20世纪初，在南非从事金矿开发的华工。

术；在墨西哥，华工为开发下加利福尼亚州作出了巨大贡献；在秘鲁，该国北部的大部分农场最早都是由华工开辟的，华工还参与建设了秘鲁一些重要的铁路、公路及港口；另外诸如墨西哥的棉花种植、智利硝石和秘鲁鸟粪的开采等，无不凝聚着华工的血汗。而其中尤其值得大书特书的，当数巴拿马运河的开凿。

位于中美洲小国巴拿马的巴拿马运河，是一条沟通太平洋和大西洋的重要航道。尽管巴拿马运河的主人曾多次更换，但华工却始终是建设的主力军。在整个施工期间，前后有数万名华工被招募来。当时巴拿马运河所经过的地区，自然条件十分艰苦，广大华工担负着最繁重、最危险、最艰苦的劳动，许多人因劳累而死。据统计，在整个开凿过程中，总共有近万名华工死亡。甚至有人说，每平方米河床都渗埋着中国人的尸骨与血汗。1914年，当巴拿马运河开通后，立即成为了举世闻名的工程。为了纪念华工所作出的贡献，巴拿马政府特地在运河工程最艰难的地方修建了一座劳工亭，以表示对广大华工的崇敬之情。

可是有多少人知道，在华工如此辉煌的业绩背后，却贯穿着一部难以言说的血泪史。好不容易从漫漫航程中幸存下来之后，抵达目的地的华工随即便被送到苦力市场上拍卖。他们像牲口市场上的牛羊骡马一样被看待、被检测和被挑选，而之后的命运则更悲惨。关于这一点，流落到秘鲁钦察岛从事鸟粪开采的华工无疑是最具代表性的。钦察岛是当时秘鲁的最大鸟粪岛，原本只是一个无人居住的荒岛，上面只有层层堆积的鸟粪，由于日久年深而自然风化成为坚硬的鸟粪石。后来，殖民者发现这种鸟粪石可以作为一种优质天然肥料，便开始大量开采出口，从中获取丰厚的利润。可是，为殖民者创造丰厚利润的华工们又是怎样的处境呢？

据当时的西方目击者记载，中国苦力一到这里，便被置于身高力大的黑人工头的监管之下。这些当年同样是奴隶的黑人工头，好不容易逮到机会做一次“主人”，自然尽情施展。他们手执四股生牛皮所拧成的鞭子，这种皮鞭被称作“圆号角”，有五尺多长，直径一英寸半，顶端渐趋尖细，被它抽打的人几乎是九死一生。每当到了下午四点左右时，已被催迫拼命劳作了十多个小时的苦力已是筋疲

对于拉美华工的悲惨遭遇，晚清政府也曾予以关注，并派出驻美国公使陈兰彬与容闳等前去交涉。图为陈兰彬与同僚合影（右一），19世纪末期。

力尽。而这时，黑人工头们便挥动起皮鞭，苦力们只要稍有违抗和怠慢，便立刻会受到皮鞭抽打。于是在呻吟与哀号声中，无数的苦力死于非命。面对如此惨烈的景象，就连殖民者本身也曾感慨道："希伯来人、爱尔兰人、意大利人甚至苏格兰人，为了使恶神息怒并满足其报仇之心时所曾设想的地狱，也比不上秘鲁鸟粪矿藏的开采和装船时的热毒和恶臭，以及被迫来这里劳动的人们所受的苦刑。"可怜那些中国苦力，他们当初原本怀着发财致富的希望不远万里来到这荒芜之地，却不料竟落到如此下场。于是绝望之下，一些人竟选择了自行结束生命。他们要么是上吊而死，要么集体跳海自尽。就这样，1869年被运往钦察岛挖鸟粪的4000名华工，最后几乎全惨死在那里。

厄运面前，孤悬海外的华工们是多么希望祖国能伸出援手啊！但是晚清时期的中国政府又能做什么呢？在我们现代人看来，危难时刻对生活在海外的侨民予以保护是最正常不过的事情了，因为这不但关乎国家民族的尊严，甚至关乎执政者存在的合法性。不过在两百余年来，满清王朝对这一点却根本不在乎，当然很大程度上也是因为没有能力在乎。实际上，尽管海外华人备受欺凌与压榨，但清政府根本没有保护这些子民的意识。长期以来，清政府一直采取禁海政策阻止人民出海谋生，并将擅自出海的华人视为"弃民"。即使英明如乾隆皇帝，也曾恶狠狠地下诏说："天朝弃民，不惜背祖宗庐墓，出洋牟利，朝廷不闻问。"虽然他的后代们在洋人的威逼下被迫准许百姓出海谋生，但仍顽固地坚持"人已出洋，已非我民，我亦不管"，全然没有现代领事保护的概念。好在当时外交界已有部分官员具备了国际意识，并通过自己的努力在局部为华人讨回了一些公道。例如著名外交官容闳等人就曾多方奔走，为改善秘鲁、古巴等地华工的处境贡献了力量。

早在19世纪70年代初，一些海外媒体就纷纷报道了有关中国侨民在古巴和秘鲁遭受残酷迫害的消息，由于当时清政府和秘鲁等国政府之间没有外交关系，因此也是鞭长莫及。具有讽刺意味的是，为了伸张冤屈，秘鲁的华工代表还曾向美国驻秘鲁公使述说苦情，请求他把具体情况转告清朝政府。1873年2月，秘鲁政府派遣使节来华，向总理衙门提出签订招收华工的条约。利用这个难得的机会，中国政府提出要实地调查华工在当地的情况。9月22日，李鸿章任命陈兰彬与容闳出使美国、秘鲁、古巴等地，专门处理华工事宜。

1874年夏，容闳从北京赶赴美国，随即会同两名美国代表前往秘鲁进行调查。容闳到达秘鲁后，发现当地的华工人数已超过12万，而因受虐待致死的情形令人触目惊心。在秘鲁期间，容闳广泛询问了华工遭受迫害的情况。他还充分利用自己在美国的人脉，得到了在秘鲁的美国人士的帮助。例如一位名叫乌阿尔特的美国医生就出面作证说："华人在蔗寮榨糖，每天限工车数已满，常作到夜十点钟，都不准停工。彼时必定鞭打，不至肉飞不已，用鞭之人极残忍，第一鞭将皮揭去，第二鞭即血流……初来十二时内，即有六人受伤，一礼拜内又有六人自尽，十天内有五十人受鞭打。"值得一提的是，为了获得充分的证据，容闳还拍摄了24张照片，照片展示了华工背部受笞和被烙的斑斑伤痕。与此同时，陈兰彬也在古巴进行了多方调查。古巴当时是西班牙的殖民地，生活在那里的华工处境也非常凄惨。在古巴，陈兰彬一行明察暗访达3个月之久，获得了大量第一手资料。当他们的调查结果公布后，世界舆论一片哗然，纷纷谴责秘鲁和古巴政府。清政府随即任命主持调查的陈兰彬和容闳二人分别为驻美国、西班牙、秘鲁正副使。在接下来的谈判中，两国政府被迫给予被迫害致伤的华工合理赔偿。

具有讽刺意味的是，虽然貌似人道的美国当时也站在中国一边，对古巴、秘鲁等国虐待华工的行为予以了谴责，但一旦类似的事件发生在他们自己身上，情况就变得完全不同了。

1905（光绪三十一年）7月下旬，一条爆炸性的新闻在美国引起了轰动。据称，在大洋彼岸的中国，人们因抗议美国坚持其多年来的排华法案，正发起一场声势浩大的抵制美货运动，运动的浪潮正迅速蔓延在上海、天津、北京、广州、南京、苏州、杭州等各大城市。令美国人困惑的是，在这个一向被他们所漠视的国度，突然就爆发出空前的力量。一时之间，各界民众纷纷结成抵制美货团体，相约不买不用美货，商号不卖美货，码头工人不装卸美货，制造工人不用美国原料，邮政工人不收美国标本，学生也不再去美国人办的学校读书。那么这一运动为什么会发生呢？事情还要从头说起。

早在18世纪末，中美两国便有了一些民间商业往来。例如著名的广东十三行巨商伍秉鉴，就曾与美国商界有着密切的私人关系。不过总的来说，当时美国虽然也有一些中国人，但多为商人。由于财力雄厚，见多识广，这些中国商人往往衣着华丽，举止文雅。当他们将丝绸、茶叶、瓷器等商品带到这块新大陆时，美国人对神秘的东方是极为向往和羡慕的。无论是中国人的奇装异服还是独特的生活方式，都引起了美国社会的强烈兴趣。不过到19世纪50年代后，随着大批华工的相继拥入，这种情形便发生了剧烈变化。

原来在19世纪50年代，随着美国旧金山和加拿大卑诗省等地发现金矿的消息传出，数以万计的华工开始被运到劳动力日益紧缺的北美大陆。仅1852年一年，就有三万名华工抵达旧金山。到19世纪70年代，在美华工已有10万之众。在那场淘金热中，广大华工付出了十分艰辛的劳动。当年美国人的一项调查表明：在矿场，华工做的都是白种人最不愿干的活。正因如此，连当时加利福尼亚州的州长麦道格都曾

广大华工的到来，为美国的铁路修建做出了巨大贡献。图为在施工现场的华工，19世纪60年代。

广大华工的到来，为美国的铁路修建做出了巨大贡献。图为在施工现场的华工，19世纪60年代。

称赞华人是“最有价值的移民”。

淘金热潮过后，适逢美国政府为开发西部决定修建横贯全国的太平洋铁路，于是华工又被大量招募到这一史无前例的巨大工程中来。按照规划，这条由美国东部直达西部加利福尼亚州的铁路，长达4300公里。1863年1月8日，西段的中央太平洋铁路率先开工。三年过去了，施工方却发现工程的进度十分缓慢，这使他们心急如焚。原来，铁路所经过的地区，地形非常复杂，气候也极为恶劣，大批白人劳工因此开了小差。就在这种情况下，华工再次成为美国人的救命稻草，而华工们出色的表现则令所有人为之折服。仅在中央太平洋铁路工地上，就奋战着10000名左右华工，占全部劳力总量的90%。在这里，华工承担着最危险的工作，如打隧道、放炮等，经常有人付出生命的代价，有1000多名华工牺牲在工地。以至于有人评论说，该铁路每一根枕木下面，就卧着一名华工的尸体。然而，华工得到的报酬却非常低，他们的工资仅为白人的三十分之一！

1869年5月10日，整个美国太平洋铁路比原计划提前7年正式宣告竣工。鉴于华工在修筑太平洋铁路工程中所做出的巨大贡献，当时太平洋铁路公司的“四巨头”之一，也是最先倡导在工程中使用华工的克罗克曾无限感慨地说：“我们所建筑的铁路之所以提前建成，在很大程度上要归功于那些贫穷而受人轻视的华人劳工，归功于他们所显示出来的忠诚和勤奋精神。”而作家霍华德在《宏伟的钢铁线》中也指出：“如果没有中国人关于使用炸药的知识并重视炸药的用途，如果没有中国人在令人目眩的高空贴在几乎垂直的悬崖上作业，如果没有中国人用生命闯过了白人难以忍受的艰苦难关，中央太平洋铁路公司负责的路段决不会建成。如果建成，时间上也要拖得很久。”1964年，中央太平洋铁路所穿越的内华达州在纪念建州100周年时，宣布10月24日为向华人先驱致敬日，并且树立永久性纪念碑，上面用中英两种文字铭刻：“华人先驱，功彰绩伟，开矿筑路，青史名垂。”这不仅是对华工在

当1869年美国太平洋铁路举行竣工典礼时，美国人却似乎将华工忽略了。

中央太平洋铁路工程中贡献的褒扬，实际上也是对华工在其他铁路工程，以及在美国西部开发和所参与的一切美国建设项目中发挥巨大作用的肯定。

1881年，当加拿大政府又开始修建太平洋铁路时，在这项巨大工程中充当主角的，仍是成千上万的华工。在条件极为恶劣的工地上，到处布满着华工的身影。他们的工资比白人劳工低很多，却能干白人劳工不愿意干的最苦最累的活儿。从1881～1885年间，先后有超过15,700名华工参与修筑加拿大太平洋铁路，其中4000多人客死他乡。据说在华工所负责的路段中，每向前铺进一英里，就会有六名华工送命。面对华工的丰功伟绩，加拿大首任总理麦克唐纳曾感慨万分地说："没有中国工人，就没有太平洋铁路。"

在太平洋铁路贯通之后，广大华工又利用丰富的农耕经验，将加州众多的沼泽湿地开垦为万顷良田，或者从事其他行业。由于这些中国人吃苦耐劳而又报酬甚低，所以受到美国老板的极力欢迎。然而与此同时，中国劳工的大量拥入，使美国本土的劳工很快感受到竞争的压力，另外由于肤色、语言以及文化等方面的差异，使华人逐渐成为了白人种族主义的攻击对象。尤其是19世纪70年代后，由于美国连续发生经济危机，广大劳动者的生计日益艰难。令人愤慨的是，美国政府为转移本国工人的斗争视线，竟别有用心地激起仇华排华情绪，致使针对华人的暴力事件时有发生。同时，一部分政客为达到自己不可告人的目的（如拉选票等），也积极地煽动排华浪潮。一些极端分子为了蛊惑人心，经常高呼这样的口号："中国佬必须滚开！他们正在抢占我们的工作！"与此同时，美国人心目中的中国形象也一落千丈。在当时美国出版的各类报刊甚至一些明信片上，都经常出现一些歧视和讽刺华

美国华工与白人工人在一起。19世纪70年代。

NO CHINESE NEED APPLY

THE ARGUMENT OF NATIONALITY.

当排华风潮兴起后，广大华工的处境便急剧恶化了，图为当时美国流行的漫画。

人的政治漫画。

受排华浪潮的促动，在华人最集中的旧金山等地，地方政府就率先通过了一些专门针对华人的条例。不久，在美国各种势力的恶意炒作下，美国国会于1882年通过了臭名昭著的《排华法》，明确禁止华工入境，规定只有外交人员、教师、学生、商人与游客五类华人才有资格进入美国，并拒绝外籍华人取得美国国籍，从而使排华行为竟成为美国政府的既定政策，这也是美国会有史以来通过的第一个明文排斥单一种族移民的歧视性条文。对这样的法案，就连一些美国人也曾挖苦道："美国传教士真难向华人解释：为什么华人可以进入白人的天堂，却进不了白人的国土？"

当时，中国的清政府在海外华人的强烈呼吁下，也曾与美国政府有过几次交涉，但所谓"弱国无外交"，最终也未能为华工争得平等地位，而美国政府却在其排华政策的道路上越走越远。在此后六十余年的时间里，美国政府又一次次地延长该法案。直到1943年，当中国成为美国的盟国之后，排华法案才得以废除。

1894年3月31日，在美国政府的执意坚持下，清政府被迫与其签订了《中美会订限制来美华工保护寓美华人条款》（简称华工禁约），从而使在美华工受到极大限制和侮辱，也使排斥和虐待华工完全合法化。在排华法案的保护下，美国政府的一些官员对华人采取了各种歧视性措施。尽管排华法案规定华人官员、教师、商人、教士、和学生五种人是特许入境者，但执法部门却常常故意在对移民检查时进行刁难和侮辱，并对华人社区进行骚扰。他们经常突如其来地袭击各大城市的唐人街，逮捕和关押大批无辜华人。1891年10月22日，美国移民局的官员就曾对丹佛市的华人居住区进行扫荡，几乎把那里的华人全部抓了起来，并对他们进行审讯。即使已获准进入美国的华人在旅行时，也经常会被政府官员拦截、询问，而当他们不能出示美国居住证时，就被作为非法劳工拘留。当时曾发生过一起悲剧事件：有一位姓谭的中国外交官，在美国境内公务旅行时，在半路上竟被美国移民局的官员盘查殴打，受尽侮辱，于是他愤而自杀，以死来表示抗议。

最让华人感到耻辱的，是美国移民局还对华人实行"背屈笼"制度。所谓"背屈笼"制度，是法国在20世纪初发明的一种机器，主要用来测量并记录囚犯的身体特征。1902年，美国财政部长首先提议对华人使用这个机器，其理由居然是因为美国人不太熟悉华人面貌特征，导致常有冒用证件的情况。1903年6月30日，国会竟对此提议批准实行。从此，每当华人在美国登岸时，所被要求做的第一件事，就是脱光衣服，由移民官员进行量身。

尽管当时，无论是美国国内还是国际上，都不断有人对这种政策予以谴责，但顽固的美国政府却从没有停止排华法案的意思。1904年，当限制华工条约又一次期满10年时，西奥多·罗斯福等人为在大选中赢得力主排华的西部的支持，再次在国会通过延长排华法案的决定。于是，日益觉醒的中国民众再也无法忍耐，他们心中长期积压的愤怒像火山一样爆发出来了。

1904年12月，随着华工禁约的期满，旅美华侨10余万人联名上书清政府，要求与美国政府交涉废约，然而美国政府却蛮横地拒绝了中方的要求，反而决定继续延长该条约的有效期。消息一经传出，立刻激起了中国各界人民的强烈愤慨。

1905年5月10日，上海商务总会会长曾铸提出，以两个月时间为期限，如果美国仍旧拒绝修订条约，中国商民将实行抵制美货运动，并通电全国各大商埠，这一立场立即得到了全国各地民众的热烈响应。7月16日，为抗议美国当局的暴行，同时也

由于受排华风潮的影响，广大华人的活动处处受到限制。图为当时美国华人聚居区的学校，19世纪末。

1905年，愤怒的中国人愤然掀起了抵制美货运动。图为当时《点石斋画报》的图画。

为了激励国民，曾在美备受虐待的华侨冯夏威在美国驻上海领事馆门前自杀身亡。这一悲壮的事件，随即点燃了全民族的怒火。7月20日，眼看美方对中方的呼声无动于衷，中国民众决定采取行动，一场声势浩大的正义维权运动从此拉开序幕。

在爱国商人和学生的推动下，这场运动迅速蔓延到各大城市。美国人很快就发现，在中国，搬运工人拒绝运送有美国标志的货物，众多中国客户也断绝了与他们的商务往来，甚至连那些在居华美国人家里干活的中国仆人也纷纷辞职。

在天津、上海等地，那些本来十分畅销的美国牌香烟，由于市民的抵制，都霉烂在了仓库里，有些烟摊前还竖起了“本摊不卖美国烟卷”的木牌。在长沙，著名爱国志士禹之谟等组织领导学界，分赴各地进行抵制美货的宣传。在他们的努力下，像《奉劝中国的众同胞勿买美国的货物》之类的小册子，在民众间广为流传。在福州，由美国教会开办的鹤龄英华书院，为抗议曾有三名学生赴美时遭受侮辱，全校两百多名学生公请校长致电美国国务院修改工约，否则将全体退学，学生们还直接致书美国总统质问道：“我们很不明白，为什么你们在中国大讲爱的信条，而在美国，中国人享受的待遇不如任何一个国家，甚至连黑人都不如？”在天津，租界里的美国商店，也变得门可罗雀。天津商务总会宣布：“美国禁止华工条约一日不废除，美货一日不售卖。”各商界代表还号召各行各业不购办美货，不售卖美货，违者将罚款五百元。著名爱国商人、郭庆隆绸缎庄经理宋则久率先出售国产土布，以代替美国花旗布，各布商随之争相效仿。学生则开展了广泛的宣传活动，他们走上街头，散发传单、集会演说，向市民揭露美国迫害华工的事实，有的还组织起来监督销毁美货，鼓励大家团结一致，坚持到底。著名的《大公报》，也站在了抵制美货的前沿，不但增辟“抵制美约要闻专栏”，还宣布拒绝刊登美商广告。而

上海总商会领袖曾铸，1905年抵制美货运动领导人之一。

在广州，据说在珠江上靠摆渡为生的一位船妇，在发现旅客携带着美国货物时，断然拒绝其上船！

1905年的这场抵制美货运动持续了近半年的时间，沉重地打击了美国在华的商业利益。自从义和团运动以来，美国人还不曾这样被大洋彼岸的中国所震撼。面对中国民众的怒潮，早在上海商人酝酿抵制美货时，著名的美孚石油公司就曾警告美国政府，预言抵制运动将对美国煤油工业带来一场巨大的灾难。果然，抵制运动开始后，美国人就发现他们在中国的商务几乎是一落千丈。从事后的统计来看，抵制运动直接导致了美国的对华出口明显下降。1905年4月时，美国每月对华出口额约为800万美元；而在抵制运动高潮的1905年10月，则只有375万美元。在运动最为激烈的广州，据美国驻广州总领事的报告称，正常年份美国面粉在广东的销售量是50万袋，而在抵制运动开始以后在广州的销售量竟为零；英美烟草公司的销售量也下降了50%以上。

这次运动虽然最终因种种原因而归于沉寂，但它却成为近代中国历史上第一次以文明、理性、和平抵制外货的方式反抗西方强权的活动。在中国所发生的一切，的确曾极大震动了美国当局，一些美国人为此惊呼："这是一场真正的伟大的民众运动。"他们先是向清政府施加压力，要求其设法平息抵制美货浪潮。8月31日，清政府以同意出面平息反美运动换取美国修改排华法的允诺。美国总统罗斯福也被迫表态：既然引起抵制的原因是美国对华人不公正，那么国会应当同意修改排华法。正是慑于民众的威力，清政府最终拒绝了美国政府续签华工禁约的无理要求。抵制美货运动，第一次让美国政府行政部门进行了自我检讨，尽管最终整个排华法案并没有被废除。美国政府终于认识到，过于严厉的排华政策，不但直接践踏了华工

在近代中国史上，1905年的抵制美货运动成为民族主义勃兴的一面旗帜。图为当时出版的《抵制禁约记》。

的人权，同时也会损害自己在中国的商业利益，所以不得不建议修改以往的法律，臭名昭著的"背屉笼"制度于1906年被废除就是一个例子。而具体负责执行《排华法》的美国商务劳工部，也不得不软化其执法时的力度和尺度，表示"现在是对排华法进行全面评估，加以修正，以消除其中非正义和严酷内容的时候了"。 直到1943年，当时中美两国已成为抗击日本的盟友，再延续以前的排华法案显然太不合时宜了。于是在各方的促动下，另一位叫罗斯福的总统——弗兰克林·罗斯福（西奥多·罗斯福总统的侄子）签署命令，正式宣布废除了排华法案。

开平矿务局，19世纪80年代。该企业是晚清洋务运动实业救国行动的样板。

三、尴尬的实业兴邦

民国五年(1916)4月27日，为了使一场盛大的葬礼顺利进行，上海法租界当局罕见地实行了交通管制。当天一大早，位于宝昌路（今淮海中路）上的盛公馆便开始喧嚣起来。随着前来吊唁的人越来越多，整条街道也变得拥挤不堪。人们从报纸上得知，这场葬礼据说耗费了30万两白银。死者究竟是何许人呢？为其送殡的队伍竟能从宝昌路一直排到外滩？此公不是别人，正是晚清时期曾经无比显赫的大富豪盛宣怀。

在晚清历史上，盛宣怀这个名字往往与洋务运动联系在一起，因为他正是借助这波改革大潮而扬名立万的。

自从1861年朝廷批准设立总理各国事务衙门以后，由奕䜣、曾国藩、李鸿章、左宗棠、张之洞等一干朝廷大员主导的洋务运动便轰轰烈烈开始了。本着“自强”、“求富”的目标，他们先后在军事、教育以及经济等领域展开行动。在此后30年间，无论是北洋水师还是京师同文馆，无论是江南制造总局、马尾船政局、金陵机器局、天津机器制造局还是轮船招商局、开平煤矿、汉阳铁厂，都曾一度令国人看到希望，世界各国也为之侧目。遗憾的是，在甲午年的那场较量中，原本被国际舆论一致看好的中国却意外地败给了弹丸小国日本。随着新一轮的割地赔款以及改革派的失势，悲壮自救的洋务运动也宣告破产了。然而，虽然北洋舰队在黄海的风浪中支离破碎，但洋务运动仍为后人留下了丰厚的遗产，那就是支撑民族经济艰难发展的众多实业。而这当中，就蕴涵着盛宣怀的心血。

想当初洋务运动开始后，在谋求通过军事强国的同时，洋务派的另一个目标便是“求富”——实业救国，即发展交通运输、采矿、冶炼、纺织等民用工业。通过一段时间的考察，李鸿章等人首先把目光瞄准了短、平、快的航运业。当时，随着中国沿海及长江各口岸的开放，西方的航运公司纷纷进入中国市场，其轮船的数量一度垄断了大清国水运业务的80%。为了争夺在航运领域的权益，也为了发展民族产业，洋务派决定打造中国自己的航运巨头。1872年12月23日，李鸿章上奏朝廷，请求试办轮船招商局，从事客运和漕运等运输业务。得到批准后，他随即委派浙江船运富商、候补知府朱其昂、朱其绍兄弟在上海洋泾浜永安街设局招集商股，并定名为“轮船招商公司”。 这是洋务运动中由军工企业转向兼办民用企业、由官办转向官督商办的第一个企业，也是中国第一家近代轮船航运公司。由于起步晚、底子薄，该公司成立时只有6艘轮船。更令人泄气的是，因为缺乏现代化的经营手段，公司在起初亏损十分严重，几乎把所有的家底都要赔光了。无奈之下，朱其昂只得辞职。李鸿章真不愧是经历过大风大浪的人，他没有因此半途而废。次年7月，他将轮船招商公司改为轮船招商局，并决定聘请更高明的管理型人才来经营。

与我们所处的21世纪一样，洋务运动时期最需要的是什么？是人才。李鸿章长期办理外交与洋务，自然比一般的官员更具有国际眼光。既然大清朝还没有培养出管理大型企业的人才，那就从洋人的企业中挖。很快，一个名叫唐廷枢的上海买办商人进入了李鸿章的视野。

唐廷枢（1832～1892），字景星，广东香山人。尽管家境平平，但幸运的是他出生在最早对外开放的地区，因此很早就进入澳门的教会学校学习英文。由于天资聪明，唐廷枢在天文、地理、格致、算数等方面都非常精通，尤其是英文水平极高，据说就连许多英国人都称赞他说起英语来“像个不列颠人”。在当时的中国，

唐廷枢，清末著名实业家，在他的领导下，轮船招商局取得了辉煌的业绩。

徐润，清末著名实业家，唐廷枢的长期合作伙伴。

这样难得的复合型人才，自然博得了许多猎头公司的兴趣。在先后任职为港英政府及清政府海关服务后，1862年，唐廷枢加盟了远东闻名的英国跨国公司——怡和洋行，成为一名买办，负责公司在长江一带的生丝、茶叶及航运等业务。凭借其超强的能力，唐廷枢为怡和洋行带来了滚滚财源，当然他自己也成为了大清帝国最先富起来的一部分人。出人意料的是，就当自己的事业蒸蒸日上之际，唐廷枢却在1873年突然作出一个决定，“跳槽”到国企轮船招商局，转而成为怡和洋行的商业死对头。

说起来，唐廷枢的这次“跳槽”，完全是出于民族义愤。原来有一次，他从上海乘轮船返回香港，不料途中遭遇飓风被困。谁知在轮船避风期间，外国船主竟只发给每位中国乘客一磅淡水，而船上装载的百余头羊居然可任意饮用。目睹此景，愤怒的唐廷枢决定以自己的行动为中国人正名。于是他决定不再给洋人充当高级打工仔，而是独立发展航运业。通过多方努力，他在香港筹集股金10万元，先租下两条船，往来于香港、广州之间。对这样的小打小闹，唐廷枢自然不会满足。恰在这时，他听说李中堂大人广泛招纳人才，于是便接受其聘请出任轮船招商局总办，从而由一名洋人的买办转变成为国企的CEO，后来更成为洋务运动有力的推动者与近代实业的开创者。

有了唐廷枢的加盟，加上徐润、朱其昂及盛宣怀等几位“高管”各施其才，轮船招商局这家本已濒临破产的国企迅速走出困境，逐渐成为航运界的大哥大。上任伊始，唐廷枢首先解决的便是资金问题。他模仿西方的股份制公司募集资金，在募股书上对资金使用、赢利、回报等项作了明确的规定和有科学依据的大胆预测，从而顺利完成募股计划，使招商局的资本由之前的不足20万两扩充至100万两。入主轮船招商局后，

清末轮船招商局大楼，上海，19世纪末期。

他还大胆引进现代企业制度，在经营管理方面作了一系列大胆的改革创新，例如对招商局进行全面改组，大减冗员，招聘一批在外国洋行任职的中国买办参与管理；引进西方的先进轮船及设备；雇用外国船主和技术人员，同时培养自己的技术人才等，在当时国内可谓闻所未闻。

更难得的是，面对外国同行的恶性竞争，唐廷枢也能够临危不惧，调动一切手段见招拆招，从而有效维护了国家和民族利益。实际上早在招商局成立之初，在华的英国太古、怡和以及美国旗昌等轮船公司就迅速勾结起来，试图采用大幅度降低运费等手段挤垮招商局。在唐廷枢等人的筹划下，招商局的后台老板李鸿章采取筹借官款、增拨漕粮及承运官物等措施予以回击，不但使招商局转亏为盈，而且造成了旗昌公司的破产。即便实力雄厚的太古、怡和等公司也不得不与招商局三次签订“齐价合同”。在多年的较量中，招商局不但成功并购了美国旗昌轮船公司，还相继在天津、牛庄、烟台、汉口、福州、广州、香港以及横滨、神户、吕宋、新加坡等处设立分局，资本共计420余万两。不仅拥有长江和沿海航运大部分市场，还拓展南洋运输业务，同时远航英国、日本、新加坡、夏威夷和美国本土，成为当时中国最大的轮船企业，十年间累计收入轮船运费白银两亿两。鼎盛时期，其股票一路飙升至每股200两，堪称当年最炙手可热的蓝筹股。

在经营招商局的同时，唐廷枢还积极向其他领域发展。原来在初次的较量中败下阵来后，太古、怡和、美国旗昌等外国公司不甘示弱，遂利用中国保险业的缺陷伺机报复。当时，国内除了买办商人以外，几乎没有人知道保险为何物，因此承办招商局船舶保险业务的外商保险公司都要求缴纳天价的保险费用。一条价值10万两白银的轮船，一年需缴纳的保险费用就高达1万余两。为取得货运权，招商局不得不付出高额的保费。1875年4月4日，招商局的“福星”轮满载着7000石漕米和一些布

轮船招商局仓库。

轮船招商局码头。

轮船招商局船只。

开平煤矿，19世纪80年代。唐廷枢创办的另一著名企业，在近代中国经济史上具有重要地位。

匹、茶叶前往天津，结果途中因雨大雾浓与一艘英籍轮船相撞，63名船员遇难，货物全部沉入海底。轮船招商局损失巨大，仅抚恤金就需支出2.4万两白银。而肇事船只又在英国使馆庇护下，迟迟不肯支付赔偿金。“福星”事件后，从中吸取教训的唐廷枢、徐润及盛宣怀等人开始筹办保险招商局。这年12月28日，“股份制”的保险招商局成立，这也是近代中国第一家保险公司。

由于其在轮船招商局的良好业绩，唐廷枢深受李鸿章的器重。1876年，决心向能源产业进军的李鸿章又委派唐廷枢主持开采开平煤矿。经过一番筹划，朝廷最终批准了这一大型建设项目。作为负责人，唐廷枢拟定了“直隶开平矿务局章程”，开始向社会发行原始股。接下来的一切都很顺利。1878年7月，开平矿务总局正式挂牌，第二年就正式投产，随后的产量便逐年上升，到1885年已达187000余吨。由于开平煤矿迅速占领了国内市场，以至于到1886年后天津这样的重要港口也不再进口洋煤了。如此良好的业绩自然鼓舞了广大投资者，人们纷纷购买开平煤矿的股票。在高峰时期，上海股市上的开平股票一度由100两涨至250两。

对唐廷枢这样的有突出贡献的商业人才，洋务派无不交口称赞，尤其是极为赏识他的李鸿章，甚至曾有肉麻之嫌地宣称“中国可无李鸿章，但不可无唐廷枢”。另一方面，朝廷也没有亏待唐廷枢，不但在经济上给其丰厚的回报，在政治待遇上也很慷慨。在李鸿章的保举下，原本一介平民的唐廷枢获得了福建候补道的头衔。

1892年10月7日，为洋务事业操劳了20年的唐廷枢在天津开平矿务局任内病逝，时年60岁。第二天，上海著名的英文报纸《北华捷报》专门发表讣告和纪念文章，称赞唐廷枢：“他的一生标志着中国历史上的一个时代……他的死，对外国人和对中国人一样，都是一个持久的损失。”为了表示对这位爱国企业家的敬意，轮船招商局特地派出专船，将他的灵柩运回其家乡唐家湾安葬，而来自13个国家的商务官员也分别搭乘专船护送。驶至唐家湾后，唐廷枢的灵柩先被安放在岸边的灵棚里，然后13艘外轮一字排列，各下半旗，各国代表又上岸向灵柩鞠躬后才离去。

尽管死后极尽哀荣，但实际上在生命的最后十年，唐廷枢的日子并不好过。作为一名在教会学校成长起来的中国人，作为一名买办出身的中国人，作为一名官僚体制以外的中国人，唐廷枢无疑是商业经营方面的天才，但在中国国情下的人事倾轧中，他就显得力不从心了。关于这一点，唐廷枢的同事盛宣怀就给他好好上了一课。

盛宣怀（1844～1916），江苏常州人。与身为打工子弟的唐廷枢不同，盛宣怀出身于官僚世家。当前者为了养家糊口不得不去免费的教会学校学习洋文时，后者却正按传统惯例踏上科举之路。尽管天资聪慧，但盛宣怀却先后四次名落孙山。不过，官二代毕竟拥有先天的资源优势。就在感觉前途暗淡之时，盛宣怀遇到了他生命中的贵人——李鸿章。

原来在1870年，就任湖广总督的李鸿章受命率部前往陕西镇压西北回民起义。通过官场上的关系，盛宣怀被推荐给李鸿章做幕僚。据说李鸿章只与盛宣怀交谈了几句，便立刻对这位后辈赞赏有加，随即任命其为机要秘书，随军队前往陕西“剿回”前线。后来，为了加强陕西淮军部队的后勤供应和淮军营务事宜，李鸿章委派盛宣怀担任会办陕甘后路粮台的要职，负责后勤工作。正是这看似无关紧要的职务，给了盛宣怀前往沿海城市购买新式军用装备的机会，从而得以与上海、天津等地外国洋行广泛接触。1872年，正是在盛宣怀的建议下，李鸿章决定创办轮船招商局。虽然招商局主要是在唐廷枢的领导下走向兴盛的，但作为高管之一的盛宣怀也立下了汗马功劳。1876年，正是在他的极力游说下，招商局斥巨资并购美国的旗昌公司。随着企业的发展和壮大，盛宣怀也越来越不满足于副职的角色，因此便与唐廷枢产生了裂痕。

想当初，正是在盛宣怀的推荐下，唐廷枢及其搭档徐润才被李鸿章请到招商局。但在实际上，由于身份以及理念各方面的巨大差异，导致盛宣怀和唐、徐之间上演了一场十年之久的权力斗争。在招商局这家国字号股份制公司内部，官员出身的盛宣怀与政府的关系十分密切，可是说是官股的代言人；而唐、徐两位买办则似乎更重视股民的利益。当招商局取得辉煌业绩时，盛宣怀和唐、徐都认为自己的贡献更大。于是双方不断向上级打小报告，盛宣怀说唐廷枢专说大话，说徐润忙于私务；而唐廷枢则认为盛宣怀口蜜腹剑，倚仗官僚的支持牟取私利。官司一路打到中央，朝廷派两江总督刘坤一负责调查。好在刘大人对唐廷枢颇有好感，认为他和徐润“为招商必不可少之人”，并将矛头对准盛宣怀，指责其在并购旗昌公司的过程中收受了回扣。结果，虽然有李鸿章这个大靠山，但盛宣怀依然被赶离了招商局。此后三年，盛宣怀被朝廷打发去河北主持开平矿物局，招商局事务则由唐廷枢的老搭档徐润主管。不料到1883年时，由于中法战争引起了上海的金融风暴。很快有人指控，徐润涉嫌挪用招商局巨款搞地产投机，于是盛宣怀卷土重来，奉李鸿章之命到招商局查处整顿。1884年，盛宣怀终于把唐廷枢、徐润挤出了招商局，成为清政府委派的第一任督办，一手把持了招商局的大权，从而开启了盛氏洋务的高潮时期。

与唐廷枢不同的是，盛宣怀虽然打的也是“实业救国”旗号，但仕途对他来说也很重要，二者之间是紧密关联的。实际上，他主办的一系列实业不但关乎自己的前程，甚至关系到李鸿章等洋务大员的命运。1884年，当盛宣怀正式执掌轮船招商局时，李鸿章就曾语重心长地告诫说，希望他将这个企业做成洋务运动的“标本”。盛宣怀也很快领悟到，这些“标本”就是政治资本。凭借着一系列“标本”的建立，加上李中堂大人的鼎力提携，他在官场中也顺风顺水：1879年署天津河间兵备道，1884年署天津海关道，1886年任山东登莱青兵备道兼烟台东海关监督，1892年调任天津海关道兼海关监督，1896年后历任太常寺少卿、大理寺少卿、办理商务税事大臣、工部左侍郎、邮传部右侍郎、邮传部尚书等职。官越做越大，他就越感激李中堂，并曾在一封信中信誓旦旦地向后者表忠心，发誓要竭尽全力协助中堂办成铁矿、银行、邮政、织布等实业。

盛宣怀，清末著名实业家。19世纪70～90年代，在李鸿章的支持下，他先后创办了一系列实业，号称清末“官商第一人”。

盛宣怀是这样说的，也是这样做的。

1875年，盛宣怀向李鸿章提议，由政府投资，设立机构，在湖北开采煤矿、铁矿。湖北煤铁开采总局成立后，盛宣怀主持了一系列开采业务。此后他又参与创办了荆门矿务总局、辽宁金州铁矿、山东登州铅矿、徐州利国煤矿、吉林三姓金矿、安徽宣城煤矿、陕西延长石油等，成为中国近代机器采矿业的创始人。1880年，盛宣怀任天津河间兵备道。他向李鸿章建议，国家自强大计，一是铁路，二是电报，而当前电报最为重要，可在天津试办电报局，并拟写了一份《电报局招股章程》，提出了“通军报为第一，便商民为其次”的观点。就在这一年，“中国电报总局”在天津成立，由盛宣怀全权负责。为培养自己的技术人才，盛宣怀还在天津办起了电报学堂。在不到一年的时间里，中国电报总局完成了津沪电报线路的架设。这是中国民用电信事业的开端。随后，他又主持了南至海南，北到黑龙江，西到新疆等地的几十条电报线路的

汉阳铁厂。1908年，在盛宣怀的运作下，该厂与萍乡煤矿合并为汉冶萍煤铁总公司，成为清末中国的龙头企业之一。

建设。

1890年，张之洞主持的湖北汉阳铁厂亏损累累，准备卖给洋商经营。盛宣怀闻讯后，提出铁矿关系国家经济命脉，万万不可让洋人来经营，愿意帮其接下汉阳铁厂的烂摊子。作为交换，张之洞答应向朝廷保举他担任芦汉铁路督办大臣。为解决铁厂的用煤问题，他就近创办了萍乡煤矿。1908年，他将汉阳铁厂和萍乡煤矿合并，成立了中国第一家钢铁煤炭联合企业——汉冶萍煤铁总公司。1897年，中国铁路总公司在上海成立。在李鸿章、张之洞等人的力荐下，盛宣怀担起了修建中国第一条铁路干线——北京至武汉的重任。1908年，京汉铁路竣工，这条铁路干线上的黄河铁路大桥，无论建筑质量还是外观，在那个年代都让人叹为观止。随后，盛宣怀又主持修建了粤汉铁路、宁沪铁路，共修铁路两千一百多公里，超过民国成立至民国二十年所修铁路总长。另外，他还于1897年创建中国第一家银行——中国通商银行。

据后人统计，在短短20多年间，盛宣怀先后创下了11个“第一”：第一个商本商办企业——轮船招商局；第一家电讯企业——天津电报局；在山东创办了第一个内河小火轮航运公司；第一家银行——中国通商银行；第一条南北干线铁路——芦汉铁路；第一个钢铁联合企业——汉冶萍煤铁厂矿公司；第一所工业大学——北洋大学；第一所正规师范学堂——南洋公学（上海交大前身）；第一个全国勘探总公司；上海第一个私人图书馆；中国红十字会第一任会长。正因如此，后世很多人称他为“中国商父”。

值得一提的是，尽管终其一生都背负着“贪”的罪名，但盛宣怀在慈善事业方面的表现却很突出。1906年，他在上海参加了近代著名赈灾机构“华洋义赈会”，任副会长。1910年，中国加入国际红十字会，这与盛宣怀在历年赈灾济贫等慈善事业中作出的巨大努力是分不开的。

到1896年，52岁的盛宣怀几乎掌控了整个大清帝国的轮船、电报、矿务和纺织四大洋务企业，甚至被朝廷授予太常寺少卿官职和专折奏事的特权。在1900年庚子之乱中，正是由于他的多方周旋，才促使东南各省的封疆大吏们结成“东南互保”，有效地保证了该地区实业界的正常发展。据说在国内局势平定之后，就连顽固的慈禧太后都对盛宣怀赞赏有加。1910年，盛宣怀晋升为邮传部尚书，成为权势显赫的高层领导。此时的盛宣怀可谓意气风发，成为公认的中国官商第一人。由于几乎总揽了关系中国经济命脉的多家洋务企业，因此被喻为“一只手捞十六颗明珠”。当然，盛宣怀本人也通过兴办这些大型国企积累了巨额财富。据说在他去世后，所留下的遗产多达2000万两白银，真算是超级富豪了。对盛宣怀的成功，就连李鸿章也曾感慨其“一手官印，一手算盘，亦官亦商，左右逢源”

不过就当步入人生的顶峰时，盛宣怀这位官方的实业救国者同样遭遇到了尴尬的命运。可以说，正是由于长期以来在财富与权力的“纠结”，注定了盛宣怀要被历史的舞台所抛弃。1911年5月，时任交通部长（邮传部尚书）的盛宣怀向中央提出铁路国有的方案，却不料他的这项政策引发了南方诸省的保路运动。舆论纷纷指责盛部长要将国家的主权出卖给西方国家，一些政府官员甚至强烈要求将盛宣怀正法。虽然事后看来这起事件背后有着错综复杂的因素，但在当时，为了平息民众的愤怒情绪，朝廷还是毫不留情地将盛宣怀革职，并“永不叙用”。10月27日，四面楚歌的盛宣怀悄然逃离京城，随即登上一艘德国轮船流亡日本。直到清王朝灭亡后，盛宣怀才回国，在上海法租界度过了自己的余生。而此时，民国政府已经将他所有的实业都没收了。一代洋务大腕儿落得这样的下场，实在令人欷歔。

1905年，清王朝派遣的出洋考察团在意大利合影。

四、老脑袋中的新点子

20世纪的第一个年头，一场改革的春风骤然吹遍了神州大地。在刚刚经历了义和团和八国联军的双重蹂躏后，大清王朝猛然来了个华丽转身，以非凡的魄力向亿万臣民发出了改革动员令，展开一场声势浩大的“新政”运动。一时之间，几乎全世界都在议论，这个古老的帝国究竟是怎么了？而这场被称为“新政”的改革又将会把这个帝国带向何方呢？

后世许多人往往认为，晚清时期的中国简直就是一个“停滞的帝国”，否则也不会成为“落后就要挨打”这句话的最好注解了。不过在实际上，如果不是简单地以成败论英雄，我们就会惊奇地发现，在最后半个世纪，这个帝国曾不止一次地试图通过改革进行自我救赎。无论是1860年开始的洋务运动、1898年的戊戌变法还是1901年开始的“新政”，多少都有点与时俱进的意思。遗憾的是，随着甲午战争中惨败于弹丸小国日本，洋务运动的所有成果几乎化为乌有；而随着“六君子”在菜市口被砍头、康有为梁启超出逃以及光绪皇帝被囚，喧嚣一时的戊戌变法也迅速流产。戊戌变法后，本来慈禧太后已授权保守派官僚执掌朝政，希望能使王朝继续在困境中勉强生存下去。但不料庚子年（1900）的那场纷乱打碎了这个美梦，而慈禧一伙也如梦方醒地意识到，这大清，恐怕是到了必须改革的时候了。

早在逃往西安的途中，被八国联军的炮声惊醒的慈禧太后就以光绪皇帝的名义下了道“罪己诏”，一方面深刻检讨自己饱受顽固的错误，同时态度诚恳地命令各省督抚及政府大员议奏改革的具体办法。当局势平息后，重新回到紫禁城的慈禧太后突然变得面目一新。痛定思痛，这个昔日保守冷酷的老太婆仿佛像变了一个人似的，她以罕见的魄力带头转变观念，大刀阔斧地在这个已经奄奄一息的帝国身上进行了一次大手术。1901年1月29日，丧权辱国的《辛丑条约》签订仅仅半个月之后，慈禧太后便以光绪皇帝的名义颁布上谕，命督抚以上大臣就朝章国政、吏治民生、学校科举、军制财政等问题详细议奏。4月21日，朝廷又下令成立了以庆亲王奕劻为首的“督办政务处”，作为筹划推行“新政”的专门机构，同时任命李鸿章、荣禄、昆冈、王文韶、鹿传霖为督办政务大臣，刘坤一、张之洞为参与政务大臣，总揽一切“新政”事宜。 由此，一场旨在挽救帝国的行动全面展开。人们惊奇地发现，原来再“老”的脑袋中也会有“新”点子。

这场由中央领导的自上而下的改革非常全面，几乎涉及国计民生的方方面面。军事方面，政府不惜投入巨大的人力物力财力编练“新军”，力图首先在军事面貌上焕然一新，这可是维护王朝长治久安的最大法宝。经过短短3年的努力，国防部（兵部）就宣布编练成“新军”36镇（大致相当于师）。1906年11月，朝廷遵循国际惯例，将兵部改为陆军部，统一指挥全国“新军”。实际上，直到王朝覆灭时，真正编练成的“新军”只有约16万人，远远不到36镇。但无论从装备还是军容上看，这支军队仍赢得了各国同行的称赞。经济方面，政府改变以往重农抑商的思维，全力振兴商务，奖励实业，并于1903年9月专门设立了商部，倡导官商创办工商企业。文化教育方面，1905年，朝廷居然以大无畏的气概废除沿袭了千余年的科举，同时大办学堂，广派留学生。虽然因囊中羞涩无法推行义务教育，但能做到这一步也算是破天荒的开明了。要改革就要动真格的，而改革官制和整顿吏治也表明了朝廷的决心。为了尽快与国际接轨，清王朝不仅设立了外交部等机构，还顶着巨大压力打破了许多高层人士的“铁饭碗”。结果在这波改革大潮中，就连一些省部

直到1901年，当大清王朝与列强签订了丧权辱国的《辛丑条约》后，惊魂未定的慈禧太后才返回京城。

级高官都被迫下岗。

不过随着改革的逐步深入，清王朝却郁闷地发现，帝国臣民们不但不感恩戴德唱赞歌，胃口反而越来越大了。到1905年，朝野各界纷纷要求朝廷结束专制政体，实行什么宪政，这岂不是让王朝伤筋动骨吗？而这一局面之所以会出现，还要怪该死的小日本。

原来在1904年，也就是中日甲午之战的十年后，为了争夺在中国东北的利益，两个帝国主义竟悍然在中国的土地上开战了。令大清王朝深感耻辱的是，这两家邻居谁也招惹不起。一家是庞大无比的老牌北极熊，多年来一直在中国北方虎视眈眈；一家是迅速崛起的小巨人，十年前刚刚把中国老大哥痛揍了一顿。如今这一老一小在东北展开较量，虽然那里是大清的龙兴之地，可又能怎么样？既然谁也惹不起，那就静观其变吧，看看到底是谁死得难看。于是，近代世界史上最奇怪的一幕发生了，两个国家在第三国开战，而东道主却宣布“局外中立”，并“热情”地专门为两家邻居划出一块交战区。虽然战火中自家的老百姓遭了大罪，但朝廷却也总算有所收获。

对日俄两国的战争，清王朝本来是有自己的小算盘的，即希望借俄国人之手教训一下小日本，也算能为自己10年前的屈辱出一口气。然而出人意料的是，随着战局的发展，之前的许多预测都成为了笑谈。就像10年前甲午战争时外界普遍看好大清一样，这次人们也普遍看好俄国。毕竟从综合国力上看，这个老牌的庞大帝国要远远超过小小的日本。却不料就像10年前发生的一模一样，日本这个小岛国又一次打败了庞然大物。对这样的结局，日本人自然欢天喜地，而中国人却开始深思。如果说10年前日本获胜可能还存有一丝侥幸的话，那么这次呢？经过认真思考，人们得出一个结论：日本之所以能战胜俄国，其主要原因就在于其实行的是君主立宪

清末内阁官员，19世纪末。

制政体，而俄国却是君主专制。对这一点，即便是国内最顽固保守的人士也表示认同。有了这样一个合理的解释，恍然大悟的中国人似乎一下就找到了强国的灵丹妙药。既然立宪有如此大的威力，那大清王朝还等什么呢?

认识一旦统一了，行动也就不再困难。舆论界最先行动起来，纷纷不惜笔墨地宣传立宪的好处。在当时的中国，几乎人人都在谈论立宪。有报道称，上自王公贵族，下到普通学生，人们都在异口同声地高呼“立宪，立宪”。受此影响，各地的封疆大吏如张之洞、袁世凯等人也纷纷向朝廷上书，请求实行立宪政体。至于见多识广的驻外使节，也不断奏请朝廷效仿英、德、日等国。据说在1906年，当慈禧太后向大臣张之洞询问如何才能平息海外留学生的敌对情绪时，后者毫不犹豫地说“只须立宪，此等风潮自然平息”。可以说，在当时的中国，人们天真地以为，只要实行立宪，就能立竿见影地使国家摆脱困境。

不过有了菜单并不一定就能做出好菜。虽然大家在齐声欢呼立宪，但立宪究竟是怎么回事，慈禧太后不清楚，大臣们不明白，就是极力倡导者也感到茫然。于是又有许多人提议，派遣一批官员出洋去考察其他国家的宪政，进而为开创大清特色的宪政事业提供参考。

眼看众意难违，加上大家都把立宪说得天花乱坠，慈禧太后也动心了。1905年7月16日，朝廷专门为此下发了一道谕旨，其中提到：现在时局艰难，头绪众多。一直以来，朝廷都力图通过变法振兴国家，不过效果并不明显。为了彻底走出以往的误区，现特派载泽、戴鸿慈、徐世昌、端方等大员分别带队出洋考察。中央如此明确的表态，随即引发全体国民的热议。第二天，各大报纸都在显要位置刊登了朝廷发布的上谕全文。对这次大臣出洋考察，社会各界都寄予了厚望。与此同时，海外舆论也对中国的动作高度关注。德国的一位观察家还特别强调：“他们此次出洋是为了学习日本、美国和重要的欧洲国家的宪法、政治制度和经济体系，特别是有着极大的可能，将西方的宪法、政治制度和经济体系结合中国的情况移植到中国去。”

而在国内，有关人员已开始紧张地忙碌起来。根据朝廷最初的安排，出洋考察大臣包括如下五位：镇国公载泽、户部侍郎戴鸿慈、兵部侍郎徐世昌、湖南巡抚端方和商部左丞绍英。载泽、戴鸿慈和绍英率领一路人马，负责考察俄、美、意、奥诸国，重点考察宪政；徐世昌和端方率领一路人马，负责考察英、德、法、比诸国。为了拟定这份名单，朝廷可没少费脑筋。这五人的身份和官职不一，有皇室成员，有地方大员；有负责财政的，有负责军事的。而当时舆论界对这五人也是颇为满意的，因为他们虽然背景不同，但都算是新派人士，其中湖南巡抚端方尤其具有代表性。

端方，清末立宪出洋考察团五大臣之一。

戴鸿慈，清末立宪出洋考察团五大臣之一。

端方（1861～1911），满洲正白旗人，历任湖北、江苏、湖南巡抚，后署理湖广、两江总督。虽然此人出身满清贵族家庭，但与大多数八旗子弟不同，他聪明好学、勤奋要强，是满洲贵族中为数不多的举人，因此在步入仕途后颇受朝廷器重。戊戌变法结束后，因与维新派关系密切，端方一度被革职。后来，通过贿赂慈禧太后的心腹刚毅，加上在八国联军入侵期间护驾有功，他再次得到重用。不过作为满洲贵族中难得的人才，端方对各种新思想都比较包容，对新式教育事业尤其支持。在1901—1905年担任湖北、江苏及湖南等省领导人期间，他就积极推动新式教育、兴办学堂并派遣大批留学生，甚至将自己的儿子送往美国留学。正因如此，端方被许多人视为满洲官僚中的新派人物，具有很高的声望，因此朝廷最终选定他作为出洋考察负责人之一。

对此次出洋考察，端方显然有自己的见解。就在出发之前，慈禧太后特意召见了端方。一番寒暄之后，慈禧太后忧心忡忡地问端方："如今新政都已经实行了几年，你看还有什么该办，但还没有办的？"后者直截了当地说："尚未立宪。"慈禧太后又问："立宪有什么好处？"端方说："立宪后，皇位则可以世袭罔替。"随后他又根据自己对立宪的理解，仔细向慈禧太后上了一番政治课。因此在后世，许多论者都认为，在促使清廷下决心实行立宪的过程中，端方起到了关键的作用。

朝廷派员出洋考察的计划拟定后，各地方官员纷纷以实际行动表示支持。为了尽快凑齐考察所需经费，各省一反常态地积极拨款，短短两个月便筹集了80余万两银子，这笔钱对考察团而言可谓绰绰有余。正所谓万事俱备，只欠东风。在万众期待中，考察团热血沸腾地准备出发了。

1905年9月24日，帝国首都北京，五大臣率领庞大的考察团，浩浩荡荡来到正阳门火车站。为了表示欢送，沿途被布置得彩旗招展。在鼓乐声中，载泽、徐世昌、绍英、戴鸿慈和端方五位大臣分别登上专列。随着刺耳的汽笛声响起，火车缓缓启动，准备驶离车站。不料就在这时，火车内突然传出一声巨响，只见一团浓烟从车厢中冒出。人们随即意识到，车上有炸弹！顿时，现场陷入一片慌乱。警察匆忙赶来后上车察看，发现五位大臣中载泽和徐世昌略受轻伤，而绍英则伤势较重，只有戴鸿慈和端方毫发无损。

经过对现场的勘察，警方最终认定凶手系一位名叫吴樾的革命党人，他本人也当场身亡。吴樾，字孟侠，安徽桐城人，原本是一名读书人，后变为激烈排满的革命党。与当时许多革命党人一样，他也深受暗杀思潮的影响，认为只有将暗杀与革命结合起来才能推翻满清王朝。当听说清廷选派五大臣出洋考察的消息后，吴樾便决定要利用这次机会策划一起惊天大案。当天，他换上车站工作人员的服装，趁乱混上了火车。原本他准备向登上火车的五大臣投掷炸弹，与他们一起同归于尽。不料由于技术的原因，当火车启动时，由于剧烈的摇晃，还没来得及瞄准，吴樾手中的炸弹便爆炸了，最终造成这样的结果。

闻听该消息后，慈禧太后不禁又惊又气。惊的是革命党人居然敢光天化日来个自杀性恐怖袭击，气的是暗自感慨不改革难，要改革也难。在对受伤大臣进行了一番慰问之后，据说惊恐不已的老太后赶紧命人在后宫挖了一条地道以防万一。唯一令她宽慰的是，当时的社会舆论几乎一边倒地谴责恐怖袭击。人们都纷纷表态支持朝廷的出洋考察，鼓励其千万不要被困难吓倒。即便是亲身经历了凶险的五位大臣，也没有丝毫的退缩。态度最坚决的端方很快就奏请催促再次出发，力劝朝廷不要因为一颗炸弹就打退堂鼓，以免国际社会笑话。就是身受重伤的绍英，在听说有人讽刺他借口养伤而退缩时，也颇有气概地宣称"如果我死而宪法立，则死而荣生，死我何惜。各国立宪，莫不流血，然后才有和平"，并强烈请求继续按计划行事。

去还是不去,这是个问题。

就当慈禧太后为此而深感纠结时，被日本打败的俄国也于10月宣布要推行宪政。作为同样在进行政治检讨的老牌专制帝国，中国自然深受震动。在舆论界的推动下，慈禧太后当即召见载泽等人，命令他们抓紧准备出发。12月，朝廷决定再次派遣大臣出国考察宪政。由于绍英受伤未愈、徐世昌另有任用，便临时由山东布政使尚其亨和顺天府丞李盛铎二人替换，五位大臣仍按原计划兵分两路进行考察。

为了安全起见，五大臣分批出发并对外界保密。12月7日，端方和戴鸿慈带领首批考察团从正阳门火车站出发。到天津后，考察团转赴秦皇岛乘坐刚刚从德国购买回来的"海圻"号军舰前往上海。稍作调整后，考察团一行共33人于19日登上美

革命党人吴樾，在刺杀清朝出洋考察团五大臣行动中殉难。

李盛铎，出洋考察五大臣之一。

国太平洋邮船公司“西伯利亚”号驶向他们的第一个目的地日本。大约一个月后，由载泽、李盛铎和尚其亨率领的第二批考察团同样由上海出发，乘坐法国轮船公司的“克利刀连”号扬帆起程。

对这两支中国出洋考察团，国际舆论表现出了高度关注。1906年2月12日，英国《泰晤士报》就发表了一篇题为《中国人的中国》的文章，该文评论说：“人民正奔走呼号要求改革，而改革是一定会到来的……今天的北京已经不是几年前你所知道的北京了。”当端方、戴鸿慈使团由日本横滨抵达美国檀香山时，当地华人纷纷前往热烈欢迎。而使团访问波士顿时，市政府还特意升起了清朝的龙旗。1906年1月24日，适逢中国的除夕，当天，端方、戴鸿慈与驻美公使梁诚等乘马车到白宫拜访了美国总统西奥多·罗斯福。罗斯福总统在接见完考察团之后，还给光绪皇帝写了一封热情洋溢的信。稍后，载泽团也在美国考察了一番。离开美国，两支考察团又相继抵达欧洲，访问了英、法、比、德、奥、丹麦、瑞典、挪威等国，最终于1906年7月回国。

载泽等五大臣出洋考察归来以后，纷纷向朝廷进行了汇报。根据对各国政体的比较，朝廷最终效法日本的立宪君主制。1906年9月1日，清廷发布“预备立宪”上谕，表明立宪决心。第二天便宣布改革官制，派载泽等14人拟定改革方案，大清王朝历史上最有力的一次政治体制改革就此开始。

1908年8月，在各地立宪派的强烈要求下，清廷终于颁布了《钦定宪法大纲》，制定了实行立宪政治的“路线图”：预备立宪期限定为9年，1908年筹办谘议局、颁布城镇乡地方自治章程、国民普及教育、编订重要法典等；1909年举行咨议局选举、颁布资政院章程、人口调查、设立各级审判厅等；1910年资政院开院、筹办厅州县地方自治、颁

当时讽刺朝廷立宪行动迟缓的漫画。

布文官考试制度等；1911续办各级地方自治、颁布地方税章程等；1912年各级地方自治初具规模……放眼全世界，就政治改革事业而言，如此惊人的“中国速度”的确是空前绝后的。

然而天有不测风云，就当政治体制改革刚刚起步阶段，大清王朝名义上的统治者光绪皇帝和实际上的统治者慈禧太后却在1908年11月相继去世。随即，年仅三岁的溥仪登基，改元宣统，由皇帝的生父载沣摄政。遗憾的是，虽然长久以来人们都对慈禧这个老太婆充满了憎恨与厌恶，但不得不承认她的死去一下使帝国失去了政治凝聚力。而作为新的执政者，无论是能力还是性格，摄政王载沣和隆裕太后显然都不足以领导国家。就在这样的情形下，来自立宪派的压力却越来越大，就连当年的大清状元张謇，也掉转枪口，带头发动群众向朝廷施压，要求尽快落实立宪政策。

张謇，字季直，光绪二十年（1894）状元。虽然顶着“状元”的光环，但此公后来却对官场失去了兴趣，转而“下海”办起了实业。经过十年奔波，他在江苏南通创办了大生纱厂和农垦公司等一系列大型实业，因此在南方各省拥有极高的声望。1904年3月，朝廷封张謇为三品官衔，并任命其为“商部头等顾问官”。而此时的张謇，由于受到在日本考察的震动，开始积极投入立宪运动，并成为立宪派的领袖人物。正是在他的主持下，立宪派先后展开了三次国会请愿运动。

1909年10月，时任江苏咨议局议长的张謇通电各省咨议局，建议组织国会请愿同志会。次年1月，各省请愿代表团代表到达北京，向都察院呈递了“速开国会”请愿书，要求朝廷在一年之内召开国会。在被拒绝后，6月初，各省代表们再度进京请愿。为了壮大声势，组织者还收集了30多万个签名。据说摄政王载沣看到如此多的

张謇，本位清末状元，后投身实业，并致力于立宪运动。

清末著名立宪派人士汤寿潜。

签名时，也曾忍不住拍案大呼："人民请愿如此之多，倘再不准，未免大失民心！" 不过最终，这次请愿仍然没有结果。紧接着，立宪派又在一个月后组织了规模更大的第三次国会请愿活动，就连南洋、美洲和日本等地的华侨也纷纷致电或派出代表到北京以示支持。10月22日，资政院通过了速开国会案。在民众的请愿热潮下，各省督抚也受其感染，10月25日，由东三省总督锡良领衔，湖广总督瑞澂、两广总督袁树勋等18个督抚及将军都统联名上奏，请求立即组织责任内阁，明年召开国会。

无奈之下，朝廷不得不做出让步。1910年11月4日，摄政王载沣宣布将原定为九年的期限提前三年，改于宣统五年（1913年）召开议院。1911年5月8日，朝廷裁撤旧内阁和军机处，设立责任内阁，不久又公布内阁名单：总理大臣奕劻（宗室），协理大臣那桐（满）和徐世昌（汉），外务大臣梁敦彦（汉），民政大臣肃亲王善耆（宗室），度支大臣载泽（宗室），学务大臣唐景崇（汉），陆军大臣荫昌（满），海军大臣载洵（宗室），司法大臣绍昌（宗室），农工商大臣溥伦（宗室），邮传大臣盛宣怀（汉），理藩大臣寿耆（宗室）。内阁总共13人，满族即占到9人，其中皇族7人，汉族竟然只有4人。看到这份名单后，舆论顿时一片哗然。结果，这个"皇族内阁"彻底伤透了立宪派的心，后者也因此迅速倒向了革命派。而仅过了半年后，辛亥革命的枪声便在武昌响起了。

关于清王朝在垂危之际推行的政治改革，后世一直众说纷纭。长期以来，人们大多认为，由于顽固的满清统治者迟迟不愿意实行改革，结果才迅速覆亡。不过近来也有学者指出，清王朝之所以因改革失败而灭亡，恰恰是由于步子太快造成。对这一点，可能当时局外人的头脑要更清醒一些。早在1909年，

福建咨议局开会情形，1908年。

1909年1月，第一次速开国会请愿运动代表合影。

1910年，清王朝破天荒的机构——资政院。

1909年6月，速开国会第二次请愿运动代表摄影。

1910年5月，清朝的第一届责任内阁成员合影。由于该内阁被视为“皇族内阁”，因此清王朝的立宪改革也彻底失去民心。

当中国国内的立宪运动正如火如荼时，日本首相桂太郎就毫不客气地表示：“立宪和国会等制度是好的，但需要很长时间的准备，中国现在走得太快，一定会出问题的。”而另一位日本政治大佬伊藤博文则向西方人预言：三年之内，中国将爆发革命！

实际上从事后的效果看，改革不但没有缓解清廷岌岌可危的政治形势，反而诱发了许多先前潜在的不稳定因素。也就是说，由于此前所挖的坑太深了，到清王朝真想通过改革自救时，其实已失去机会了。

许多西方人还饶有兴趣地亲自到现场体验中国式审判，拍摄于19世纪末期。

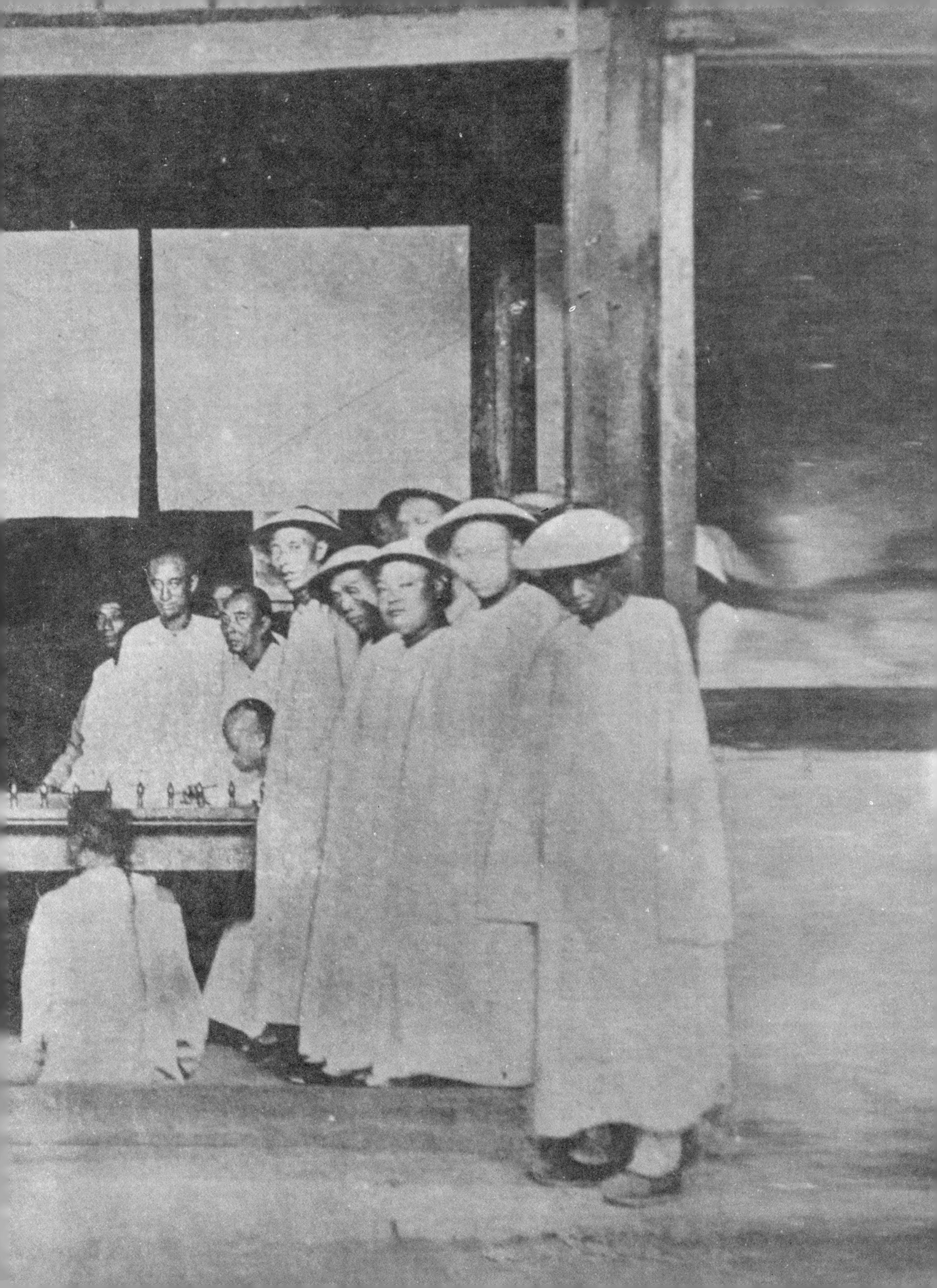

第四章 东方怪象

"你站在桥上看风景，看风景的人在楼上看你"——晚清时期的中国与西方似乎正是处于这样一种语境之中。当中国人以好奇的目光审视着接踵而至的西方人，并且远涉重洋去寻求"真经"时，对方也在怀着复杂的心态审视这个奇特的国度。遗憾的是，西方人对中国仰视的时代已经成为历史，曾经弥漫于整个欧洲大陆的"中国热"在他们的傲慢中变成了一种记忆。而现在，面对这个古老而破旧的帝国，西方人大多戴着猎奇的有色眼镜，将大清帝国境内的各种"风景"无限放大，从而在极大程度上影响了他们的后代对中国的看法。一百多年后，当我们重新面对当时西方人所留下的各种经典影像时，又该作何感想?

晚清时期死刑的一种——站笼，西方人印象最深的中国式酷刑之一。1900年，詹姆斯·利卡尔顿拍摄。

一、可怕的东方式刑罚

当西方人进入晚清时期的中国后，肯定会对所见到的一切事物都感到好奇。尽管此前已有众多传教士发回了一系列有关中国的报道，但实际上这其中有许多不真实的成分。如前所述，由于17、18世纪正逢欧洲出现“中国热”，因此绝大多数关于中国的报道都不乏溢美之词。所谓耳听为虚，眼见为实。当一心想打开中华帝国贸易大门的西方外交官和商人来到这里时，却惊奇地发现，原来以往那些传教士们的报道都是“虚假宣传”。一些人甚至会愤愤不平地抱怨，什么中国式的繁荣、和平、仁慈、文明，全都是骗人的鬼话！尤其是鸦片战争后，随着越来越多的西方人进入中国，他们的这种感受就越来越深。渐渐地，自认为更加“文明”的他们不再以仰视的目光看待这个没落的封建王朝，而是怀着猎奇的心态用有色眼镜审视所看到的一切。其中，形形色色的东方式刑罚无疑给西方人留下了最深刻的印象，他们当时所留下的各种经典影像，至今仍产生着强烈的视觉冲击。

本来在18世纪中期之前，受“中国热”的影响，西方人对清王朝的司法制度评价是很高的。法国著名思想家就曾认为：“如果说曾经有过一个国家，在那里人们的生命、荣誉和财产受到法律保护，那就是中华帝国。”不过到18世纪末期，当以马戛尔尼使团为代表的西方人亲眼目睹了中国的实际情况后，清朝的形象便开始发生变化。他们发现，在这个古老的封建帝国内，几乎随处都能看到滥用刑罚的现象。在马戛尔尼使团中，一位名叫威廉·亚历山大的随团画师就将他所看到的许多可怕场景用画笔描绘了下来。由于当时摄影技术还没有正式诞生，因此这些画作应该算是第一手的图像资料了。在亚历山大的画笔下，诸如打板子、戴枷、穿耳等酷刑都被描绘得惟妙惟肖。

回到英国后，亚历山大等使团成员还向西方人详细介绍了这些酷刑的有关资料。例如在对一幅描写“打板子”的画作配文字说明时，亚历山大写道：“打板子在中国是一种普遍使用的刑罚，施刑对象主要是轻微的犯罪者，对各阶层的人都会使用。在审判时，如官员判的板子数量少，人们就认为这乃是温和的惩罚或宽宏的恩赐，犯人就要向官员磕头，感激这种恩典。如果官员的职位低于蓝顶子官级，那么他上级就有权用打板子这种方式惩罚他。如果是地位高于蓝顶子的官员，就只有皇帝才能决定是否打板子。‘板子’这件刑具是用劈开的竹子做的，有几英尺长。施刑时打在受罚人的屁股上，罪责越重，判的板数越多。挨板子的人若犯的是小过错，他就一定会想方设法努力活动，说服执掌竹板的人轻打，不过必须要假装用力，以瞒过判官。至于从轻的程度，要看付多少酬金。据说有人愿意收钱替别人受刑。如果打到八十到一百大板，受刑的人就会受重伤甚至丧命。”与亚历山大一样同为使团成员的斯当东也对这一刑罚留下了深刻的印象，他说：“被打一顿板子，在欧洲人看来是一件非常耻辱的事。但在中国，对任何人只要不是官吏，简略审问一下之后就可以责打一顿。总督不但有权撤换下级官员，而且对之施行除了杀头外的任何处分。中国老百姓的地位已经低到无可再低，即使被打一顿板子，他们也并不感到什么耻辱。中国政府采取体罚制度的目的，在于维持社会安宁，因此就完全不顾及个人的人身安全保障。死刑必须经过法庭的审判才能决定。但中国没有陪审制度来核对事实。法官判案不重口头提出的证据，除非这些证据配合一定的事实和文件证明。为了逼问口供和同谋党羽，法庭上经常施行拷打。”在一幅描写戴枷的画作下面，亚历山大是这样解释的：“它是一块沉重的木板，中间有一个洞；或者

马戛尔尼使团访问中国期间的见闻，大清王朝的官员可以随心所欲地对百姓施加刑罚。亚历山大绘制，1793年。

说它是用两块木头拼起来的，中间空的部分正好卡住脖子，很像古代英格兰用过的颈手枷。除了中间一个洞外，旁边也还有两个洞卡住犯人的双手。有的犯人受到优待，只卡一只手，这样可以让他用另一只手抬起枷板，减轻压在肩上的分量。枷上卡头的这部分，是通过用铁钉把两块木块连起来制成的。为了保险，还要在接缝处糊上一张纸封条，上面用大字写上受惩的原因，再加盖官府的印章。这件象征耻辱的刑具的重量，通常在六十到二百磅之间。至于使用多重的枷，则要根据犯人戴枷时间的长短及犯罪轻重而定。”值得一提的是，据说有一次一名中国人冒犯了马戛尔尼使团成员，结果竟被判处穿耳刑，亚历山大也将这一场面画了下来。

毫无疑问，由于当时的英国已基本建立起资本主义司法体系，因此对清王朝司空见惯的酷刑现象，马戛尔尼一行自然难以理解。一名使团成员就表示，自来到中国后，几乎每天都能见到官员责打百姓，就好像这是他们的日常功课一样。1801年，威廉·米勒根据亚历山大的画作写成《中国的刑罚》一书。该书共计收辑了包括审讯、捉拿罪犯、刑讯及笞、杖、徒、流、死等各种刑罚，甚至还有一些如割脚筋、枷床、站笼等较为独特的酷刑。书中的22幅插图刻画精细，人物造型准确生动，刑具与刑罚的场面非常逼真，堪称研究清朝刑罚制度的宝贵资料。

当时的西方人可能不会想到，在不久的将来，他们自己也会体验到恐怖的东方式酷刑。

1784年，在广州黄埔港内，当一艘英国船向第一次到中国的美国船鸣礼炮致敬时，不幸造成了岸上一个中国人的死亡。结果，该英国船的老板被当地官府逮捕。中国官员下令，如果三天之内交不出凶手，船老板将被绞死，而且英国东印度公司驻广州的商务监督也要被逮捕，甚至还要永久停止西洋各国一切对华贸易。重压之下，船长被迫将一名老年炮手交给当地官府。尽管他一再声称此事纯属意外，但那名可怜的炮手还是被处以绞刑。可能正是通过这起事件，西方人开始切身体会到了

戴枷者。詹姆斯·利卡尔顿1900年拍摄。

戴枷者，19世纪末。

东方式酷刑的恐怖。而随着西方对华贸易的日益活跃，类似的事件也屡屡上演。1821 年，一艘美国船上的船员失手将瓦罐扔到中国农妇头上，致使后者伤重而死，结果同样被处以绞刑，尸体则被送还船上。数年后，一名英国水手打死了广东村民林维喜，中方同样坚持要对肇事者处以绞刑。虽然此时翅膀渐硬的英国人最初拒绝交人，但经过一番激烈较量，他们仍无可奈何地被迫交出凶犯。也就是从那时起，西方人决定不向中国地方当局交犯罪嫌疑人，除非此人已经受到本国审判，并明白无误地证明他确已犯了杀人罪。为了达到这一目的，他们就必须先在战场上打败中国，然后获取治外法权。因此后来有人指出，在鸦片战争爆发的背后，这一原因也起到了重要的推动作用。

实际上，那些坚持要处死肇事洋人的中国官员并没有错，因为按照当时的大清法律，只要是杀了人，不管是故意杀人、过失杀人还是正当防卫，都没有什么区别，其结果都是一个“死”字。必须指出的是，在当时的西方，死刑也是很普遍的，据说在英国，只要盗窃价值超过12便士的财物就会被判处死刑，因此西方人也并非不能接受死刑。而他们之所以对清朝的判决不满，主要这因为在中国官员那里，根本就没有审判和上诉，其实际情况往往是“一个被指控为犯有罪行的人，仅凭他被控诉一事，就可以被假定为有罪。聘请律师帮助是被禁止的，审判的主要目的是为了迅速结案、恢复秩序而不在于确定事实和恢复公平正义……任何人在中国法庭受审时，都有可能会面临着被刑讯逼供的危险。对外界表现精心执法的最为公开的办法，就是简单地宣告‘一命抵一命’。”

正因如此，鸦片战争前后来到中国的西方人开始批判清朝的刑罚制度，认为其是“最野蛮的时代的产物”。而随着在这个古老帝国呆的时间越长，他们就会发现更多触目惊心的酷刑。众所周知，在古代中国历史上，曾出现过许多极其残忍的酷刑，诸如剥皮、腰斩、车裂、凌迟、斩首乃至烹煮等，都与近代以来的文明背道而驰。而作为最后一个封建王朝，清朝在这方面并没有多少改变。诚然，在欧洲中世纪也曾出现过各种酷刑，但到19世纪后，西方各国已建立起近代意义上的司法体系时，而中国却仍在执行延续数千年的古老刑罚，这自然导致旁观者的好奇与嘲讽。于是在他们眼里，中国便成为一个难得的标本，一个猎奇的对象。在整个19世纪，许多来华西方人用他们的画笔和相机记载了这个国度的酷刑表演。从某种程度上讲，今天的中国人还要感谢这些“猎奇者”，正是通过他们留下的文字和图片，使我们能更直观地感受到那些恐怖的现场。

实际上，西方人完全没必要对他们在中国看到的这些大惊小怪。因为他们也无法否认，在天主教统治欧洲的中世纪，为了惩罚所谓的“异端”分子，宗教裁判所发明了无数种酷刑，丝毫没有人道可言。即便是在经历了启蒙运动，教会统治退出历史舞台后，欧洲在相当长一段时期内仍保留了集体行刑的习惯。据记载，每当城市里有犯人被公开处死时，通常有数万名贵族和平民如同看戏一样前往观看。贵族们还抢占有利座位，打扮得花枝招展。由于众多人观看，死刑执行的时间就不能短，往往要先将犯人折磨一两小时。值得一提的是，如果受刑的死者不是乞丐、强盗之类的普通人，而是国王、贵族等有身份地位的人，行刑之后观众还会争抢犯人的衣物，甚至争食犯人的肉体！而在法国大革命期间，以民主、自由标榜的革命者也经常当众行刑。即便是号称最尊重人权的美国，直到20世纪早期仍对黑人采取酷刑。与中国古代通常将死刑犯的尸体或人头悬挂于城门之上类似，西方则悬挂于广场或市中心。1755年，据说在美国马塞诸塞州处死一名黑人后，竟将其头颅在市中心悬挂了4年！

当然，总的说来，自19世纪以来，西方资本主义国家基本上已经告别了野蛮残酷的司法风格。也正因如此，可以说从司法的第一个程序——审判开始，西方人就对清朝的“国情”感到不可思议。美国外交官何天爵曾这样向他的同胞介绍：“在中国的法庭里，高高在上坐着的是审判官，其他的官员及旁听者等都要站立着。而犯人和证人则必须双膝下跪，两手触地匍匐在那里。只要审理不结束，他们就要一直在法庭上保持这种姿势。”他接着说：“非常普遍的，法官会在审判中途突然暂停，下令对堂下的人用竹板扇嘴巴，一直扇到嘴角流血。接着，法官会先警告受刑人如若再不从实招供，就会有大刑伺候，然后继续审判。法官也可能惩罚证人在链条上跪好几个时辰，或者将当事人用枷锁套起来，或者在长时间里限制当事人的吃饭喝水，甚至就完全不让他们吃饭喝水。其他更严峻的刑罚或者被法律明确禁止的刑罚在一些情况下也照用不误。”据何天爵回忆，他曾亲眼见证了三个中国人被迫认罪的过程：“每人的双手都被扭到背后，手腕被鞭子紧紧绑在一起。一根绳子拴住手腕的捆绑处，一头绕过大树的树干，把嫌疑犯悬空吊起来。这三个人在烈日下被吊晒了三小时，被放下来的时候都已经不省人事了。他们的手臂已经与肩膀脱臼，

中国式审判，在西方人眼中，这种司法体系无疑是令人感到震惊的。法国旅行家乔治·拉比（Musee Georges Labit，1862～1899）摄于通州某衙门，1889年。

胳臂被暴晒得发黑流脓。他们被叫醒后再经受了严峻的拷问，但是依然否认偷窃指控。然而，这三人一被威胁要继续遭受一遍刚才的刑罚，都慌不及待地承认自己犯有偷窃罪。”至于晚清时期的中国监狱，情形更令西方人无法接受，一些观察者甚至曾这样嘲讽道：“如果美国最差最受批评的监狱被搬到中华帝国的话，那么会有一半以上的罪犯和潜在的犯罪人急不可耐地作奸犯科，以便能进入高墙内获得一席之地。同时，里面的犯人也会一再强调自己的罪行，要求加重处罚，以便在这座‘最差’监狱内延长居留时间。”

相比之下，西方的媒体在这方面的报道则更加耸人听闻。1860年12月，《纽约时报》的一篇文章写道：“罪犯必须首先在这位官员面前下跪，并且他的手脚都戴着镣铐，很费劲地跪在石地板上。此人如果拒绝回答法官提出的任何问题，他就会立刻被旁边的衙役用木板掌嘴……如果这样还不够的话，会有人把他的辫子和大拇指、大脚趾捆在一起，然后吊起来，或者让他的膝盖直接跪到铁链子上，……直到开口。而此时，他的手脚早已伤痕累累、血迹斑斑了。”直到八国联军侵华时，联军统帅瓦德西曾亲临现场“观摩”了清朝的“法庭”。也不知是否特意要在这位“洋大人”面前表演一番，反正瓦德西震惊地发现：“每当坐堂开审之时，（法官们）先将犯人痛打一顿，使其明白供认。复次，再将证人痛打一顿，使其不作谎语……所用厚大之竹板——其中共有大小、厚薄两种——往往竟使受刑之人由此死去。”

如果说清朝特色的审判已使西方人感到不可思议了，那么形形色色的东方式酷刑更使他们目瞪口呆。许多初来乍到的西方人往往会惊奇地发现，在他们所游历过

对于中国式的这种审判方式，在许多西方人留下的照片中都有反映。拍摄于19世纪末期。

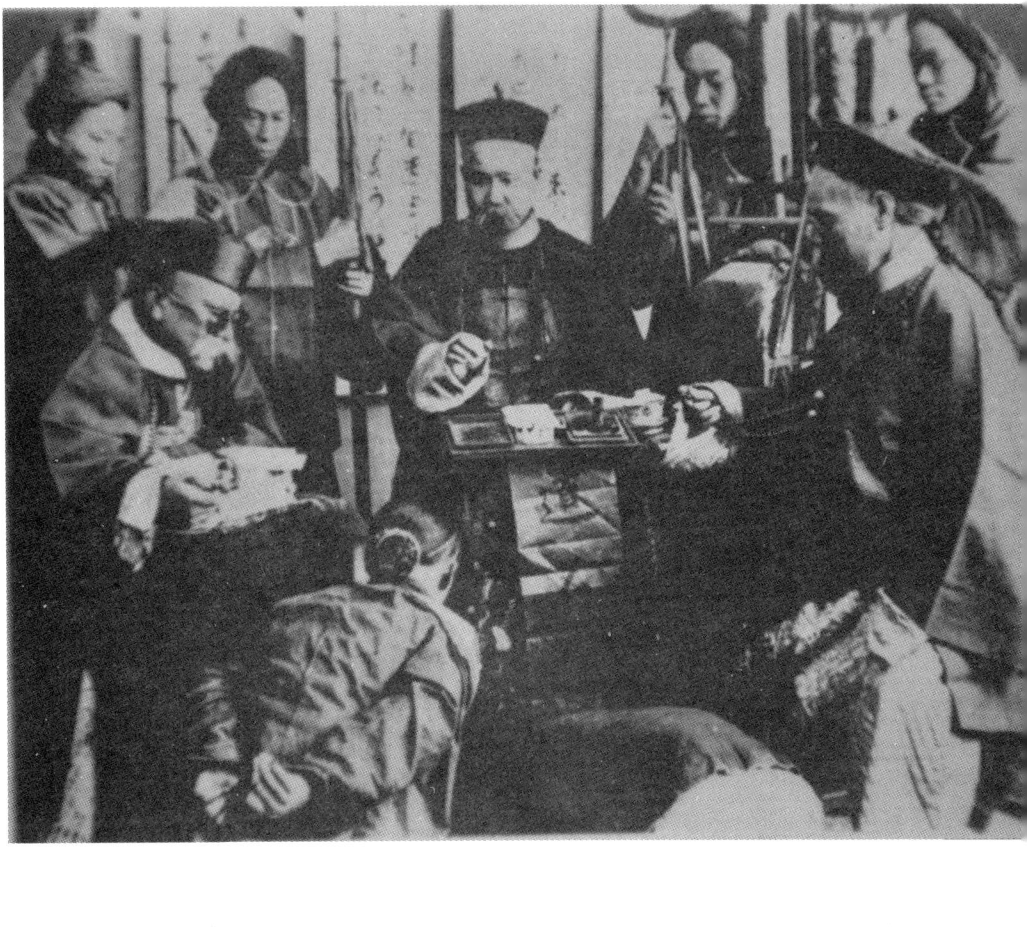

值得一提的是，或许是为了迎合西方社会的猎奇心理，在市场需要的促动下，中国本土的照相馆也将此类场面制成照片向海外发行。这张照片中的场景是人为布置的，属于摆拍作品，上海耀华照相馆制作于1882年。

的每一个城市，几乎都能看到公开行刑的场面，几乎每个繁忙的街市路口都高挂着几颗人头。例如在帝国首都北京的菜市口，那里就经常有刺激的砍头表演，而围观的民众又是那么踊跃和热烈。他们描述道，只见犯人跪在地上，双手被反绑在身后，头向前伸着，刽子手使用一把两个柄的沉甸甸的大刀，在犯人的脖子后部猛砍一刀，那人头就咕噜一声落了地。西方人还发现，中国人处死囚犯的花样还不止砍头一种，像站笼、钉刑、绞刑、凌迟等手法，简直令人目不暇接。例如“钉刑”，刑具由一根树立的木桩和一根横梁组成，构成一个十字的形状，犯人的手臂被牢牢地绑在横梁上，辫子也被绕在木桩上。中国的绞刑与西方也不同：将一根绳子先松弛地套在犯人的脖子上，从其脑后伸出一根棒子，然后刽子手就开始拧动这根棒子，一直到犯人断气为止。

不知是不是印象太深刻的缘故，近代来华西方人尤其对站笼和凌迟两种酷刑感兴趣，并留下了大量有关此类场景的照片，至今都散发出一种强烈的视觉冲击力。

站笼又称立枷，是枷号的一种发展后的形式，其发明之初只用来“枷示”轻刑犯人，是为了起到“警示”作用。但是后来统治者发现用这个方法可以使被枷示的犯人慢慢死去，于是立枷就逐渐变为站笼这种死刑了，并在清朝得到发扬光大。这种特制的木笼上端是枷，卡住犯人的脖子；脚下可垫砖若干块，受罪的轻重和苟延性命的长短，全在于抽去砖的多少。有的死刑犯会被如此示众三天后论斩，有的则被活活吊死。当西方人初次见到这种刑罚时，一定会有许多感慨：犯人被关在一个笼子里，笼子里堆了一些砖头，他踮着脚尖站在砖上，手被牢牢地捆在背后，而头

许多西方人还饶有兴趣地亲自到现场体验中国式审判，拍摄于19世纪末期。

西方人对于亲眼目睹的晚清酷刑，有时也用图画的方式描绘下来，19世纪末期。

站笼，西方人眼中的晚清酷刑之一，方苏雅摄于19世纪末期。

斩首，西方人最熟悉的中国式酷刑之一。威廉·桑德斯摄于19世纪70～80年代。

斩首，如同西方历史上曾经发生的一样，公开处决实际上成为一种具有表演性质的刑罚，德国士兵摄于1900年。

却伸出笼子之外，肩膀也正好被交叉的木条卡着。只要他把脚悬空或是踢走一块砖，几秒钟之内就会被吊死，从而结束自己的痛苦。19世纪末在云南一带广泛游历的法国人方苏雅，就曾重点拍摄了这方面的照片。

一位在中国生活了几十年的传教士曾这样写道："按中国人的说法，尽管上述处罚方式很残酷、很恐怖，但是比较起斩首惩处来，人们还是愿意接受上述方式。因为中国人认为，被斩首将是最为不幸的被处决方式。许多犯人之所以死在上述极残忍的惩罚之中，就是想自愿避开斩首惩罚。我们这些人很难理解中国人的这种怪异的想法。其实，这源于中国人的迷信观。因为他们相信阴间还有人群。而那里的人若是没有头颅是要遭到更大苦难的。若失去双手，仍可以寻找食物，掌握生活，而没有头颅，将一事无成，起码终生落个饿死鬼的境地。另外，由于没有头颅还将吓退许多有意成婚的女人。在阴间，没有任何一位女人愿意与没有头颅的人结婚。这样，整日饥饿无家的无头灵魂就会日复一日地在阴间流浪，饱受无穷的阴、阳两界的苦难。这种迷信观在中国人的心目中可谓根深蒂固，如果您随便提议哪位死刑犯选择一种处决方式，那么，几乎所有的人都不约而同地选择非斩首的方式，虽然这种方式很残忍、恐怖。"

清朝最令人惨不忍睹的酷刑，无疑非凌迟处死莫属了。直到20世纪初，来到中国的西方人还能看到这种恐怖的场面。在行刑现场，刽子手把罪犯胸前的皮肤一点一点割下来，然后刺穿心脏，割断手脚，最后砍掉头颅。而这一切，都被西方人的照相机忠实地"记录"下来。对这种场面，曾有一位西方人心有余悸地回忆道："在中国的刑事处决方式中还有一种较之上述更为残酷的，就是凌迟。这种方法只有印第安人做过。

这种处决方式的残忍之处在于，它将活着的人一刀、一块地割死。比如，执法的刽子手先是用刀砍下犯人的左膀右臂，然后再砍左膝右膝，挖出双眼等，割、砍的时间并不是立即完成，一般情况下需要持续三天左右。凌迟的最终结果是直至囚犯疼痛或失血死亡。” 值得一提的是，由于“猎奇者”将这种残忍野蛮、视觉冲击强烈的场景拍摄成照片传入欧洲，结果在很长时间内影响了西方人对中国的看法。以至于在此后30年间，许多西方人还认为最能代表中国人的事物就是凌迟。他们认为，这是世界上最残酷的刑罚，“比印第安人曾经用来惩治俘虏的刑罚还要残忍。”

鉴于晚清统治下酷刑的泛滥以及司法的腐败与落后，来华西方人始终坚持享受治外法权，他们再也不想使自己的子民受到摧残了。直到进入20世纪以后，在列强与清政府续订商约时，纷纷要求中国的律例与西方保持一致，否则绝不放弃在华领事裁判权。大势面前，已行将走向覆灭的清王朝终于决定“与国际接轨”，最终选定沈家本(1840～1913) 重新修订大清律例。1905年，根据沈家本的建议，清王朝终于宣布废除凌迟、枭首、戮尸等一系列酷刑。

清朝最令人惨不忍睹的酷刑——凌迟处死，西方人摄于19世纪末期。为避免对读者的视觉冲击太过强烈，本处特地回避呈现更血腥的照片。

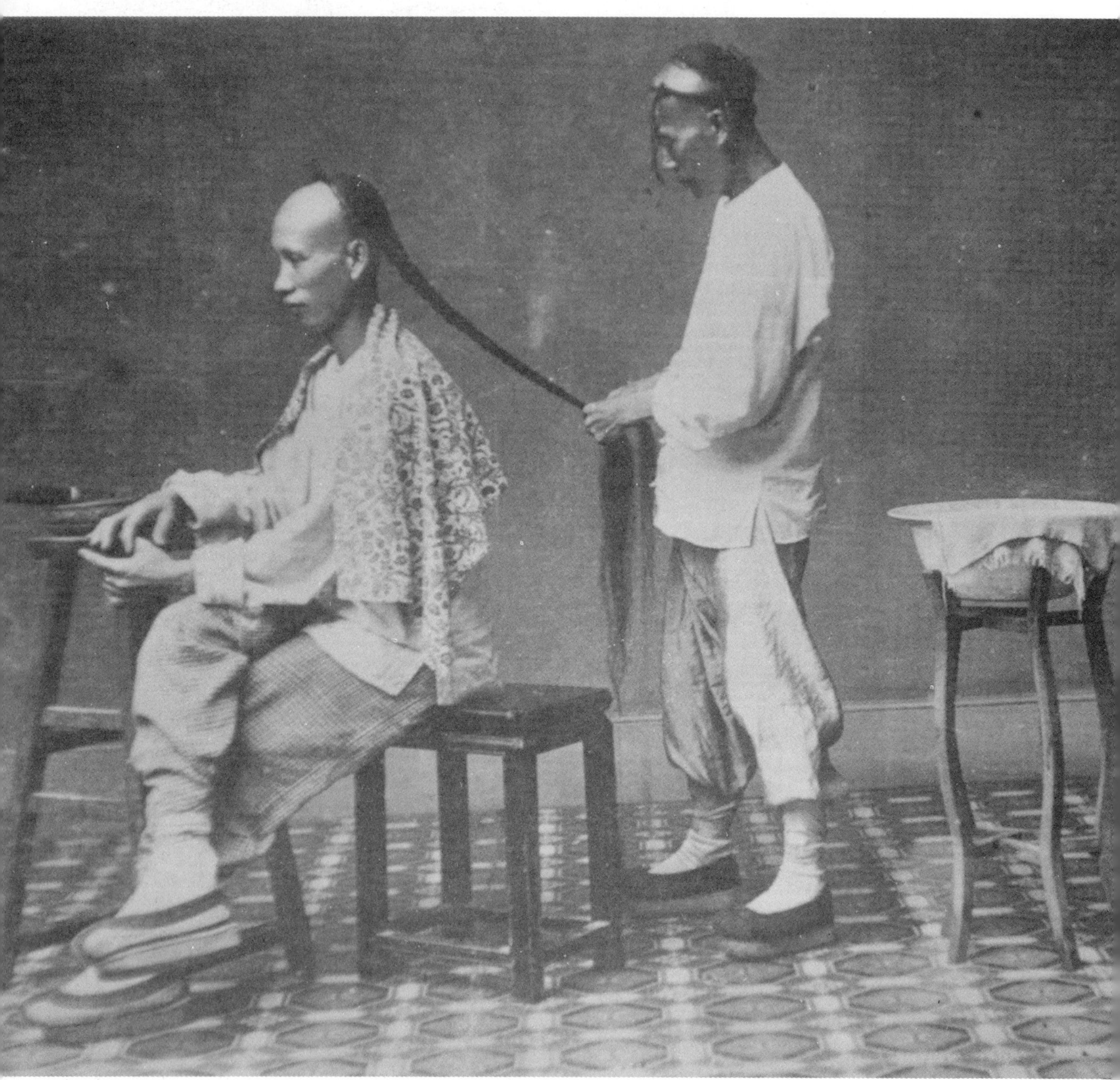

晚清时期男人打理辫子，约翰·汤姆逊拍摄于1871～1872年。

二、奇怪的辫子和小脚

对晚清时期来到中国的洋人来说，除了形形色色的酷刑场面之外，恐怕还有两样东西足以勾起他们的猎奇欲，那就是男人的头、女人的脚。

很多人可能还记得，在前些年的银屏上，各种名目的“清宫戏”曾经盛极一时。于是乎，观众仿佛一下子穿越到了大清帝国，只要打开频道，就能看见一群拖着大辫子的男人在面前晃悠，不禁令人感慨真是风水轮流转。好在审美总有疲劳的时候，今天的人们如果在大街上碰见这样另类的打扮，多半只会当成行为艺术。殊不知在一百多年前，正是因为男人后脑勺上的这根辫子，让中国着实在世界上抬不起头来。

让我们先把时针拨回到1922年。这年7月，紫禁城内发生了一件大事：前清皇帝溥仪居然剪掉了辫子。虽然已是民国十一年，但根据辛亥革命后的清朝皇室优待条例，紫禁城仍作为一个小朝廷存在，而溥仪也保留着皇帝的名号。却不料，在英文老师、英国人庄士敦的极力劝说下，这位末代皇帝竟不顾众多遗老及下人们的苦苦哀求，毅然剪掉了留了十多年的辫子。原来，身为西方人的庄士敦一向鄙视中国人脑后的辫子，讥笑它像条猪尾巴，这在很大程度上刺激了溥仪。经过一番思想斗争，有一天，他命令剃头太监把自己的辫子剪去，那太监顿时吓得面无血色，跪在地上苦苦哀求皇上另请别人。最终，还是溥仪拿起剪刀，亲手把辫子剪了下来。这事传到宫外后，一度在北京城引起了巨大轰动。实际上如果回顾一下大清朝的“辫子史”，相信很多人都会佩服末代皇帝还是很有魄力的。

回想起两百多年前，当大清朝刚刚统治中国时，为了这条辫子，多少人付出了血的代价呀。话说1645年清兵进军江南后，手段酷烈的多尔衮王爷开始不惜一切代价推行“剃发令”，规定清军所到之处，无论官民，限十日内尽行剃头，削发垂辫，不从者斩。为了能够顺利推行这项政策，满清统治者甚至喊出了“留头不留发，留发不留头”的口号。高压之下，虽然人们还对明朝那些事儿心怀眷恋，但毕竟枪杆子才是硬道理。在经历了嘉定三屠、扬州十日等惨烈的斗争之后，广大汉族人被迫放弃千百年的习惯，按照新王朝的规定剃发结辫，并改穿长袍马褂。说实话，单从审美学的角度讲，作为原本文明程度落后的少数民族，可能满清统治者也不一定认为他们的衣着打扮就比汉人的好看。但是为了摧垮汉人的斗志并保证满族的统治地位，他们仍坚持推行“剃发易服”。从事后的效果来看，满清统治者还真达到了目的。因为没过多久，一向善于适应的汉人便将本民族的服饰打扮彻底忘掉，迅速习惯了满族的发式和服装。一时之间，大清朝几乎所有的男子(和尚及先天秃头者除外)后脑勺上都挂起了一根长长的辫子。

说起这大清朝的辫子，其样式还经历了好几代的演变呢。最初，满人的习俗是只在头顶留一枚铜钱大小面积的头发，然后编成手指粗细的小辫子，并美其名曰“金钱鼠尾”。当时朝廷曾在颁布“剃发易服令”时扬扬自得地声称：“金钱鼠尾，乃新朝之雅政；峨冠博带，实亡国之陋规。”直到嘉庆朝以后，原先的“鼠尾”才逐渐演变为“猪尾”，到清末又进一步演变为半光头。而我们今天在影视剧中所看到的“清宫戏”，其实辫子大多是不合格的。

在清朝，男人们为了保持大半个脑袋寸草不生，这剃头便成了头等大事，否则光头的地方头发茬长了，那可是要掉脑袋的。因此他们便养成了“五天一打辫，十天一剃头”的习惯。至于大清皇帝本人，据说是每月初一、十一、二十一剃头，几

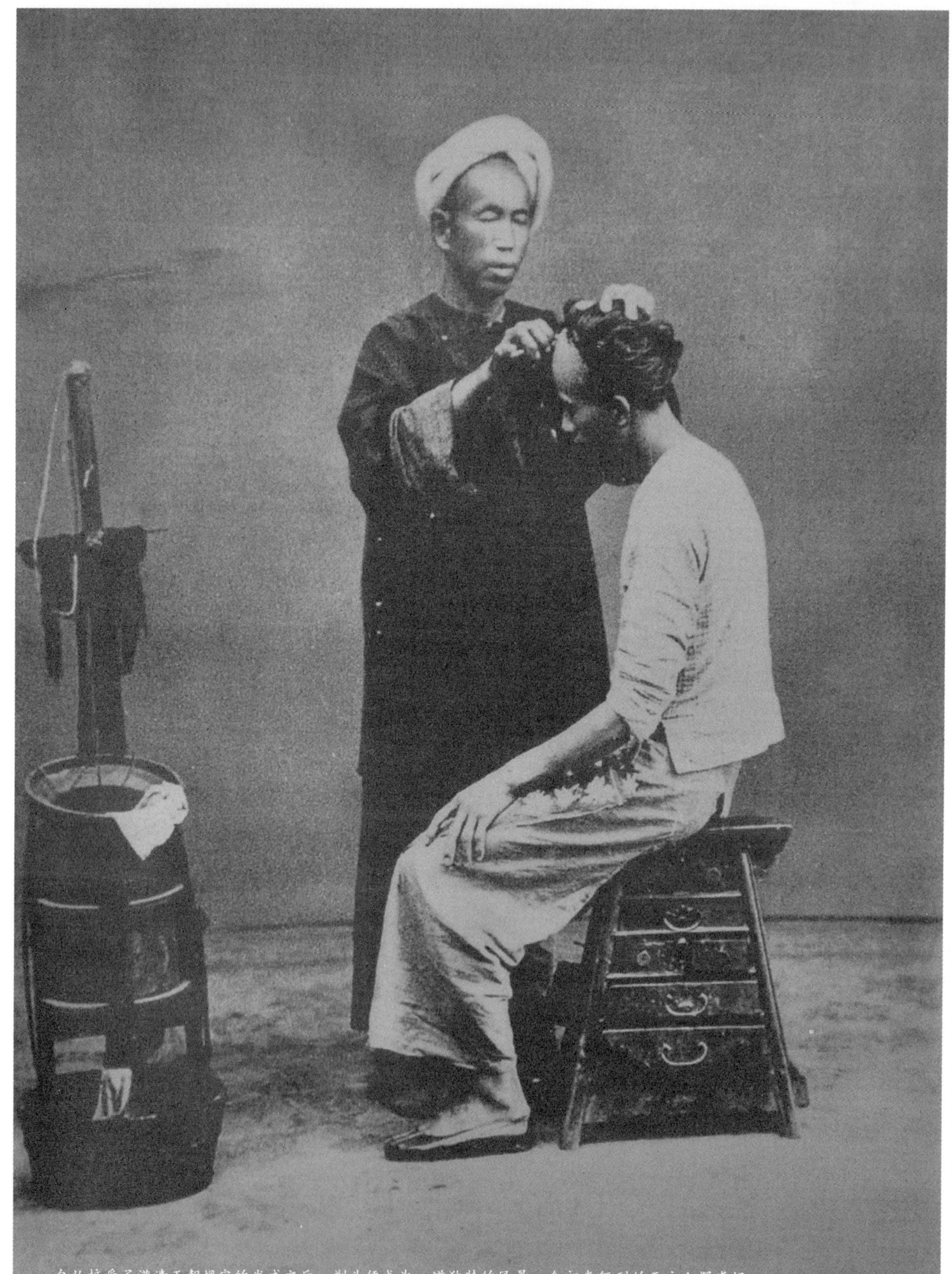

自从接受了满清王朝规定的发式之后，剃头便成为一道独特的风景，令初来乍到的西方人深感好奇。威廉·桑德斯（William Saunders，1863～1888）摄于19世纪70年代。

对于大清王朝男人头上的这根大辫子，西方人怎么看都觉得别扭。

乎雷打不动。这样一来，就给那些要到海外长期生活的外交官带来了麻烦。因为一旦到了“蛮夷之地”，那些洋理发师肯定对咱大清的怪异发型束手无策。于是乎，这些外交官在出国时都必须带上专门的剃头师傅，朝廷也在预算中安排了这项支出。有关这种情况，晚清著名外交官郭嵩焘和曾纪泽等人都曾在日记中提到。1905年，当五大臣出洋考察宪政时，在众多随从中也有一名专业剃头匠。

环顾全世界，若论对外来文化的吸收能力，汉民族恐怕是最强的了。满清入关后没多久，人们就接受了异族的统治，而对那根刺眼的辫子，也很快就习惯了。随着时代的推移，留辫子似乎又成为了中国人古来就有的习俗，渐渐成为民族文化的一部分。只是到太平天国革命兴起时，洪秀全和他的革命同志才对辫子文化进行了强烈的讨伐。在他们发布的《奉天讨胡檄》中，曾痛心疾首地向民众这样宣传：“夫中国有中国之形象，今满洲悉令削发，拖一长尾于后，是使中国之人变为禽兽也。中国有中国之衣冠，今满洲另置顶戴，胡衣猴冠，坏先代之服冕，是使中国之人忘其根本也。”于是，在太平军的势力范围内，又开始恢复汉族的衣冠服饰，将剃掉的头发再蓄起来。正因如此，当时朝廷骂太平军是“长毛”、“发匪”、“发贼”、“发逆”等。后来，太平天国最终失败了，大清王朝也勉强渡过了一场史无前例的辫子危机。不过与此同时，洋人也开始拿中国的辫子说事。

想当初，在17、18世纪“中国热”流行西方期间，洋人似乎也没有觉得清朝的辫子有多丑陋。恰恰相反，由于一向以“天朝”自许，中国人反而对奇装异服的“洋鬼子”极度鄙视。即使被誉为“睁眼看世界第一人”的林则徐，看到一身短打的洋人后，也曾充满鄙夷地说：“真夷俗也!”不过在事实上，文明的优劣是要用实力说话的。自鸦片战争以后，西方人在中国面前迅速变得居高临下，而中国则不得不日益低声下气。角色一转换，昔日的“美”与“丑”自然也就换位了。在晚清时期，对中国男人脑后的那根长长的辫子，外国人怎么看都觉得不可理喻，难道这些中国男人都是“伪娘”吗？即使一些“国际友好人士”，也经常以严厉的措辞对这种装束予以抨击。比如曾亲身参加过太平军的英国人伶俐就说过这么一段话：“许多年里，全欧洲都认为中国人是世界上最荒谬最奇特的民族：他们的剃发、蓄辫、斜眼睛、奇装异服以及女人的毁形的脚，长期供给了那些制造滑稽的漫画家以题材。”

由于这种根深蒂固的印象，加上对中国缺乏了解，以至于在过了一百多年后，甚至直到20世纪70年代，一些西方人以为中国的男人还在留辫子。令人痛心的是，随着清王朝的没落，即便原先对中国心怀敬意的邻居也开始变脸了。例如在甲午战争之后，获胜的日本人竟公然蔑称中国人为“豚尾奴”。据说，当年一些在日本的华侨或留学生上街时，日本小孩往往放肆地在后面扯他们的辫子，口中还喊道：“清国奴！豚尾奴！”而当地警察不但不制止，反而高兴地放声大笑。

最早对辫子文化进行反省的是海外华人。由于较早接触到西方的现代文明，这些先驱者开始意识到，中国男人脑后的辫子既不卫生，也无丝毫美感可言。于是从19世纪50年代起，就有一些在海外定居的华人率先剪掉辫子，改穿西服，例如著名的留学先驱容闳就是其中之一。直到中日甲午战争之后，备感国耻之痛的广大海外华人才开始掀起大规模的剪辫子风潮。1898年，新加坡华人组织剪辫会，并登报倡议集体剪辫。这一举动在海外华人社会中产生了很大的轰动，也引起了争议。两年之后，许多新加坡华人毅然剪掉发辫，改换西装。

在剪辫子方面，态度最坚决的无疑是革命党人和海外留学生。尤其是在革命者

对于大清王朝男人头上的这根大辫子，西方人怎么看都觉得别扭。

看来，剪掉被外人讥为“豚尾”的辫子就意味着与清廷决裂，因此纷纷付诸行动。早在1895年，孙中山与好友陈少白等人就在日本剃发易服，以明革命之志。在1903年爆发的“拒俄运动”中，留日的青年学生纷纷剪掉辫子，以示与清廷决裂，以至于去日本留学者均以剪掉辫子为荣。有趣的是，或许是受这股风气的影响，就连满清重臣、两江总督端方在英国留学的儿子也向父亲打电报请求剪辫子。当海外留学生归国后，这些海归们带回的第一件新“技术”就是剪辫子。据说在1903年时，江南一带许多青年学生都纷纷剪掉了辫子。不久这股风气又传染到了军队。1905年，在朝廷开始编练新军后，为了便于戴新式军帽，许多官兵都将发辫剪去一部分。虽然中央一再三令五申，但大势所趋，大清的辫子看来是留不了多久了。

1898年戊戌变法期间，康有为就曾壮着胆子向光绪皇帝提出断发、易服、改元的主张，可惜未被光绪接受。1910年10月，当清政府的第一届资政院开会时，许多议员提出了开展全国性剪辫子运动的建议，结果以多数赞成通过。第二年12月，已经濒临灭亡的清王朝下旨允许百姓自由剪辫。

辛亥革命后，中华民国临时政府开始实行强制剪辫政策，临时大总统颁布剪辫令，呼吁中国民众尽快剪掉辫子，与旧时代彻底告别。令革命者尴尬的是，这时居然又出现了与清王朝当初推行“剃发令”时类似的局面，许多百姓因舍不得脑后的辫子而与新政府发生了激烈冲突。于是通过一些历史照片，我们还能看到这样的场景：革命党人在街上看到蓄辫者之后，便上前拦住强行剪掉，而被剪者则满脸痛苦之状。据说对革命党人的“剪辫队”，许多守旧之士竟声嘶力竭跪地求饶，有些人甚至宣称“吾头可断，辫不可剪”。历史往往就是如此怪异，具有讽刺意味的是，大清王朝竟然以强行留辫子开始，又以强行剪辫子结束！

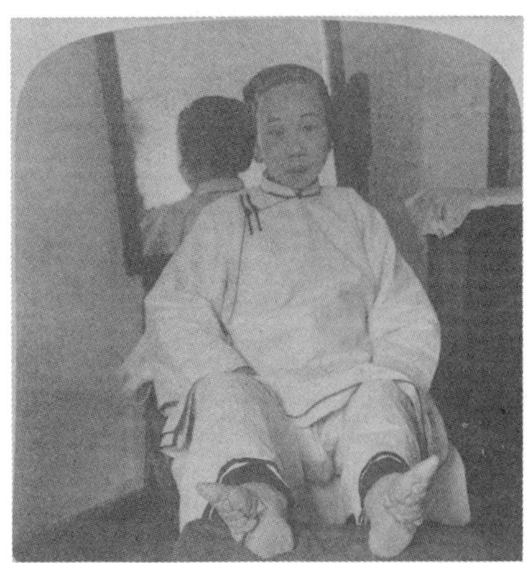

晚清时期妇女的小脚，其外观在今天看来简直令人恐怖，然而在当年却被视为女性美的象征。詹姆斯·利卡尔顿拍摄于1900年。

1904年，世界博览会在美国的圣路易斯举行。对这次世博会，当时的清政府表现出了高度重视，不但组织了一些商家参展，还不惜花费12万美元修建了中国馆，甚至派出贝子溥伦率官方代表团前往美国压阵。不料，在本次世博会期间发生了几件事引起了全体国民的愤怒。先是在专门为参观者准备的游戏园中，竟出现了一名侍茶的中国小脚妇女。这位小脚妇女被与来自南美的巴塔哥尼亚巨人、非洲的侏儒以及加拿大的爱斯基摩人等安排在一处，供游客观赏猎奇。继而在随后的展览中，主办方又在中国馆展出了一组人物雕像，这组雕像有苦工、乞丐、娼妓、囚犯、衙役、和尚、鸦片烟鬼、小脚女人等，似乎这些东西就是中国文化的象征。消息传回国内，顿时引起轩然大波。

令人无奈的是，虽然中国人有愤怒的权利，但在整个晚清，许多西方人常常将男人的辫子和女人的小脚视为中国的两大标志性陋俗。

如果说男人的辫子是满清统治者强加给汉民族的，那么女人的小脚则是汉民族自身发展出来的畸形产物。实际上，当满洲人入关之初，他们对缠足的陋俗也极为反感，并一度对其予以纠正。不过就像强迫留辫子一样，满清统治者再次遇到了激烈对抗。值得玩味的是，虽然汉族的男人们最终都被迫留起了辫子，不过妇女们却获得了胜利，得以继续裹小脚。

据考证，中国妇女缠足有着近千年的历史。千百年间，为了满足男权世界那变态的审美观，广大妇女不得不忍受非人的痛苦，将一双正常的脚活生生挤压变形成“三寸金莲”，最终才修成正果。这样的畸形风尚，在全世界范围内也属罕见。从现有文献记载来看，一双标准小脚的“炼”成过程简直令人惨不忍睹。通常用5尺长2寸宽的布条，紧紧地缠在女童的足上，把足背及4指下屈，压至足心，被缠者痛得汗如雨下，甚至鲜血淋漓。亲自动手的往往是母亲，缠一层，还要抹一些唾沫以便防滑收紧，不管女儿如何哀哀痛哭，做母亲的毫不怜惜，说是“娇女不娇足”。长大后双足因肌肉挤压，指甲软化，嵌入肌肉，肌骨变形成弓状，腿部不能正常发育，瘦削如棍。脚长以三寸为佳，因此称为“三寸金莲”、“弯弓”。所谓“小脚一双，眼泪一缸”，真切地反映了女性缠足被摧残的痛苦。令人愤怒的是，千百年来，尽管也有个别人对妇女缠足进行了抨击，但更多的所谓文人雅士却对其赞赏有加，甚至将无数脑细胞花费在这上面，创作了不少无聊诗词。更变态的是，一些人居然用女人的小脚鞋饮酒。

到晚清时期，随着中国与西方世界交流的日益频繁，小脚这种独特的文化现象也成为国际性笑话。西方人不但将中国妇女的小脚当成猎奇的对象，一些不了解中国国情的人甚至还以为中国的男人也裹小脚。据说当年李鸿章出使俄国期间，曾参观一所盲哑学校，结果当地的盲诗人爱罗先珂竟趁没人注意时偷偷摸了一把中堂大人的脚，因为他想验证一下是否中国的男人也是小脚！

不管怎么说，对大多数初次进入晚清帝国的西方人来说，小脚绝对是他们最感到好奇的东西之一。因此，大部分早期来华摄影师都曾将小脚女人作为拍摄的主题。当然，也有一些摄影师是希望通过这种直观的画面来谴责缠足陋习。例如19世纪70年代来到中国的著名摄影师约翰·汤姆逊，就拍摄了一幅经典照片——“女人的裹脚和天足”，照片中呈现的是一只小脚和一只正常的脚。据说在旅行途中，约翰·汤姆逊一直试图说服中国妇女让其拍摄裹脚的照片，但始终未能如愿。后来到厦门时，他在一位当地开明人士的帮助下，并付出了大量金钱后，才成功说服一位妇女

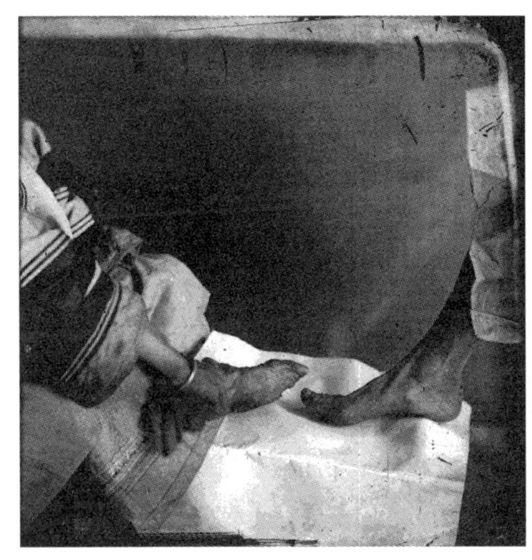

小脚与天足，这种强烈的对比一定给当年的西方人留下了深刻印象。约翰·汤姆逊拍摄于1871年左右。

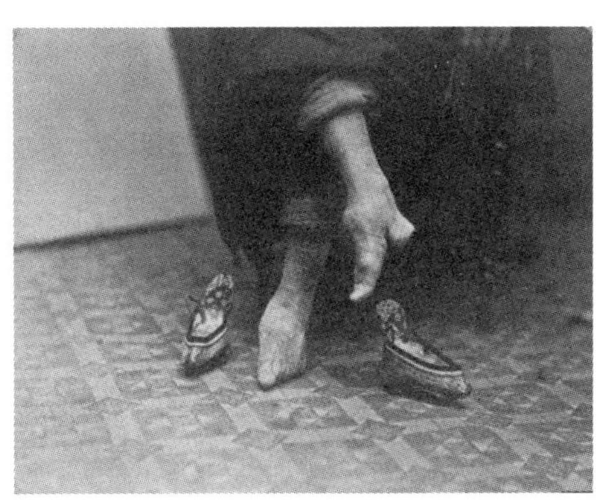

经过千锤百炼的小脚，实际上已成为残疾。威廉·桑德斯摄于19世纪70～80年代。

在整个晚清时期，小脚的中国女人都是西方观察者最感兴趣的猎奇对象之一。

解开裹脚的长布让他拍摄。

当一些西方人怀着猎奇的心态看待中国妇女的小脚时，另一些西方人则从文明、人道的角度出发，开始积极呼吁结束这种陋俗。特别是一些来华传教士，他们站在基督教救世博爱的立场上，批评女子缠足，倡导妇女权益和解放，对社会风俗改良发挥了启蒙作用。早在1875年时，著名美国传教士林乐知就多次发表文章，力劝中国女性不要缠足。其他传教士如花之安、嘉约翰、卜舫济等人也曾通过各种方式激烈批评缠足的陋俗。在这方面，立德夫人（Archibald Little，1845～1926）及其组织的“天足会”无疑是最值得赞扬的。作为一名英国商人的妻子，立德夫人在中国生活了很多年。由于她亲眼目睹了太多小脚女人的苦难，因而最终热心于反对缠足。为了引起中国社会各界的反思，她曾这样评论说：“妇女不仅占全国人口的一半，而且是另一半人的母亲。肢体不全，愚昧，多病的母亲生育和抚养的儿子会和他的母亲一样。值得注意的是，自从缠足在中国蔓延开来以后，中华帝国从没诞生过一个赢得万世景仰的男人。”1895年，立德夫人在上海成立了著名的“天足会”，专门劝诫缠足。由于得到像张之洞、袁世凯、岑春煊等封疆大吏的鼎力支持，因此“天足会”在当时产生了巨大影响，最终使无数的缠足妇女扔掉裹脚布。

当然，中国的事情还需中国人自己办。实际上，满清统治者本来就对缠足非常反对，并严禁满洲女子缠足。英国使节马戛尔尼当年就注意到，满洲人常常取笑汉族女人裹脚并拍手叫好。到王朝末年，由于认识这种可怕的陋俗所带来的负面影响，统治者也开始采取行动了。戊戌维新期间，康有为等就曾成立不缠足会，倡导女性放足。1902年，清政府颁布戒缠足上谕，引发一场范围更广的戒缠足运动。1907年，朝廷又专门颁诏禁止妇女缠足，从而在法律上宣判了小脚的“死刑”，这也算是大清王朝临终前的“善举”之一吧。

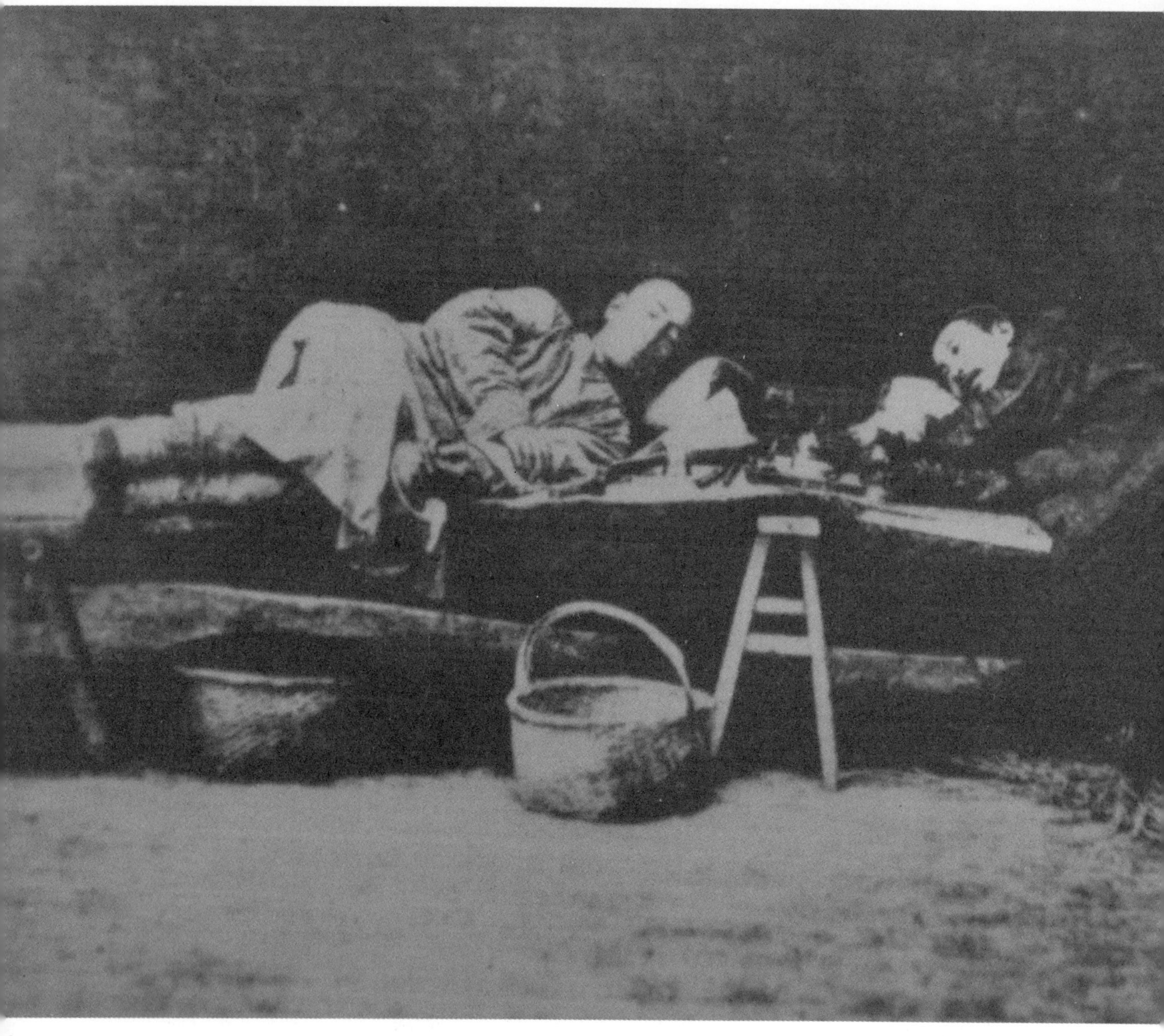

晚清时期中国的吸鸦片者，类似的照片在西方流传极广。威廉·桑德斯（William Saunders）拍摄，19世纪70～80年代。

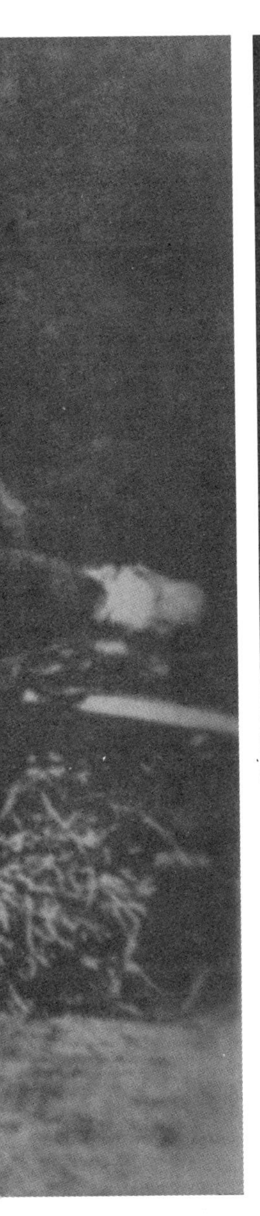

三、沉醉万民的烟雾

1909年2月1日，大清帝国罕见地作为东道主在上海承办了一次国际会议——万国禁烟会议，这也是近代以来第一次世界性的禁毒大会。此次会议由美国倡议发起，参加会议的有来自中、美、法、德、日、荷、巴、俄等13个国家的41名代表。而令人尴尬的是，一向很没有国际地位的清王朝之所以能成为东道主，恰恰是因为这个国家鸦片的泛滥已到了令人触目惊心的地步。

在中国近代史上，鸦片无疑是一个极其沉重的话题，因它而起的战争甚至被视为具有划时代意义的事件。众所周知，鸦片是罂粟的提取物，原本仅用作药物。不过在进入18世纪后，鸦片作为一种麻醉性的毒品开始在民间流行。据记载，实际上在雍正年间，中国就有许多人吸食鸦片，并出现了一些专为瘾君子服务的大烟馆。为此，朝廷还于雍正七年（1729年）第一次明令对贩卖鸦片及私开烟馆者进行处罚。可惜的是，这第一个"禁烟令"并没有对吸食鸦片者采取措施。与此同时，西方殖民者开始以印度为据点向中国贩卖鸦片，从而加速了鸦片的进一步泛滥。关于此种情形，各种教科书已经叙述得很详细了。嘉庆十八年（1813年），鉴于形势日趋严峻，朝廷颁布《严禁侍卫官员太监买食鸦片并严查鸦片烟贩事上谕》，第一次严禁吸食鸦片。及至道光年间，官方的禁烟政策似乎并没有明显效果，鸦片的泛滥程度更加严重。正是在此情形下，才引出了著名的林则徐以及虎门销烟等故事。

经历了两次鸦片战争之后，西方殖民者逼迫清王朝签订不平等条约，承认鸦片贸易的合法化，从而迅速加剧了鸦片的泛滥。为了替自己无耻的行为辩护，鸦片战争的支持者居然公开宣称，是中国人自己非要吸食鸦片的，何况它的危害性还不如烈酒大呢！在不平等条约的庇护下，殖民者竟打着"洋药"的名义将鸦片大批量贩卖至中国。更令人悲哀的是，由于财政困难，许多清朝官员竟为了获得鸦片市场的份额，提出以"土药"抵制"洋药"的政策。虽然国产鸦片的确属于"民族产业"，但这种行为无异于饮鸩止渴。结果，中国的国土上到处都盛开了美丽的罂粟花，在不断扩大国产鸦片市场份额的同时，也深深地毒害着国民的肉体与灵魂。经过70年的发展，吸食鸦片逐渐发展成了全民性的行为。由最初只是在上层社会流行，最终演变为底层民众的集体消费。到20世纪初，中国已成为世界上罂粟种植最广、鸦片产量最多、吸毒人口最众的国家，据说瘾君子多达2000万人左右，真可谓烟雾袅袅，万民沉醉。

毫无疑问，晚清时期的鸦片绝对称得上是全民族的祸害。然而对这个十恶不赦的"凶手"，成千上万的烟民却难以割舍。在当时，几乎中国的每个地方都烟馆林立。无论城市、乡村，只要是人口聚集之处，都有烟馆存在。可以说，那个年代的鸦片要比现在的香烟还要流行，以至于它的消耗量在国内仅次于茶叶。我们不妨以当时中国第一大城市上海为例，体会一下鸦片泛滥的程度。

自鸦片战争以后，作为较早开放的口岸城市，上海迅速成为中国最重要的鸦片集散中心和消费市场。据记载，早在1872年时，上海就有烟馆1700余家。令人瞠目结舌的是，上海的鸦片消费是如此之旺盛，以至于售卖烟土的商店要多于米店，而大烟馆的数量也远多于饭馆。为了吸引烟民，许多大烟馆都装修得非常精美。为了寻求保护，许多著名的烟馆大多开设于租界内，并且率先雇用女服务员。至于一些规模较小的烟馆，因其主要消费对象为贫穷的烟民，因此大多设施

鸦片战争前后，大清帝国境内鸦片开始泛滥，就连许多官员都沾染上了此项恶习。

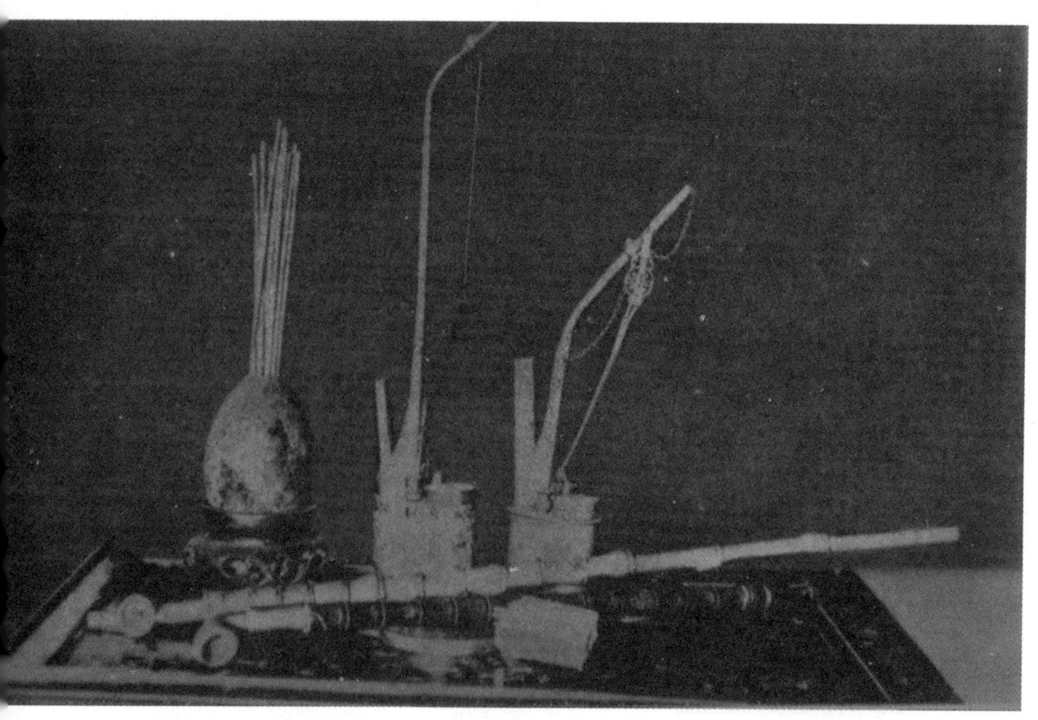

鸦片烟具，西方人对晚清中国的印象较深的代表性符号之一。

晚清时期，上海的鸦片烟馆林立。

简陋。大城市如此，偏远的小地方也不逊色。据说在西北一带，由于吸食鸦片极为普遍，以至于如果客人拒绝吸大烟，竟会被主人视为一种不礼貌的行为。

面对烟祸的泛滥，一些知识分子不但不唤醒民众，反而自己也沉溺其中，甚至对鸦片极尽赞美之词。例如20世纪初一位名叫章克标的作家，竟曾在一篇文章中这样写道："烟的好处是说不完的，顶好的是大烟，法国的大诗人波特莱耳、魏仑等，都很知道大烟的好处，有很出名的诗歌，他们都喜欢沉醉在那迷恋昏茫中，享受人造乐园的幸福。英国大文豪狄昆西也是此中的要人，他有大作《一个吸鸦片者的自白》很足以表出他是深识此中三昧的。从前承英国人的好意，把印度的大烟尽量销到中国来，以致中国人多得了不少的好福气，享了人造乐园里不少的幸福。可是现在有人以为这幸福太容易获得，便不能算为可贵，因而加以若干禁止，以维持它的身价，大烟就改称为禁烟了。就因为禁了之故，一般人不容易获得，因而这幸福的迷醉，更加可贵了。"可以想象，号称民族精英的知识分子都是这样的认识水平，又能怎么指望普通的民众呢？

随着中国人越来越深地卷入鸦片之祸中，西方人对中国人的评价也进一步恶化。19世纪中叶以后，当成千上万的华工前往海外谋生时，吸食鸦片的恶习又被进一步为西方人所了解。当年这些人多半是因生活所困才背井离乡的，而到国外后又因为生活艰难、心中苦闷，于是很多人便像国内的同胞一样吸起了鸦片。对这幅景象，一个美国人曾这样感慨道："鸦片帮助工人消愁解闷的用途是最广为人知的，其中又以19世纪中国到海外的华工使用得最普遍。华工的典型处境是：

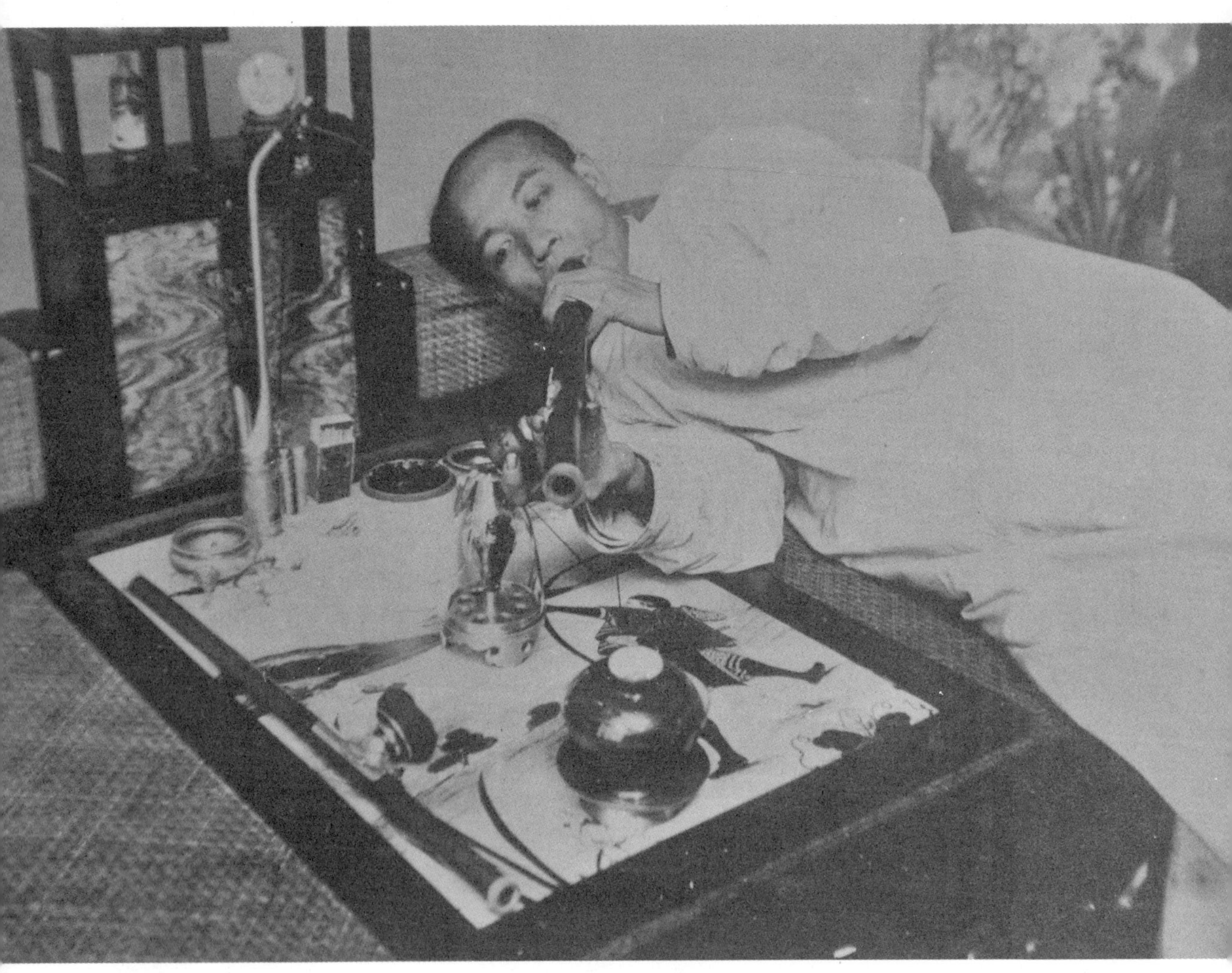

晚清时期，无数的烟民沉溺于吸食鸦片，整个民族的形象因此大受破坏。

19世纪末期，在美国艰难谋生的一些华工也流行吸食鸦片。

在异乡做着叫人精神麻木的苦力，无聊、想家、没有家长监督。于是他照家乡的船夫、轿夫排解愁闷的方法，有样学样抽起鸦片来。这并不妨碍他的工作，至少一开始是没有影响的。曾有一位英国官员说：‘抽鸦片的苦力也许是世界上最可靠的工人了。’但是这种工人经常有债务在身，如果是离家乡很远的，更是经常寅吃卯粮。只要债没还清，他就不可能回中国老家去。因为经常得花钱买鸦片，加上单身汉都免不了赌与嫖，他就永远背着还不清的债，所以只得像推磨的骡子般无休止地做下去。为数不少的华工终于因为生病或绝望而停止推磨，最终使他们停下来的也是鸦片——是一次吸食剂量足以致死的鸦片。”

可以说，鸦片的泛滥在很大程度上损害了中国的形象。具有讽刺意味的是，当初本来是西方殖民者将这种毒品输入中国的，但后来他们却反过来认为吸食鸦片是一种“中国传来的恶习”。在许多西方人眼中，吸食鸦片是一种“肮脏的东方习惯”。正是基于这种认识，一位名叫德·昆西的作家竟恶狠狠地表示：“宁愿住在疯人院，或者跟野兽待在一起，也比生活在中国人中强。”据说明治时期的日本人起初还同情邻国的痛苦遭遇，后来却逐渐公开对中国人沉迷鸦片表示鄙视。关于国际社会对中国鸦片泛滥的看法，近代一些远赴海外的外交官和留学生应该是感受最深的。1877年，清朝第一位驻英使节郭嵩焘到达伦敦时，恰逢英国举行有关世界风情的展览。不料他应邀参观展览时，看到了议员阿什伯里游历世界各国期间所拍摄的照片，而有关中国的照片中赫然呈现着一男一女僵卧吸食鸦片的情景。看到这一幕，郭公使不禁羞愧万分。实际上，晚清时期的许多西方

晚清时期鸦片泛滥的局面，很大程度影响了西方人对于中国的看法，这是当时西方人的讽刺性漫画。

游历者都曾拍下类似的照片。在这些照片中，鸦片烟鬼们或站立，或斜倚，或躺卧，虽然姿态各异，但无不体形瘦弱、呆滞木然。毫无疑问，也正是这种现象的长期存在，使一些外国人蔑视地称我们为“东亚病夫”。虽然出于为民族正名的义愤，民间也曾涌现过黄飞鸿、霍元甲等先进人物，但对恢复我们的名誉似乎并没有太大帮助。直到1936年柏林奥运会时，由于成绩惨不忍睹，当中国代表团回国途经新加坡时，当地报刊上居然发表了一幅外国漫画讽刺中国人：在奥运五环旗下，一群头蓄长辫、长袍马褂、形容枯瘦的中国人，用担架扛着一个大鸭蛋，题为“东亚病夫”。由此可见鸦片烟祸所留下的后遗症有多可怕。

眼看鸦片的泛滥越来越严重，中国的国际形象也因此更加丑化，一些有识之士纷纷挺身而出，不断呼吁政府开展禁烟行动。早在鸦片战争前，在第一代禁烟运动领导人的推动下，清朝就颁布了《钦定严禁鸦片章程》，并大大加强了刑罚强度。然而在经过两次鸦片战争后，形势便急转直下了。由于鸦片贸易合法化，因此鸦片进口数量猛增。据估计，从1861年到1890年间，鸦片的年平均进口量保持在66900担左右。到1890年前后，鸦片流毒在中国已泛滥成灾。

更可悲的是，眼看西方人在合法鸦片贸易中赚取了巨额利润，许多中国官员竟也开始动心了，转而力主发展“民族鸦片产业”，以为这样一来，不但可以用土烟代替洋鸦片的进口，减少白银外流，还可以大幅增加政府的财政税收。于是在利益的驱使下，清王朝开始对鸦片的生产“解禁”，从而致使国内开始大面积种植鸦片。到19世纪末期，国产鸦片已达到惊人的60万担，是进口鸦片的10倍！

国内种植鸦片，最初由印度传入云南，继而一路北上东进，最终蔓延到全国。特别是太平天国运动期间，为了筹措军饷，朝廷开始征收鸦片税，默认了种植鸦片的合法性，因而直接刺激了本土鸦片产业的发展。据记载，到光绪初年时，云南已经有大约三分之一的耕地种植罂粟。与此同时，其他省份的情况也好不到哪里去。北至蒙古、西至甘陕，南至闽粤，东至富庶的江浙山东，各省均有大量土地用来种植罂粟，甚至成为许多农民的主业。著名传教士理雅各在游历中国期间，就惊讶地发现："黄河和长江之间的土地上都布满了罂粟田。"

令朝廷一度颇为满意的是，虽然大清朝几乎每个生产领域都不敌西方，但在鸦片实现自给自足和民族化方面却战绩辉煌。而这一切，都是打着"民族主义"旗号完成的。

从19世纪60至90年代，上至朝廷大员，下至普通知识分子，大多主张对本土鸦片种植进行扶持，与西方人展开一场轰轰烈烈的"鸦片战"。早在1862年时，著名的实业家郑观应等人就开始提倡"以土抵洋"，建议烟民尽量多吃本国鸦片，少吃进口鸦片，同时积极游说政府，希望放松对鸦片消费及生产的限制。而在当时，持这种观点的人并非少数。1873年，国内影响极大的《申报》也专门刊文，极力呼吁政府放松对土产鸦片的禁控，认为这样既可增加国家的税收，制止白银外流，又可增加农民的收入，何乐而不为呢？虽然清王朝很少倾听民间的呼声，但这次却表现得非常谦虚。在朝廷的默许下，中央及地方各级政府纷纷悄然解禁。特别是因办"洋务"而急需资金的李鸿章等人，更是表现积极。1874年，李鸿章就首次向清廷提出"种烟驰禁"的主张，建议自行生产鸦片，以抵制进口鸦片。他理直气壮地辩解说，继续禁止本国生产鸦片，不过是便宜了洋人，方便了基层的腐败分子。1880年，李鸿章又进一步请求朝廷减轻对本土鸦片的税收，从而提高其对进口鸦片的市场竞争力。

就这样，在各级地方官的变相鼓励下，中国国内罂粟的种植面积迅速扩大，而鸦片的质量也逐步提高。其直接后果，便是外国进口和走私鸦片逐年减少，最终彻底让位于国产鸦片。据统计，到1879年，全国鸦片的自给率竟达到80.12%。到1881年，鸦片进口全部停止。仅过了一年，中国本土的鸦片已经走出国门了！也就是说，国产鸦片彻底打败了洋鸦片。对这一局面，一位传教士曾惊叹道："当我1854年第一次到中国时，鸦片上瘾的人相对较少，但近二十年鸦片迅速蔓延，近十年更快，现在吸食鸦片猖狂得惊人。"不过中国官员显然与传教士的感受不同，因为他们最关心的，并不是又增加了多少烟民，而是GDP。只有GDP增加了，政府的钱袋才能鼓起来。据有关资料统计，在晚清最后十年，鸦片税收在中央政府的财政收入中至少占10%以上的比例。放眼古今中外，恐怕没有任何一个国家能出现这样的奇观。

当然也不得不承认，对晚清时期鸦片泛滥所引起的种种恶果，也曾有不少人说过"不"。例如在1883年，时任山西巡抚的张之洞大人，就曾在自己的治下雷厉风行了一阵。当时的山西堪称中国烟祸最严重的灾区之一，据说甚至达到了每十户中必有两三户、每十人中必有两三人吸食的地步，以至于就连广大妇女儿童都沾染上了此种恶习，民间更有"留人不留户"的谚语。在担任山西巡抚之后，一向以禁烟派和清流派自许的张之洞在给朝廷的奏折中感慨，如果再不采取措施，山西就彻底完蛋了。然而没过多久，在现实面前，他也像其他省的领导人一样，变成了本土鸦片种植业坚定的扶植者。

晚清时期的鸦片烟祸是如此之严重，以至于就连许多妇女也沾染上了此项恶习。照片拍摄于19世纪末期。

1909年，在美国的张罗下，世界第一次禁烟大会在中国上海召开。

直到甲午战争惨败之后，由于越来越多的人认识到鸦片对国民整体素质的摧残，禁烟的呼声才日渐高涨。痛定思痛，朝廷也意识到，鸦片虽然能在一定程度上带来GDP的增长，但这种增长却只能将整个民族引向毁灭。于是在1906年9月，光绪皇帝颁布上谕："著定限十年以内，将洋土药之害一律革除净尽。"由此，一场颇具声势的禁烟运动在全国范围展开。

另一方面，那些曾经大肆向中国贩卖鸦片的国家也因深受其害而采取行动了。如果这世界上有报应的话，那么鸦片对西方国家的危害无疑就是绝佳的证明。想当年，为了从对华鸦片贸易中谋取暴利，英国不惜动刀动枪，悍然发动了两次鸦片战争。虽然当时英国人赢了，但历史的发展却是那么具有讽刺意味，因为不久他们就发现："假设鸦片是为东方而生产，可是多余的产出必然回流到欧洲和美洲。"早在19世纪70年代，中国外交官薛福成就注意到，鸦片虽毒害中国最深，但是美国人、日本人、法国人、印度人都不能幸免。他说，印度为产烟之地，得其利自受其害；美国、日本人也有吸鸦片的；特别是侨居越南、东京的法国人，多嗜洋烟，毒瘾比华人还要厉害，每日吸至一两数钱之多，连驻扎在越南的法国大兵也有许多人沾染了鸦片。而到1883年时，一位英国传教士则痛心疾首地告诉他的同胞："英国向中国贩运鸦片，如今中国人又将鸦片带来英国，这对英国来说是自食其果。"在美国，紧跟着华工的步伐，许多白人很早就开始吸食鸦片，1875年据说就有12万美国人成为瘾君子。而到10年后，仅仅通过旧金山进入美国的鸦片就达到了208152磅。

人种有区别，罪恶无国界。在严峻的形势面前，号称文明的西方人再也坐不住了，他们开始积极酝酿世界性的禁烟行动。1905年，美国联合日本等国停止鸦片贸易，并心有余悸地指出，鸦片贸易不但有损于中国，也有损于世界各文明国。在强大的国际禁烟舆论压力下，一向奉行鸦片贸易政策的英国也动摇了，于1908年3月与清政府签订了《中英禁烟条约》。正是在此种背景下，由清王朝承办的世界第一次禁烟大会于1909年出笼。随后，全国大部分地区完成了禁种任务，绝大部分烟馆关闭，烟民纷纷戒吸。

然而令人遗憾的是，由于大清王朝两年后便宣告覆灭，所有的禁烟成果也随即化为乌有。至于那沉醉万民的烟雾，又继续在中国笼罩了近40年。

八国联军侵华期间，无数的苦力应召为侵略军运送物资，这种场面不禁让我们联想起四十多年后解放战争期间的支前大军，不过可惜的是，晚期时期帝国的子民们所帮助的却是侵略自己祖国的洋人。这样的照片，作为晚清时期经典的影像在海外广为流传，成为许多西方人谈论的话题。詹姆斯·利卡尔顿拍摄于1900年。

四、“淡定”的子民

“有一回，我竟在画片上忽然会见我久违的许多中国人了，一个绑在中间，许多站在左右，一样是强壮的体格，而显出麻木的神情。据解说，则绑着的是替俄国做了军事上的侦探，正要被日军砍下头颅来示众，而围着的便是来赏鉴这示众的盛举的人们。这一学年没有完毕，我已经到了东京了，因为从那一回以后，我便觉得医学并非一件紧要事，凡是愚弱的国民，即使体格如何健全，如何茁壮，也只能做毫无意义的示众的材料和看客，病死多少是不必以为不幸的。”以上这段出自鲁迅先生《〈呐喊〉自序》中的话，相信很多人都非常熟悉。那是1906年3月，正在日本仙台医学专门学校学医的周树人因为受细菌课堂上幻灯片的刺激，猛然醒悟到，改变“愚弱的国民”的精神远比拯救他们的身体重要，因而决定弃医从文，立志以文艺来唤起民众。由此，中国近代史上少了一位名叫周树人的好医生，却多了一位名叫鲁迅的伟大文学家。

事实上，整个晚清时期，像鲁迅一样经历了这种思想转变的人并不在少数。正是由于亲眼目睹大清帝国子民的愚昧、懦弱和冷漠，众多原本志在科学救国的知识分子走上了另一条奋斗之路。众所周知，中华民族之所以能在21世纪走向复兴，民族主义在这一历史过程中无疑扮演了重要的角色。然而必须承认的是，在晚清时期，绝大多数普通民众根本就没有民族主义的概念，甚至不知爱国为何物。每当帝国与列强作战时，绝大多数老百姓对国家事务几乎没有什么热情，而只是以一种局外人的身份看着朝廷在折腾，有的人甚至还通过为敌人服务捞取好处。也正因如此，在当时西方人眼中，我们的民族在这方面令他们感到极其震惊。例如曾经为太平天国效力达四年之久的英国人呤唎就说过这样一番话：“清政府奴役下的任何一个中国人的面部都表现了蠢笨、冷淡，没有表情，没有智慧，只有类似半狡猾半恐惧的奴隶态度。”而美国著名传教士明恩溥在其名著《中国人的精神》中，则入木三分地描述了大清子民是多么冷漠：“我们时常会想起这样一个问题：中国人有没有爱国主义。这个问题三言两语说不清楚。毫无疑问，强烈的民族感情是有的，尤其是学者。他们的强烈感情中更多的是对外国人的仇视。……但不应该说，一个对目前鞑靼王朝前途命运感兴趣的中国人，就是爱国的。但是，有极好的理由认为，无论何朝何代，国民大众的感情与现在相同——极度的冷淡。孔子曾经在《论语》中说过一句意味深长的话，表达了人们对公共事务的态度：‘子曰：不在其位，不谋其政。’在我们看来，这句话在一定程度上是说结果，而在很大程度上是中国人对不属于自己负责的事情不感兴趣的原因。”

也许后人会追问，难道大清帝国的亿万子民果真如此吗？那就让事实来回答吧。

我们不妨先从第一次鸦片战争说起。提起鸦片战争，人们往往会想到三元里抗英的壮举。然而种种资料显示，实际上三元里抗英只是这次战争中很零星的群体性抵抗事件，而在当时，更多的中国民众则选择看热闹，或者与英国人做买卖，或者充当向导。据记载，当英军刚刚登陆后，就有许多当地民众闻风而来，向洋人兜售蔬菜、牲畜和粮食。而当英军舰队在珠江和清军作战时，居然有成千上万的民众兴高采烈地站在远处观战，就好像过端午节看龙舟比赛一样！另据朝廷的统计，在此次战争中竟抓获了1200名帮助英军的“汉奸”。

晚清时期极度贫穷的底层大众，他们对这个统治自己的满洲王朝，基本上毫不关心其命运。

值得一提的是，正是在第一次鸦片战争之后，“汉奸”这个词开始被越来越广泛地使用。而当时所谓的“汉奸”，其实大多是和英国有着贸易联系的中国商人和苦力。按照朝廷的愿望，一旦开战，全体国民自当同仇敌忾，统一行动，断绝他们的物资供应，使敌人陷入人民战争的汪洋大海之中，但实际情况却令朝廷大失所望。即使像禁烟英雄林则徐大人那么高的威望，也难以阻止广州的商人与英国继续做生意。因此，愤怒的林钦差当时就斥责这些人为十足的“汉奸”。在向道光皇帝报告时，他甚至明确表示，最令人痛恨的倒不是英国人，而是那些与英国人密切往来的商人、水手和“苦力”。战争打响后，正是在本地向导的带领下，英军才顺利通过林则徐精心布置的珠江口防线。接着，当英军开始进攻虎门炮台时，数百名“汉奸”甚至穿上英军的衣服帮助他们作战。到1841年5月，英军在“汉奸”的指引下攻破广州城门，守将奕山被迫求和。与奕山一样，亲身经历第一次鸦片战争的不少地方官员如琦善、刘韵等人都对“汉奸”问题非常头痛。例如当英军进攻厦门、宁波等地时，由于洋人出价高，因此当地的民众争先恐后地向他们出售瓜果蔬菜等生活物资，而根本不关心做生意的对象正在攻打自己的国土。更有甚者，所谓重赏之下必有勇夫，当英军发布广告以每份情报二十银元的价格悬赏时，浙江沿海的一些百姓居然每天能给“洋老板”提供数十条情报，从而上演了一场全民“潜伏”的谍战剧。由于认识到中国民众既不热爱满清朝廷，又对与洋人做生意格外感兴趣，因此英军指挥官特别注意在中国各地的“统战工作”。类似的情形是如此之多，以至于道光皇帝一度担心就连京城周围也遍地是汉奸。

或许是因为尝到了甜头，在几年后发动的第二次鸦片战争中，英国人同样充分利用了“汉奸”的支持。据英国人回忆，当他们的舰队突破虎门要塞，沿珠江北上时，意外地发现两岸聚集了数以万计的当地居民。不过这些大清帝国的子民可不是朝洋鬼子扔板砖的，而是饶有兴致地观看战事，就好像在观看一场演出。而当中国战船上的士兵被英军的炮弹炸得抱头鼠窜时，围观的人群中竟发出阵阵喝彩。这还不算什么，更令人不可思议的是，在整场战争中，始终有一支广东劳工组成的苦力运输队，在枪林弹雨中为英军背送弹药。

说起这支后勤服务队，英国人绝对有理由感到满意。原来在战前，为了解决劳力不足的问题，英军在香港征召了一批广东本地的苦力，据说多达两三千人。当然，英国人所提供的报酬和福利待遇也非常有吸引力。尽管只是出发前接受了短暂的训练，但这支苦力队却以其表现折服了他们的洋老板。他们既吃苦耐劳，又勇往直前，以至于就连英国人都惊叹地表示，无论是在非洲还是印度，从没见过如此能干的苦力。而一位目击者还曾这样记载道：“啊，那些强壮耐苦的苦力们！在攻击的那一天，他们背着军火，紧跟在我们队伍的后面；当一颗炮弹把他们当中一个人的头打掉的时候，别的人只是喊一声‘哎哟’，跟着就大笑起来，随即同过去一样欢乐地工作下去了。他们的行为始终是令人钦佩的！”结束在南方的战事后，这支苦力队又忠实地跟随洋老板一路北上，在天津、北京等地大显身手。令洋老板喜出望外的是，这些苦力的职责原本只是为联军运输物资，但在战斗中居然有一些人主动加入作战行列，并且表现得极其勇敢。

1900年8月，八国联军悄然从北京外城的下水道攻入内城。请注意，这张照片原本系一名美国随军记者拍摄，原作的右侧有一群围观的中国百姓，但后来国内在采用此照片以声讨侵略者时对照片进行了剪切，围观的中国百姓不见了。

为了酬谢他们的额外付出，英军司令格兰特还特地向每位苦力增发了一个月的薪水。不仅仅是参与作战，据说一些苦力还参与了洗劫圆明园的行动。巧合的是，当这些南方来的苦力在前线服务时，发现他们并不是孤军奋战——北方当地同样有许多同胞干着类似的营生。关于这一现象，明恩溥曾提到，英法联军1860年进攻北京时，英国军队装备了从山东人手里买来的骡子；而天津和通州的民众出于各自利益，答应只要英国人和法国人不侵扰这两个城市，他们愿意提供所需要的一切东西。虽然后世中国人对当年英法联军火烧圆明园的暴行至今愤恨不已，但实际上，当年的国人大多数显得格外“淡定”。他们不但对这座“万园之园”被洋人付之一炬毫不关心，一些人甚至还趁火打劫，在侵略者扬弃的灰尘中搜罗零碎。

即便是在30多年后，当大清帝国在甲午战争中面临生死困境时，广大百姓依然表现得冷漠无情，有些地方甚至出现集体变为“汉奸”的情况。我们可以举一个最典型例子：1894年，当日军攻占东北军事重镇九连城时，当地居民居然像迎接子弟兵一样，纷纷拿着鸡、抬着猪献给日军，甚至有人请求为日军效力。我们不禁要问，满清王朝怎么混到了如此不堪的地步？简直就是天怒人怨、众叛亲离。或者，是王朝对子民的爱国主义教育太不够了？不管问题出在哪儿，反正在六年后西方列强发动对大清王朝最大规模的侵略时，朝廷还是那个朝廷，百姓也还是那班百姓。

话说在1900年，为了平息义和团运动引起的排外风潮，列强组成了八国联军，气势汹汹地来到北京兴师问罪。结果就像从前一样，中国的百姓依然扮演着看客的角色。8月14日，当侵略军顺着北京外城的下水道攻入城内时，堂堂天子脚下的百姓居然拥挤在一旁围观，神情又是那么“淡定”。或许是感到这一幕太不可思议了，随军的西方记者用照相机将其记录了下来，这张照片至今仍存放在国外的博物馆中。不仅如此，即使在侵略者进城后对义和团展开屠杀时，无数的百姓依然冷眼旁观，眼睁睁地看着自己的同胞被砍头却无动于衷。而据一些尘封多年的档案披露，当年甚至有一支被英国人雇用的华人军队——“中国军团”参加了进攻北京的行动。所以严格说来，当年的八国联军应该称为“九国联军”才对——中国就是那第九个。

关于事情的原委，英国的外交档案交代得非常清楚。却说在1898年强行租借威海卫后，由于本国兵力匮乏，精明的英国人便决定组建一支中国雇佣军负责威海卫的防务。虽然清政府曾对此事极力反对，但英国人仍成功招募了一支由300多中国流民组成的雇佣军，这些流民主要来自山东直隶等地。由于这支部队是在中国组建的，英国方面便把这支部队称为“中国军团”。该军团的尉级以上军官均从英国的正规部队调任，军团内除了乐队、译员、卫生队之外，还设置了长枪连、机枪连、炮队和骑兵队。经过正规的英式训练之后，这支部队分散驻扎在威海卫各地，担负租借地内部治安和对外防卫任务。八国联军开始进攻北京后，为了补充军源，英国方面又征调中国军团增兵天津。6月，400多名中国军团士兵乘军舰离开威海卫到达天津，随后便以“英军第一军团”的名义编入英军作战部队序列，并立即参加了攻城战斗，成为进攻天津城的主力部队之一。天津战役后，这支部队又直接向北京进军，参加了解救外国驻京公使馆的一系列战斗。对他们的功劳，英国指挥官巴恩斯曾在回忆录中自豪地宣称：“中国军团远征作战次数比任何部队都多。即使不算解决威海卫出现的麻烦，天津之战有我们的份，

八国联军侵华期间，日本军队在屠杀中国人民。请注意，他们的身边有穿着军服的清朝士兵。日本随军记者拍摄于1900年。

八国联军侵华期间，日本军队在屠杀中国人民。请注意，他们的身边有穿着军服的清朝士兵。日本随军记者拍摄于1900年。

解救北京有我们的份，以及1900年8月到独流和附近的北仓，这些远征都是我们干的，没有其他军团参加。”当战争结束后，为了表彰这支部队攻克天津城的功劳，英国陆军部还特意设计了一种以天津城门为图案的徽章作为中国军团的团徽，镶嵌在军团士兵的帽子和衣领上。至于那些阵亡的官兵，英国政府也特意在威海卫修建了一座刻有他们姓名的纪念碑作为褒奖。1902年，中国军团甚至有12名官兵作为嘉宾参加了英国国王爱德华七世的加冕典礼。在鼎盛时期，这支部队的兵员一度达到1320人。直到1906年6月，中国军团才最终被解散。最具有讽刺性的是，当八国联军1900年作为胜利者进入北京后，曾于8月28日在紫禁城举行了隆重的占领仪式，而中国军团就作为一个独立的作战单位参加了仪式。据一位在场的西方人回忆，每支部队进入会场时，两旁的观众都会发出雷鸣般的欢呼声，可是当中国兵团出现时，这种欢呼声突然降低了分贝。的确，这样的场景无论发生在哪个国家都够“无厘头”的了，一群士兵居然成为了打败自己祖国的侵略者，这样的事情恐怕只有在大清帝国才能发生！

多年以后，最先觉醒起来的中国知识分子曾总结了国民的四大弱点，即愚、贫、病、弱。如果冷静地分析一下，晚清时期的中国民众确实大多具有这四种弱点。难道是他们真的不爱国吗？恐怕问题并没有那么简单。实际上，像满清这样的专制王朝，当其一步步走向穷途末路时，又怎能指望子民们力挽狂澜呢？正如当时一位头脑较为清醒的旁观者所总结的：“国不知有民，民就不知有国。”而传教士明恩溥在谈及中国人缺乏公共精神时的一番话至今都足以令我们深思：“（中国）民众的态度则与政府十分对应，所有的人都认为，只要自己的个人财

八国联军侵华期间屠杀义和团的经典照片，看看旁边围观的那些中国百姓，表情是那么淡定，这种情形与鲁迅先生后来在文章中所感慨的一模一样。照片可能是德国随军记者拍摄，1900年。

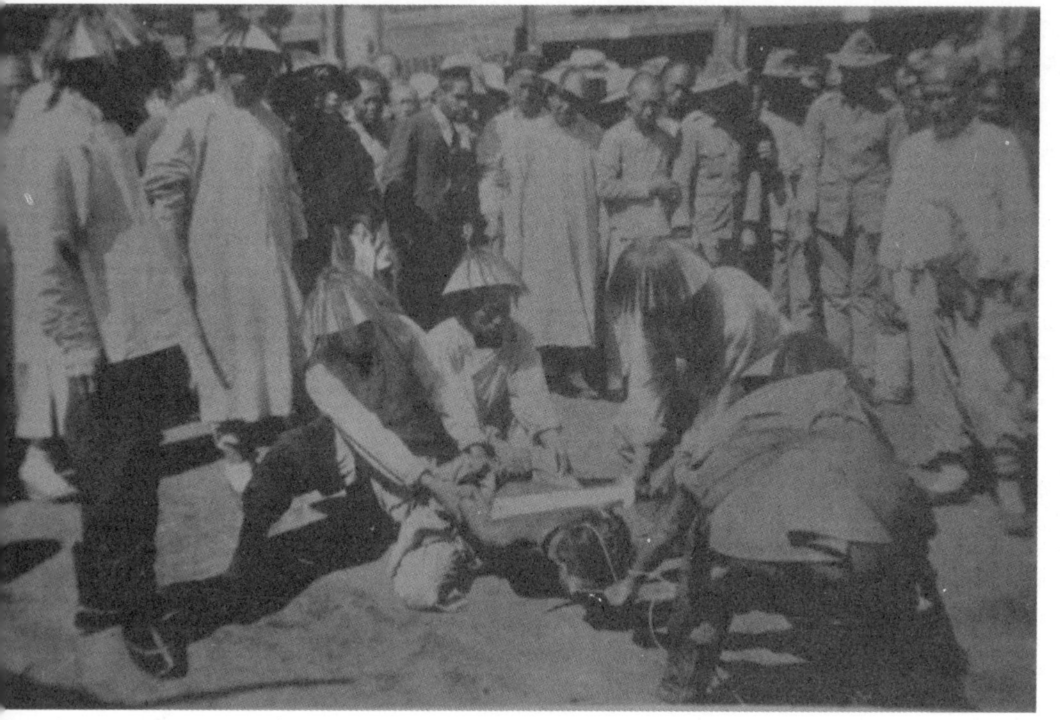

八国联军侵华期间屠杀义和团的经典照片，看看旁边围观的那些中国百姓，表情是那么淡定，这种情形与鲁迅先生后来在文章中所感慨的一模一样。照片可能是德国随军记者拍摄，1900年。

英国殖民者在威海卫组建的“中国军团”，1898～1906年。

产不受损失，就不必去关心或者没有责任去关心公共财产。事实上，道路等属于公众，这样的概念，中国人心里根本就没有。‘江山’（这个帝国）属于当今皇上，他能拥有多久就多久。道路也是皇上的，一切与道路有关的事都让皇上去操心好了。中国人根本没有我们西方人所说的那种‘公用道路及其通行权’的一丁点概念。”

1895年，天津至卢沟桥的津芦铁路途经北京哈德门（崇文门）时施工情形。

第五章 落日斜阳

傲慢过，失败过，思考过，奋斗过，绝望了——这恐怕就是晚期时期这个老大帝国所走过的奋斗历程。在经历了两次鸦片战争、中法战争、甲午战争、八国联军一系列惨痛的失败后，在经历了洋务运动、戊戌变法、新政一系列的绝地自救后，大清王朝已经很疲惫了。随着20世纪的来临，某种命运的召唤似乎已经回荡在历史的天空。生存，还是死亡，这是个问题。在历史的规律面前，人无法回避死亡，一个王朝同样如此。虽然在垂危之际又出现了一些鼓舞人心的迹象，但也只不过是回光返照罢了。此时，几乎所有旁观者都开始唱起挽歌：西边的太阳就要落山了，王朝的末日就要来到了……

晚清军舰“海圻”号全体官兵合影，1911年。通过照片可以看出，此时帝国海军将士们的面貌已焕然一新，与此前北洋舰队时代完全不同。只可惜，如果这样的帝国海军早十年出现，那么大清王朝的命运会不会是另一番景象？

一、风雨龙旗犹自飘

北大西洋的海面上碧波如洗，随着一阵汽笛鸣响，大清帝国的“海圻”号巡洋舰缓缓驶离纽约，一路南下前往加勒比海区域。在阵阵海风中，舰首上悬挂的黄色“龙旗”猎猎作响。这是1911年8月17日，由于数月前古巴、墨西哥等国发生了严重的排华事件，为了替那里长期以来备受压迫的同胞讨回公道，“海圻”号奉朝廷之命，在结束对美利坚合众国为期一周的访问后转赴拉美宣威。虽然“海圻”号是孤身前往，但这次护侨行动却堪称大清帝国海军史上最闪光的一次亮相了。

在晚清历史上，帝国海军这支“龙旗飘扬的舰队”可谓历经风雨，几乎就是整个王朝与命运抗争的一个缩影。

众所周知，作为一个古老的内陆型帝国，中国历代封建王朝都对发展海上势力很不感冒。即使在明代前期曾出现过郑和七下西洋的壮举，但那也只是昙花一现，而且此次行动几乎没有军事意义。到满清王朝时，统治者在对海洋的观念上更加退步，实行了长达一百多年的海禁政策。直到鸦片战争后，在列强坚船利炮的轰击下，大清王朝封闭的大门才被迫打开。此时满清朝廷才意识到，来自海上的威胁越来越关系到帝国的生死存亡，而发展海上军事力量则显得迫在眉睫。鉴于旧式的八旗和绿营水师已无法抵御列强的侵略，朝廷终于开始下定决心发展近代化的海军。

早在19世纪40年代初，林则徐、魏源等前辈就提出了仿制西洋船炮的主张，并总结出著名的“师夷长技以制夷”路线，只不过当时没有引起朝廷的真正重视。过了20年后，在镇压太平天国起义的过程中，中央一些决策者开始受到触动，从而萌发了创建帝国海军的想法。由于手中没有核心技术，也没有任何近代意义上的工业基础，因此起初的海军装备乃至人员完全靠从西方引进。1862年，时任大清海关总税务司的英国人李泰国向朝廷建议通过购买的方式建立一支小型舰队。在获得授权后，李泰国以代理人的身份在英国购舰船7艘，并聘请英国海军上校阿思本为舰队司令。但是由于此二人之间的合同并没有得到朝廷的批准，双方一度关系恶化。最终，朝廷不得不在赔付一大笔银子后将这支雇佣军遣散，着实吃了个哑巴亏。

幸运的是，此后洋务运动开始兴起。由于受阿思本舰队事件的刺激，清王朝决心大力发展造船工业，同时也从西方购买大型军舰，在此基础上创建近代海军。值得一提的是，1874～1875年间，在王朝内部还发生了一场关于海防与塞防的大辩论，而李鸿章与左宗棠两位洋务大员甚至为此事闹得水火不容。最终，朝廷意识到必须同时发展海防和塞防，一方面进军新疆剿灭分裂势力，另一方面则投入巨资购买军舰，训练海军。从此，属于帝国海军的春天来临了。特别是在1874年日本悍然发动对台湾的侵略后，感受到空前危机的朝廷决定加大投入，加速海军建设。1875年，确定由南洋大臣沈葆桢、北洋大臣李鸿章分南北洋两大海区组建新式舰队。到1884年中法战争前，南、北洋各路海军的总吨位约5万吨，但军舰性能和作战能力都较差。而经过中法战争的打击，南洋海军损失惨重，朝廷随后将北洋海军作为重点扶植的对象。

中法战争结束后，深受刺激的清王朝进一步下决心大力发展海军，其第一步行动便是优先建设北洋水师。1885年10月，朝廷任命醇亲王奕譞会同奕劻李鸿章等大臣负责海军事务，同时设立总理海军事务衙门，重点任务为编练北洋海军。随后两年内，清王朝向德、英等国订购的每艘排水量达7335吨的铁甲舰“定远”、“镇远”，以及巡洋舰“济远”、“致远”、“靖远”、“经远”、“来远”和一批鱼

晚清北洋水师在天津演习时的主帅船。19世纪80年代。

雷艇先后交付使用，并统统划归北洋海军。再加上原有的军舰，北洋海军舰船总数约30艘。1888年，北洋海军正式宣告建成，舰艇官兵共约4000余人，各级主要将领也都受过正规海军教育。为组建这支舰队，朝廷总共耗资达3000余万两白银，堪称史无前例的大手笔。到1894年甲午战争爆发前，清王朝南北各路海军舰船总吨位约达7.5万吨，在当时的亚洲是绝对的老大。也正因如此，当年帝国的各级官员才敢在诸邻国面前变得非常硬气。尤其是作为中国主要对手的日本，更是多次受到刺激。

话说在1886年7月，为了防止俄国对打朝鲜的主意，李鸿章命令北洋水师提督丁汝昌率领北洋舰队前往朝鲜海域演习，借以展示清政府强大的海军实力，制止敌国可能的侵略企图。接到命令后，丁汝昌立即在洋教习琅威理的陪同下率"定远"、"镇远"、"济远"、"威远"、"超勇"、"扬威"6艘军舰前往朝鲜东海岸海上演习。结束演习后，丁汝昌又率领"定远"、"镇远"、"济远"和"威远"4艘军舰前往日本长崎进行大修，不料这一去竟惹出一场激烈的外交纠纷。

8月1日，北洋舰队四艘军舰抵达长崎港。由于这是大清帝国的铁甲巨舰首次驾临日本，因此当地民众纷纷前来码头看热闹。需要提醒各位的是，虽然日本的明治维新已经进行20多年了，但那时在海军建设方面却远远落后于中国。尽管自鸦片战争以来，中国在日本民众心目中的威望直线下降，但目睹大清朝海军的威武之师，他们的内心仍充满了惊叹、羡慕和嫉妒。不过在日本人眼中，大清舰队虽然称得上是威武之师，却似乎并非文明之师。

原来在8月13日这天，北洋舰队领导批准手下的水兵们上岸购物。不料有几名水兵却私自开溜，跑到当地妓院嫖娼去了。根据后来日方的报道，由于一些琐事，这些水兵与妓院老板发生了冲突，当日本警察来处理争端时，冲突进一步升级，最终引发群殴事件，致使一名日本警察被刺伤，肇事的中国水兵也身受重伤。此事传回北洋舰队指挥部后，有关领导也非常恼怒。顶头上司李鸿章就在内部讲话中承认对手下缺乏约束，导致闹出这样的国际笑话。但是另一方面，他又大度地表示，当兵的粗人们天性好色，虽然违反了纪律，却也不是什么大不了的事情，只要能报效朝廷，就不要揪住辫子不放了。然而仅过了两天，一场更大的冲突事件再度发生。

两天后的8月15日，恰逢北洋舰队放假，数百名水兵获准登岸上街观光。出发前，舰队司令丁汝昌为防止意外，再三交代手下们不要携带武器，尽量避免与当地日本人发生摩擦。却不曾想，在获悉中国水兵将登岸的消息后，长崎当地的警察因怀恨在心，早就预谋好了突然袭击。当毫无防备的中国水兵来到长崎市区街道时，数百名全副武装的日本警察突然堵住各街道两头，然后围住手无寸铁的中国水兵挥刀砍杀。在他们的鼓动下，当地居民也纷纷从楼上往下浇开水、掷石块，有些武林中人甚至手拿刀棍参与混战。由于中国水兵猝不及防，又散布各街，结果损失惨重。据统计，这场混战共造成中方被打死5名，重伤6名，轻伤38名，失踪5名；而日方警察被打死1名，伤30名，当地市民负伤多名。事件发生后，中方立即通过外交渠道与日方进行了交涉。由于双方的态度都非常强硬，结果谈判一直持续了好几个月。而在北洋舰队中，广大官兵的情绪更为激烈，就连洋教习琅威理都主张立即对日绝交开战，停泊在长崎港的那几艘巨舰甚至已进入临战状态。直到次年2月，在英、德公使的调停下，中日两国才勉强达成协议，没有追究责任和是非，最终各自出了一笔抚恤款了事。当然，日方掏的钱要远多于中方。这场曾在国际上闹得沸沸扬扬的“长崎事件”，也就此暂时平息。

然而当时北洋舰队的官兵们可能不会想到，“长崎事件”仅仅是一段特殊历史的开始，也为他们将来的命运埋下了可怕的伏笔。因为就在“长崎事件”

北洋水师提督丁汝昌。

大清王朝刚开始建设海军时的场景，士兵训练。19世纪80年代。

北洋海军的主力舰之一——“定远舰”。

过后，深感屈辱的日本开始萌生出一股强烈的仇华情绪。从此，他们不惜投入巨大的人力物力财力发展海军，其狂热程度几乎到了孤注一掷的地步。当时日本海军界最流行的一句口号就是“一定要打胜‘定远’”。甚至在儿童中都盛行起了一种打击中国军舰的游戏：一组孩子扮成中国舰队，另一组则扮成日本舰队，进行捕捉“定远”、“镇远”的战斗游戏。为了在短期内赶超中国海军，日本皇室也慷慨解囊。1887年3月，明治天皇下令从内库拨款30万元作为海防补助费，全国的贵族和富豪无不为天皇资助海军建设的行为而感动，也都竞相为海防捐款，至9月底捐款数就达到103.8万元，随后两年间，日本又斥巨资购买或建造了“千代田”号、“吉野”号、“秋津洲”号和“八重山”号等巨舰，其中购自英国的“吉野”号是当时世界上航速最快的巡洋舰。虽然此时的日本海军仍稍落后于中国，但他们的军舰在许多性能上超过了北洋舰队。到1891年北洋舰队应邀访问日本时，虽然日本各界依然对其豪华的阵容心怀敬畏，但这支舰队所暴露出的种种不良习气已经使一些日本野心家窥伺到了机会。与此同时，北洋舰队的将领也通过观察惊奇地发现，短短几年间，日本的海军实力正可谓进展神速，如果中国方面不与时俱进，恐怕很快就会被对方赶超。令人失望的是，当他们向朝廷请求继续加大海军投入时，却遭到了当头棒喝。朝廷以经费短缺为由，不但没有增加投入，反而大幅压缩海军经费，以至于北洋舰队多年内没有添置任何硬件。而在一海之隔，为了完成对付北洋海军的最高

北洋海军的巨舰们（由上而下）："靖远"、"镇远"、"定远"。想当年，北洋舰队的超级豪华阵容着实刺激了日本人的神经。

任务，日本天皇先是批准了建造10万吨军舰的庞大计划，1893年又决定此后6年内从皇室私房钱中每年拨出30万日元，甚至从文武百官的工资中扣除10%作为造舰费。到甲午战争爆发前，日本海军已拥有各种军舰55艘，迅速发展成为一支可与北洋舰队抗衡的海上力量。遗憾的是，自建成后就基本靠吃老本维持的北洋舰队却再也没有太大发展。因为就在日本天皇带头捐款购买军舰时，大清朝的慈禧太后却正为筹备自己的60大寿而挪用海军经费扩建颐和园呢！

甲午战争中，号称"亚洲第一舰队"的北洋水师在与日本联合舰队的正面较量中遭遇惨败，最终全军覆没。眼看数十年的心血竟毁于一旦，这一失败立即在大清王朝引发了一场政治危机。战后，原北洋舰队作为整场战争失败的替罪羊，官兵被全部强行遣散，总理海军衙门撤停。值得庆幸的是，虽然保守派主张韬光养晦，彻底停办海军，但在直隶总督王文韶等人的坚持下，朝廷仍于1896年下令重建北洋舰队。经过3年的努力，重建后的北洋舰队在慢慢恢复元气。特别是1908年末代皇帝宣统即位后，在皇室贵族载洵等人的支持下，帝国海军的发展再次步入了快车道。

1909年2月，朝廷命肃亲王善耆、度支部尚书载泽、陆军部尚书铁良、海军提督萨镇冰共同筹划整顿海军。为了表示重建海军的决心，朝廷随后又宣布皇帝为大清帝国陆海军大元帅，暂由监国摄政王载沣代理，而有关海军事宜则由贝勒载洵和海军提督萨镇冰等负责，把全国五支舰队统一改编为巡洋和长江两支舰队，并批准数

“定远”舰官兵合影，甲午战争前夕。

目可观的经费。1910年，海军部成立，载洵为海军大臣。实际上，在此期间，“洵郡王”已经为重建帝国海军积极奔走了大半个地球。

载洵（1886～1949）满洲皇室贵族，光绪皇帝之弟。1902年袭贝勒，1908年加郡王衔。1908年，年仅3岁的溥仪继承皇位，其父载沣成为摄政王。载沣随即委派自己的亲弟弟、时年22岁的载洵掌管海军，后者由此成为大清帝国最后一任海军总司令。虽然年轻的载总司令本人对海军事务几乎一窍不通,但雄心勃勃的他却很重用人才。在海军界元老萨镇冰等人的协助下，他向朝廷提交了一份海军七年发展规划：首先整顿原有各式兵轮，然后用5年的时间添造头等战舰8艘、巡洋舰20余艘、各种兵轮10艘，编制3队水鱼雷艇；编定北洋舰队、南洋舰队及闽省等各洋舰队；建立一系列军港和船坞；设立海军大学等。很快，朝廷批准了这一计划，并命令各省筹集开办费1800万两白银。

就像历次创建海军之前所做的一样，为了及时吸收西方的先进成果和经验，朝廷又决定派载洵和萨镇冰赴欧洲各国进行考察，同时选派23名年轻的海军军官和海军学生随队前往英国留学。虽然这又是一次代价不菲的“公费出国”，但国内舆论还是给予了很大支持。1909年10月，载洵一行从上海出发，先到意大利、奥地利定购了一些炮舰和一艘特快驱逐舰，随后又前往军事制造业最发达的德国取经。对“洵郡王”的来访，德国方面高度重视。为了赢得即将到来的巨额订单，该国不但派出高级官员前去火车站迎接，提供各种周到的服务，德国皇帝甚至将自己的御用马车供贵客使用。在东道主热情的安排下，载洵一行先后考察了德国的船厂、炮厂以及海军各机构，并最终定造了三艘驱逐舰和两艘炮舰。结束了在德国的访问之后，考察团又直奔英国，在那里参观了著名的皇家海军学院，并且定造了一艘巡洋舰。最后他们造访俄国，由此乘火车经西伯利亚回国。可以说，此次历时三个多月的考察之旅，使载洵一行学到了不少海军建设的经验。

值得一提的是，风闻清王朝重建舰队的计划后，为了获得订单，美国的军工巨头们也纷纷督促政府邀请载洵前来考察，以推销本国生产的军舰。于是在1910年7月，载洵又奏请前往美国考察。同年9月13日，考察团抵达美国夏威夷，夏威夷海军基地司令里斯上将和美国第5骑兵旅斯凯勒上校分别委派2名助手及警官和清朝驻夏威夷领事梁国英前往港口之外迎接。在载洵所乘轮船驶进码头时，美国海军鸣礼炮21响，仪仗队、骑兵旅、步兵团、海军陆战队和一大班警卫人员组成迎接队伍。接着，载洵被护送至州府大楼，州长率主要官员及美国驻夏威夷的陆军和海军部门的指挥官亲自接待，并在载洵抵达和离开州府大楼时，均鸣放21响礼炮。如此高规格的待遇，恐怕就连当年李鸿章到访时的场面都要为之逊色。在随后10多天的访问期间，美国政府除安排载洵一行考察旧金山、纽约、波士顿等地的造船公司、钢铁公司及海军造船厂外，还安排他们访问美国造币厂、国会图书馆和美国最高陆军院校——西点军校。在繁忙的公务之余，好客的美国人还安排载洵一行到各著名景点观光旅游。9月27日，当载洵一行访问华盛顿时，美国总统塔夫脱还亲自接见了他们。

在回国途中，载洵一行还顺道访问了日本。这样的场面，不仅让人欷歔万分。想当年，出现在日本人面前的北洋舰队是那么不可一世。而如今，老师与学生之间的角色已彻底掉换了，老大哥不得不放下身段来向小老弟学习。尤其是对那些亲身经历过黄海之战的海军将领们而言，此时不知作何感想。巧合的是，载洵一行所访问的恰恰是当年两国冲突的发生地——长崎。在这里，载洵向著名的三菱造船所定造了“永丰号”炮舰，向川崎造船所定造了“永翔号”

“定远”舰管带邓世昌，著名民族英雄，甲午海战中为国捐躯。

甲午海战中，因遭重击而渐渐沉没的“靖远”舰，1894年。仅仅不到10年的时间，日本人就在海军建设上赶超了清王朝，并在甲午海战中打了个漂亮的翻身仗，而大清帝国曾经引以为骄傲的北洋舰队就此消失在了茫茫黄海中。

载洵访问德国考察海军期间留影，1909年。

炮舰。15年后（1925），在广州服役的“永丰号”炮舰被改名为“中山舰”，成为另一段中国政治史的见证者。

尽管当时大清帝国已是日薄西山，但在重建海军方面的努力还是值得铭记的。经过十余年的缓慢恢复，至1911年，帝国海军的总吨位约3.2万吨。不过这样的规模，就连当年北洋舰队的一半都不到。

历史常常就是那么具有戏剧性。虽然大清帝国的海上辉煌永远也无法重现，但就在帝国“临终”之际，却演绎了一幕此后百年内都难以复制的传奇。难道，这就是所谓的“回光返照”？

那是在1910年年底，为了庆祝来年5月乔治五世的加冕典礼，英国政府向清王朝发出邀请，希望派遣特使及一艘军舰前往访问。经过认真考虑，朝廷决定派贝子衔镇国将军载振为头等专使大臣前往致贺，并选派“海圻”号巡洋舰同去参加英王加冕典礼上的检阅海军仪式。说起这“海圻”号，在当时帝国舰队中可是重量级的角色。这艘巡洋舰由英国阿姆斯特朗船厂建造，总造价计328242英镑，排水量4300吨，最大航速24海里/小时，装备有各种口径的舰炮34门，鱼雷发射架7座，1899年交付使用。临行前，“海圻”号又接受了一桩新任务：回访美国。如此重大的海上外交行动，在大清王朝的历史上绝对是破天荒的。

1911年4月21日，“海圻”号巡洋舰由上海起航。为了这次出访，大清帝国巡洋舰队司令程璧光亲自驻舰指挥，舰上共载官兵450人，还配有参谋、英文秘书等。出发之前，政府还下令为全体官兵仿照英国海军军服样式定做了军服，并给每个人多发一个月的薪水作为出差补贴。值得一提的是，就在驶离上海后不久，舰队司令程璧光便下令全体官兵剪掉辫子，以免不伦不类的打扮遭到国际同行的笑话。前往英国途中，“海圻”号先后访问了新加坡、科伦坡、亚丁、塞得港等海港，最终于6月20日驶抵朴次茅斯军港等候多国海军编队海上大检阅。在朴次茅斯，该市市长为欢迎“海圻”号访英，特别举行盛大游园会，各界名流纷纷前来参观。 6月22日，

“海琛”号军舰。

程璧光率领一干随员前往伦敦，会同应邀出席典礼的政府特派专使载振以及驻英公使刘玉麟等，出席了英王乔治五世的加冕庆典。24日，乔治五世国王偕王后在朴次茅斯港附近的斯匹赫德水域检阅多国舰艇编队。中国专使载振和程璧光作为贵宾，应邀登上英王所乘坐的检阅艇观看海上检阅。在这场隆重而壮观的海上检阅式结束后，乔治五世国王及王后还专门接见了程璧光，并向其颁赠“加冕银牌”。

参加完在英国的海上检阅仪式后，“海圻”号还曾访问它的出生地——位于纽卡斯尔港的阿姆斯特朗船厂。8月10日，“海圻”号横渡大西洋抵达纽约，这也是中国军舰首次出访美国本土。当时的美国一心想获得来自清王朝的军舰订单，因此对“海圻”号的到访极为重视。美国各界不但对程璧光一行盛情款待，正在休假的塔夫脱总统还特地在波士顿接见了中国客人。一周后，“海圻”号结束在美国的访问，奉命沿美国东海岸南下，前往古巴、墨西哥等国开展护侨行动。原来在这年5月，墨西哥国内发生政治动荡，反政府武装在弗兰西斯科·马德罗的领导下攻入军事重镇托雷翁市。然而在叛军进城后，却对当地的华人展开了抢劫和屠杀，造成了303名华人丧生，财产蒙受重大损失。随后，在古巴等地也出现了类似的排华浪潮。这一消息传回国内后，清政府迅速与墨西哥当局交涉，要求赔偿华人损失，并停止一切排华行动。鉴于对方态度蛮横，拒绝就此事采取行动，在中国驻墨西哥公使的请求下，朝廷发电报下令“海圻”号由纽约起航，穿过佛罗里达海峡，首先驶抵古巴首都哈瓦那。看到祖国的巨舰前来，以往备受欺凌的华侨不禁喜出望外，他们做梦也没想到一向软弱的清王朝居然能派出如此威武的巡洋舰来到万里之外为自己撑腰。欣喜之下，古巴华侨纷纷到港口迎接亲人，为“海圻”号全体官兵接风洗尘，并竞相请至家中盛情招待。所谓瘦死的骆驼比马大，大清国虽然已日落西山，但好歹比古巴、墨西哥这些弹丸小国强大。特别是在“海圻”号巡洋舰的威慑下，古巴政府对华侨的态度立即发生了变化，该国总统在接见程璧光时特意保证，古巴国民决不会歧视华侨。10天后，“海圻”号正准备离开哈瓦那按原计划继续西行访问墨

“海容”号军舰。这两艘军舰都是甲午战争后重建帝国海军时期的产物。

“海圻”号官兵合影。具有讽刺意味的是，就在帝国行将就木时，却凭借这艘巡洋舰书写了一段近代中国海军史上罕见的辉煌。

清末海军副都统将旗。

西哥。但是由于国内发来电报，称墨西哥政府已就排华事件正式向清政府赔礼道歉，并答应偿付受害侨民的生命财产损失，因此决定让“海圻”号中止行动。

9月初，“海圻”号离开哈瓦那，踏上了归国之旅。考虑到存煤量及给养有限，该舰最终取消了从巴拿马运河进入太平洋回国的计划，而是于9月下旬再次抵达英国，准备按原路返回。不久后，从国内传来了辛亥革命胜利的消息。在本就倾向于革命的程璧光的率领下，“海圻”号全体官兵决定在海外易帜，加入革命阵营。1912年1月1日，即民国元年元旦，“海圻”号在英国巴罗港举行了隆重的易帜仪式。军乐声中，舰首悬挂的那面黄色龙旗缓缓落下，而象征民国的五色旗则徐徐升起。

1912年3月末，“海圻”号由巴罗港出发踏上归国的航程，于5月末抵达上海。此次历时400多天的海外出访，途经8国14港，总航程30850海里，更无意中跨越了两个朝代。出发时还悬挂着大清黄龙旗，回来时却已改成民国五色旗了，如此罕见的历史“穿越”，恐怕在世界海军史上也是绝无仅有的。

清末北京城修通铁路时的情形，1901年。照片中，轰鸣的火车穿越打开缺口的北京城墙，画面具有极强的象征意义。

二、碾碎帝国的火车

1876年7月1日，地处上海租界以北的江湾一带热闹非凡，成千上万的百姓将这里挤得水泄不通。原来在这一天，由英商怡和洋行修建的吴淞铁路（江湾段）举行通车典礼。虽然这条“迷你”铁路仅有13余里长，却是大清帝国第一条真正意义上的铁路，因此一经问世，便引起了中国民众极大的兴趣。对这样的重大新闻，各路媒体也纷纷予以高度关注。不但上海本埠的报界老大《申报》对此事进行了连续报道，就连一些照相馆也将其视为重大题材，提前几天就拍摄了一些纪念性场面。7月3日，吴淞铁路正式投入运营。为了体验一把洋人的“速度”，上海周边百姓纷纷踊跃购票乘坐“火轮车”，场面之火爆，丝毫不亚于一百多年后磁悬浮车在这个城市所引起的轰动。关于这种情形，当时的《申报》曾这样报道：“到下午一点钟，男女老幼，纷至沓来，大半皆愿坐上中两等之车，顷刻之间，车厢已无虚位，竟有买得上中之票仍坐下等车者。迨车已开行，而来人尚如潮涌至，盖皆以从未目睹，欲亲身试之耳。”有趣的是，由于当时摄影技术的限制，照相材料感光慢，无法进行现场拍摄，因此为了拍摄“纪录片”时营造出热闹的气氛，早在半个月前，上海本地有名的日成照相馆还曾在《申报》上刊登广告，公开征集志愿者前往火车站冒充嘉宾，以便完成拍摄通车典礼的任务。

说来实在惭愧，当大清帝国还在像欣赏不明飞行物一样看待洋人的“火轮车”时，铁路却已诞生整整半个世纪了。众所周知，铁路乃工业革命的产物。早在1825年时，英国人便率先建成了世界上第一条公用铁路。此后短短几十年间，世界各国都纷纷兴起了修建铁路的热潮。当然，就如同照相术一样，中国人也很早就知道了铁路这回事儿。特别是鸦片战争之后，最先睁眼看世界的那拨儿人如林则徐、魏源、徐继畬等，都曾向国人介绍过这方面的知识。不过对那发出巨大吼声的蒸汽机车，大清帝国从一开始就充满了恐惧与抵触，大多数同胞都认为这种可怕的钢铁怪兽会破坏祖国的土地、房屋乃至风水。第二次鸦片战争之后，随着西方列强势力的不断涌入，为了将这个封闭的古老帝国纳入自己的“轨道”，他们开始不断向清朝重点鼓吹修建铁路的好处。为了增强说服力，1865年，一位名叫杜兰德的英国商人还曾在北京的宣武门外，沿着护城河修建了一条只有一里长的小铁路向中国人进行展览。不过令西方人失望的是，由于当时满清统治者的极力排斥，这条小铁路最终被勒令拆除。

既然在北京的推广没有达到预期的效果，西方人便将重点转向了较为开放的口岸城市上海。而为了获得朝廷的批文，他们着实费了不少心思。早在1866年，英国公使威妥玛就曾试探性地向清政府提出，鉴于吴淞至上海之间河道淤塞，大吨位轮船无法停靠上海港，因此请求修筑从吴淞到上海的铁路，结果被断然拒绝了。直到1874年，脑筋更活泛的英商怡和洋行使出了一招“移花接木”的妙招。该公司声称要修筑一条吴淞至上海的“马路”，因而顺利获得批准。随后他们征购了从上海租界以北到吴淞一带的土地，雇请当地百姓施工。其间又经过几番波折，终于在 6月30日修成上海至江湾段铁路，随即于7月3日正式营业。虽然这条微型铁路是靠欺骗手段修建起来的，但上海本地的普通民众对其还是很欢迎的。为了亲身体验一下坐火车的感觉，人们纷纷慷慨解囊。据记载，当时运营方拟定的票价是非常昂贵的：上等座收大洋半元，中等座收大洋二角五分，下等座收制钱120文。虽然运营的时间仅持续了16个月，但前后所发送的旅客竟多达16万人次。据说就连一些住在城内几乎终年不出门的人，也接二连三地携家眷前来体验。关于洋人的火车受到追捧的情形，当年《申报》曾有一篇报道称：“或有老妇扶杖而张口延望者，或有少年荷锄而痴立者，或有弱女子观之而喜笑者……未有一人不面带喜

1876年7月，吴淞铁路开通时情形。

《点石斋画报》对吴淞铁路开通的图画报道，1876年7月。

色也。”

然而令投资方怡和洋行深感郁闷的是，这样来钱的“游乐”项目却没有生存多久。就在铁路通车一个月后，8月3日那天，火车在行进中意外地压死了一名中国士兵。这下可麻烦了。本来在铁路修建过程中，沿途一些百姓就因为拆迁问题而心生不满，现在出了这样的事故，他们自然将满腔的怒火撒了出来。在一些民众的抗议下，清政府勒令吴淞铁路停运。随后经过多方交涉，最终达成《收买吴淞铁路条款》，规定铁路包括所有地段铁路、火轮车辆、机器等项由中国买断后，悉听中国自主。1877年10月20日，中方赎路款项全部付清，其数额为285000两白银，而当初英国人修建该铁路时仅花了150000两——洋人真是赚大发了。之后，朝廷下令将吴淞铁路全部拆除，随后将所有的钢轨、器材运往台湾，以备不久后宝岛修建铁路之用。令人尴尬的是，这些材料在台湾也没有派上用场，最终在风雨中锈蚀成了一堆废铁。

不过对朝中正在开展洋务运动的大臣们而言，修建属于中国自己的铁路显然已迫在眉睫了。从19世纪70年代起，他们就不断提出修建铁路的主张。1872年，鉴于列强在中国制造了一系列边疆危机，洋务派重臣李鸿章借机建议政府修建铁路，以加强对这些地区的控制。不料想，如此合理的提议却遭到一片反对。两年后，当日本出兵台湾时，李鸿章再度提出修建铁路的主张。为了寻求支持，他还极力游说恭亲王奕䜣，向其陈述铁路的诸多好处。最终，由于恭亲王深恐顽固派的强烈反对而没有了下文。又过了两年后，李鸿章转而鼓动自己的亲信、福建巡抚丁日昌出面上奏，请求在台湾修建铁路。不久他又授意淮军将领刘铭传上《筹造铁路以图自强折》，正式提出修建从北京分别到清江浦、汉口、盛京、甘肃四条铁路的主张。然而在朝廷下令就此事进行讨论时，顽固派再度强烈反对，有的担心逢山开路、遇水架桥会惊动山神和龙王，致使惹怒神灵招来巨大灾难。有的则甚至将莫须有的“汉奸”帽子扣到李鸿章等人的头上。最终，朝廷于1881年2月发布上谕，将刘铭传等人的提议打入冷宫。

唯一值得庆幸的是，虽然洋务派有关大规模修建铁路的建议屡次遭到打击，但这并不妨碍他们在局部地区小打小闹。1878年6月，李鸿章委派轮船招商局总办唐廷枢负责筹办的开平煤矿正式挂牌。为了解决将煤炭运往天津的问题，李鸿章奏请修建唐山至北塘的铁路。这一计划最初得到了朝廷的批准，但随后便遭到顽固派王公大臣的群起攻击，而他们最担心的则是火车轰鸣声会震动遵化附近的皇陵。经过权衡，朝廷决定缩短计划中的铁路，仅下令修建唐山至胥各庄一段。更可笑的是，为避免机车震动皇陵，朝廷竟下令由骡马牵引火车车皮。1881年6月，全长仅十公里的唐胥铁路竣工，这也是中国第一条自建铁路。只是由骡马牵引的火车车皮行进在铁轨上，着实令当时的国际舆论“可乐”了一阵。直到1882年，或许意识到此事也太不靠谱了，朝廷才准许使用蒸汽机车。兴奋之下，时任直隶总督的李鸿章亲自乘坐“龙号”机车视察了唐胥铁路。

与此同时，洋务派仍在进行着不懈的努力，试图说服当权者转变观念大力发展铁路事业，最后还是李鸿章想出了一个点子。1888年，他动用海军建设经费，在北海、中海西侧专门为慈禧太后修建了一条长约2公里的宫廷铁路。这条铁路由静清斋至瀛秀园，途经紫光阁，故称紫光阁铁路。对这件新奇的礼物，慈禧太后毫不犹豫地笑纳了。在李鸿章等人的鼓动下，她率领一干大臣坐上6节车厢的小火车，前面则由太监们人力牵引。在亲身体验了一把后，慈禧太后对铁路及火车的态度迅速改变，由此开始支持洋务派的铁路计划。

第一个捞到好处的便是李鸿章。1884中法战争结束后，朝廷设立海军衙门，并将铁路事宜划归该衙门负责。此后，在海军衙门总理奕譞的支持下，李鸿章开始扩建唐胥铁

1881年6月，唐胥铁路竣工情形。

路。他先是授意开平矿务局将铁路延长为四十公里的唐芦铁路，同时又提出进一步延长到天津的计划。1888年3月，李鸿章任命詹天佑为唐津铁路总工程师。9月，该铁路全线通车。值得一提的是，朝廷特派李鸿章等巡视并主持通车仪式，而路方还特备花车一辆供来宾乘用。

1889年，经过又一波大讨论，朝廷批准两广总督张之洞奏请修建卢汉铁路的计划，痛斥顽固派官员不识时务，从而正式掀开了大清帝国铁路建设的新高潮。据统计，从1881年唐胥铁路建成到1911年的30多年间，清王朝共建成铁路9000公里，并且诞生了像京张铁路这样的“民族品牌”。然而王朝的统治者哪里会想到，就是这看似简单的铁路，有朝一日将成为倾覆帝国的导火索。

在清朝末年，随着举国上下对铁路的认识趋于一致，一系列重大工程先后上马。不过对一个老大贫弱的帝国来说，这些项目哪个不得花钱？为了解决资金问题，各有关方面便展开了一场具有“大清特色”的铁路建设运动。

大体上讲，清末的铁路政策分为官办和商办两种。甲午战争后，鉴于铁路对国防的重要性，朝廷决定由国家筹集资金自办铁路。然而由于国贫民困，大多情况下又不得不走吸引外资的渠道。这样一来，势必又引发新的问题，那就是洋人的盘剥与控制。事实上，在当时许多新修的铁路中，清政府往往被迫将管理权、用人权、稽核权、购料权拱手让给外国借款公司，而这也给列强侵占中国权益提供了便利。在朝野舆论的压力下，朝廷到后来更多地鼓励民间融资修建铁路。受此鼓励，各地官民纷纷行动起来，有钱的出钱，有力的出力，决心从洋人手中收回路权，由中国人自己来修建铁路。1904年，张之洞听从湖南士绅王先谦的建议，斥资650万美元，以高于原价近一倍的资金，从美国人手里赎回粤汉铁路的修筑权。虽然代价不小，但这一行动仍被视为赎回路权的成功案例。此后几年间，各省纷纷效法粤汉铁路，汇集民间资金大办铁路。

1895年，天津至卢沟桥的津芦铁路途经北京哈德门（崇文门）时施工情形。

1901年，京汉铁路途经北京城外情形。

詹天佑，著名的京张铁路总工程师。

清末洋务派大员张之洞，对于当时中国铁路的发展起到了推动作用。摄于20世纪初。

然而在晚清，尽管商办铁路政策在政治上是正确的，却存在诸多弊端。作为一个尚处于农业社会的国家，收回铁路的权利简单，修建铁路很难。朝廷很快就发现，由于缺乏资金、技术和管理经验，要通过商办方式独立建造数万公里的铁路实在是太难了。以资金为例，当邮传部（交通部）于1909年对各地铁路建设项目进行统计时，发现实际到位的资金还不到所需的五分之一。其中作为连接湖北与四川的重点项目——川汉铁路，其资金到位率仅为十分之一。当时甚至有人无奈地估计，如果照此速度，这条铁路需要一百年的时间才能完工。管理混乱也是商办铁路普遍存在的一大弊端。由于缺乏现代化的企业管理手段，几乎所有的项目都存在管理不善、任人唯亲、贪污严重、效率低下的情形。例如川汉铁路，立项之初曾募集到1000万元的资金，但不久便被管理层贪污挪用了200万元，许多散户股民的血汗钱就这样打了水漂。至于一度被视为行业标兵的粤汉铁路，当初所募集的资金达1600万元，然而后来政府接收时居然发现该项目仅仅铺设了40英里铁路，而账面上却少了大约1000万元巨款。正是由于发现了这些严重的经济问题，清政府意识到，如果不赶紧采取措施，一旦铁路股彻底崩盘，恐怕所导致的后果将是致命的。

1908年，在一些经济专家的建议下，经过多番调查，清政府开始准备将商办铁路收归国有，由国家统一筹划，向西方银行借贷所需资金，并聘请西洋工程技术人员来建造铁路。不过，出于对洋人本能的警惕心，民间舆论仍主张走商办铁路的路线。顶着这种压力，1909年，朝廷正式下令实行铁路国有政策。同年6月，作为朝廷的第一个试点，湖广总督张之洞代表中国政府与美、英、德、法四国银行签订了借款合同，总计借款为550万英镑，以建造湖广境内粤汉与川汉铁路。尽管张总督堪称当时大清帝国最有威望的官员，但他的这一举动仍招致了舆论界的猛烈批评。

清末借款修铁路往往会带来一种弊病，便是外国势力的渗透，图为当时外国技术人员。

盛宣怀，清末邮传部长，其铁路国有政策成为导致大清王朝覆灭的导火索之一。

1910年，四川保路团体合影。

更雪上加霜的是，由于张之洞本人不久后去世，清政府要想推行铁路国有政策就更难了。一时之间，以摄政王载沣为首的朝廷陷入进退两难的境地。中止借款合约吧，洋人不答应；硬着头皮向前走吧，民众不答应。

危难之际，当年曾创办了一系列实业的洋务大员盛宣怀出现了。在被任命为邮传部尚书（交通部部长）之后，他立刻以其强硬的立场而受到摄政王的赏识。盛部长旗帜鲜明地指出，所谓的商办铁路完全是胡闹，成不了什么气候，而要实现大清帝国铁路事业的宏伟蓝图，必须由政府出面主持。为了增强摄政王的信心，他还以德国为例，苦口婆心地进行了一番陈说。在想明白其中的道理后，朝廷于1911年5月发布上谕，先是对广东、四川及湖广等地的铁路闹剧严加指责，随后宣布全国各省集股商办的干线铁路一律收为国有。10天后，盛宣怀在朝廷的支持下与英、法、美、德的银行财团缔结了借款合同。实事求是地讲，虽然盛部长过去曾有过不少经济问题，但在这件事上还是经得起审查的。为了替国家争取有利的结果，他与洋人反复讨价还价，付出了不少心血。

在国内舆论的眼中，清末政府的国有铁路政策就是出卖国家主权，图为当时的讽刺画。

不料想，在接下来对各铁路项目展开资产清理时，一场突如其来的危机爆发了。按照朝廷拟定的善后政策，在赎回各商办铁路公司股票时，将具体问题具体对待。由于处置较为周全，在湖北、湖南以及广东的运作还算顺利。但是轮到四川时，局面却陷入僵持之中。原来，由于四川铁路公司亏损严重，其一半的资产700万两白银竟因管理层投机失败而“蒸发”掉。盛宣怀最终宣布，政府将只负责换回该公司价值1100万两的股票，而剩余的300万两亏空则由其自行承担。从理论上讲，盛部长并没有错。因为无论是哪个政府，都没有义务拿全体纳税人的钱填补某家公司的窟窿。但是对广大四川的投资者来说，眼看自己的血汗钱将化为乌有，岂有不急的道理？于是在地方士绅的鼓动下，

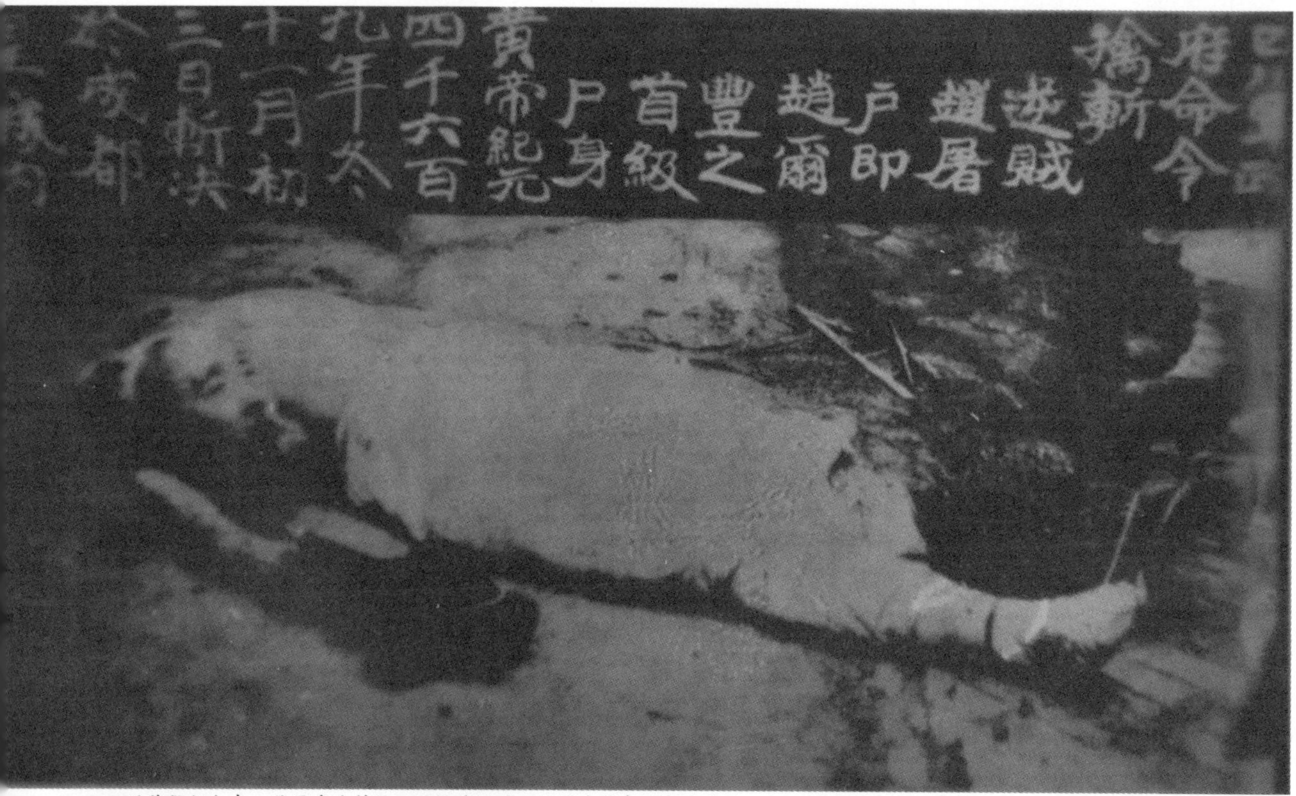

四川总督赵尔丰，曾用武力镇压四川保路运动，结果在革命风潮中被杀。

湖广总督端方，清末满洲贵族中的佼佼者，却因率兵前往四川镇压保路运动而中途被部下所杀。更严重的是，他的离去直接造成了武汉兵力空虚，从而给武昌起义的胜利提供了绝佳的机会。

四川迅速兴起了声势浩大的保路运动。民众纷纷组织起来，情绪激昂地反对铁路收归国有，要求罢免盛宣怀。眼看形势日益严峻，四川的地方大员也转而请求朝廷收回成命。但是出人意外的是，一向优柔寡断的摄政王这次态度出奇的强硬，他不但坚定地与盛宣怀站在同一战线上，还严厉训斥了四川总督王人文等地方大员，不久又任命以冷酷无情著称的赵尔丰取代王人文，随时准备弹压闹事者。

到8月，四川的保路运动迅速演变为政治对抗事件。人们先是罢市、罢课，后是抗粮抗捐，进而演变成打砸抢暴力风潮。在朝廷的压力下，9月7日赵尔丰诱捕保路运动的领导者蒲殿俊、罗纶、颜楷、张澜、邓孝可等人。当广大群众奔赴总督衙门请愿时，赵尔丰的卫队当场开枪打死30余人，血案发生的消息很快传遍四川全省。在革命党及当地会党的组织下，成都一带民众开始发动进攻。9月25日，同盟会员吴玉章、王天杰领导荣县独立。到10月初，武装斗争的烽火已燃遍四川全省。面对这种空前的危机，朝廷赶紧派湖广总督端方亲率湖北新军入川镇压起义。却不料，端方这一走，又造成了武汉兵力空虚，结果给武昌起义的成功创造了绝佳良机。10月10日，武昌城内一声炮响，大清王朝随即就像多米诺骨牌一样走向崩溃了。11月27日，入川的湖北新军在资中哗变，杀死了当时大清王朝最能干的满洲大员端方。

历史往往就是这样的诡异，谁能想到，那看似没有生命的火车，原本老老实实地行进在冰冷的铁轨上，但是在公元1911年的大清王朝，它竟能在无意间呼啸而过之后，将一个庞大的帝国碾得粉身碎骨呢？

四川总督赵尔丰，曾用武力镇压四川保路运动，结果在革命风潮中被杀。

四川保路同志会发起的请愿行动，最终酿成了流血事件。1911年9月《点石斋画报》。

大清王朝末代皇帝溥仪（宣统）登基前照片，时年仅三岁，1908年。

三、末代皇室过场戏

光绪三十四年（1908）十一月初九（12月2日），一大早，紫禁城内就一派忙碌景象。北京的严冬总是那么寒冷，但年仅三岁的溥仪却没有福气消受温暖的被窝。天还没亮，他的父亲、醇亲王载沣便招呼太监们把这可怜的孩子抬到太和殿。那里，一班王公大臣早已等候多时，为的就是见证新皇帝——宣统的登基大典。时隔多年后，溥仪仍然对当天那一幕记忆犹新，他在《我的前半生》中写道："我被他们折腾了半天，加上那天天气奇冷，因此当他们把我抬到太和殿，放到又高又大的宝座上的时候，早超过了我的耐性限度。我父亲单膝侧身跪在宝座下面，双手扶我，不叫我乱动，我却挣扎着哭喊：'我不挨这儿！我要回家！我不挨这儿！我要回家！'父亲急得满头是汗。文武百官的三跪九叩没完没了，我的哭叫也越来越响。我父亲只好哄我说：'别哭别哭，快完了，快完了！'"

这一幕，便是大清王朝末代皇帝溥仪登基时的场景。按照古代宿命论的说法，每个王朝在气数将近时往往会有一些征兆。因此到后来，当大清王朝真的完了时，许多人不禁回想起醇亲王载沣那番哄小孩时的话，真是一语成谶啊！不过或许当时所有在场的人都不会想到，虽然大清的确已日薄西山，但也不至于"完"得这么快呀？三年，仅仅过了三年的时间。宣统小皇帝在龙椅上还没明白怎么回事呢，就糊里糊涂地被赶下来了。无论是他本人，还是他担任摄政王的父亲，以及众位曾经雄心勃勃的皇叔们，都只不过在这纷乱的历史舞台上唱了一出过场戏。

正所谓来也匆匆，去也匆匆。回想起这短短的三年，爱新觉罗家族简直就像做梦一样。当他们一觉醒来，竟无奈地发现自己已沦为了历史舞台之下的观众。

说起大清王朝末代皇室所经历的这三年，就如同过失控的过山车一样，真称得上是大起大落。

1908年11月14日和15日，大清帝国的两位当家人——光绪皇帝和慈禧太后竟在20小时内先后死去。此事虽然极为蹊跷，但多事之秋，也没有人顾得上追查光绪是否真如传言所说被慈禧下令毒死。虽然慈禧在民众心目中的口碑一向不怎么样，但对帝国的所有官员而言，老佛爷的归天无疑使朝廷顿时陷入群龙无首的局面。而现在，他们只能将维系帝国的命脉寄托在26岁的醇亲王载沣身上了，因为后者三岁的儿子溥仪不久前已被老佛爷钦定为光绪皇帝的接班人了。原来在一个月前，74岁的慈禧太后病情加重。不过已跨过73这道"坎儿"的老佛爷并没有想到自己会死。鉴于光绪皇帝身体羸弱，随时都有归天的可能，慈禧为了继续控制朝政，便开始在近支皇族中物色一位光绪的继承人。经过一番权衡，她排除了包括小恭亲王溥伟在内的众多热门才俊，而是选中了光绪胞弟、醇亲王载沣年幼的儿子溥仪。既然老佛爷决定了，爱新觉罗皇室中也没有人敢于反对。不过对载沣而言，这幸福来得似乎太突然了。因为这将意味着，短短34年间，醇亲王府竟为大清王朝贡献了两位皇帝，这样的殊荣有哪个家族比得上？

不过对年仅三岁的小孩子溥仪而言，继承皇位似乎并非什么值得高兴的事。10月20日，慈禧太后下旨令溥仪入宫。仅过了二十多天，光绪皇帝和慈禧太后就相继归天。一番忙乱之后，新皇帝于12月2日登基，年号宣统，于是便上演了开头那具有戏剧性的一幕。由于皇帝年幼，溥仪的生父载沣便被任命为监国摄政王。说起摄政王这个角色，其实大清王朝也不是第一次出现。早在满清刚刚入关之初，由于顺治皇帝年幼，雄才大略的多尔衮就曾担任过摄政王，并一路辅佐幼帝奠定江山。不过

青年时期的载沣。

醇亲王载沣访问德国期间照片，1901年。

两百多年后，人们不禁要问，如今乃多事之秋，而这位载沣摄政王的表现又会如何呢？

公平地讲，从其近年内的表现看，载沣还是颇值得大清帝国的臣民们期待的。载沣（1883～1951），老醇亲王奕譞第五子，光绪皇帝载湉胞弟，1890袭王爵，成为第二代醇亲王。早在19岁时，载沣就因在赴德国谢罪期间的表现而广受好评。那是在1901年，就德国驻华公使克林德前一年被中国士兵杀死一事，清王朝被迫选派大臣赴德国道歉谢罪。由于德国方面点名，这个任务最终落在了贵为亲王的载沣头上。可以想象，堂堂的天朝亲王，竟要不远万里去跟洋鬼子谢罪，还得听人家的摆布，这样耻辱性的任务是多么艰巨。果然，当载沣到达柏林后，傲慢的德国人就给他出了第一个难题：觐见德国皇帝时行跪拜礼。要知道，当时在大清与西方各国的外交礼节中，早就取消了向皇帝跪拜的规定。因此对德国方面的羞辱性要求，身为皇室成员的载沣断然拒绝。经过一番外交拉锯战，德国人最终退让了，并由此对这位颇有气节的满洲亲王生出好感。另外，由于在访问德国期间的低调作风以及谦虚好学的考察行动，载沣赢得了国际舆论界的一致好评。而此时，他在国内的地位也进一步上升。

原来还在德国访问期间，载沣突然接到朝廷来电，声称慈禧太后亲自指定他与荣禄的女儿瓜尔加氏成婚，令其迅速回国。实际上，对太后的“恩典”，载沣的心情是很复杂的。因为在此之前，他的母亲已经给他定了一门亲事，并且已下了聘礼，而载沣对那位姑娘也很倾心。眼看就要办喜事了，慈禧太后却突然横插一杠，强令醇亲王府跟对方毁约。据说因大受刺激，那位姑娘竟被气得精神失常。1901年11月3日，载沣匆忙由德国返回。次年1月，慈禧太后向他正式宣布了指婚的决定。1902年秋，遵照慈禧的旨意，载沣同比他小一岁的瓜尔佳氏举行了隆重的婚礼。由于是太后亲自指婚，因此婚礼的规格要比一般亲王都高。

由于这些原因，载沣开始受到慈禧太后的特别关照和重用，先后任随扈大臣、健锐营事务、正红旗满族都统等显赫的职务，1908年更成为军机大臣，以火箭般的速度窜升为最高国家领导人之一。1908年11月，光绪与慈禧太后同时病重。为了安排好政治继承人，慈禧太后在病榻前召见军机大臣载沣、张之洞和世续等人，商议为光绪立嗣的事情。令大臣们意外的是，尽管当时有多种选择，但太后却提议立载沣三岁的儿子溥仪为储君，而载沣本人则担任将来的监国摄政王。其实慈禧太后有自己的打算：一旦光绪驾崩，年幼的溥仪和性格懦弱的摄政王依然能受自己控制。不过慈禧肯定不会想到，这份政治遗嘱刚刚拟好，一天后她本人就归天了，从而将大清帝国这个巨大的烂摊子扔给了完全没有准备的载沣。

光绪皇帝葬礼，1908年。

就像做梦一样，年纪轻轻的摄政王载沣成为大清帝国的头号实权人物。然而从一开始，这位王爷似乎就缺乏政治这根弦儿，就连说话都显得晦气。以至于多年以后，人们常常会拿他在溥仪登基时哄孩子的那番话开涮——“别哭别哭，快完了。”既然连监国摄政王都这么说，看来这大清的确“快完了”。

不过平心而论，既然身为监国摄政王，掌管的是亲生儿子的江山，载沣也确实曾试图力挽狂澜，驾驶大清帝国这辆破车走向光明大道。可惜的是，虽然人品不差，但载王爷实在缺乏一位政治领袖所具备的全面素质，他性格懦弱，才疏识短，结果反而因屡屡举措失当而加速了王朝的灭亡。

回顾过去几年间，在慈禧太后的支持下，大清王朝的第三波改革正如火如荼地向前推进。无论是在行政、经

当自己的儿子溥仪登基成为大清王朝的宣统皇帝后，载沣成为摄政王。

对于年轻的摄政王，当时的国内外舆论一致给予了厚望。

济、军事、教育乃至司法诸方面，朝廷的一项项“新政”都获得了中外舆论的一致好评。一些乐观的人士甚至预计，只要不出什么意外，看来大清王朝的复兴指日可待。然而历史往往喜欢跟人开玩笑，“意外”恰恰发生了。随着慈禧太后的去世，掌控朝廷40多年的权威力量也突然消失了。虽然后世对这个女人几乎没有任何好感，不过在当时，几乎所有的西方观察家都为她的死亡感到可惜，因为这使大清王朝失去了一个最能干的人物。当然，在皇太后的精心安排下，王朝总算实现了权力的和平交接。但是对年轻的摄政王而言，大清王朝所有的问题他能否都自己扛呢？

不管怎么说，有一点必须承认：摄政王是绝对拥护改革的。与当时大多数有识之士一样，载沣清楚地意识到，世界潮流面前，不改革，大清王朝就没有任何希望，否则就要亡国亡家。事实上，在其执政之初，各界无不对这位年轻的摄政王寄予了很高的期望。甚至就连他的相貌，都曾引起一些西方人士的好感，一位美国籍御医甚至这样称赞道：“他缄默少语，相貌清秀，眼睛明亮，嘴唇坚毅，腰板笔挺，虽不及中等身材，但浑身透着高贵。”特别是由于在出访德国期间的不俗表现，许多人将载沣看作具有国际视野的皇室贵族。或许是亲身体会到了西方文化的优越性，自从出洋归来后，载沣就像换了个人似的。他出门不再坐轿子，而是亲自驾着一辆进口的洋马车在北京城招摇过市；不再学四书五经，而是进入贵胄学堂谦虚地学习起算术、化学、电学等课程；不再遛鸟玩蛐蛐，而是好奇地用天文望远镜观测，有时还兴致盎然地教孩子们用黑玻璃片观测日食；不再派仆役们跑腿传递消息，而是在家里装上了电话。而在一次招待外国使节的宴会上，这位帝国实际上的统治者居然主动与来宾们一一握手，这在以往简直是无法想象的。试想，这样的摄政王能不拥护改革吗？

而在当时，改革的重中之重，便是实行立宪。对这项极度敏感的政治改革，摄政王向来是赞成的。宣统皇帝继位的第二天，载沣就以宣统皇帝的名义发出上谕，明确承诺将继续已经开始酝酿的政治改革，按原计划颁布宪法。为了顺利完成改革，摄政王确实没少费心思。雄心勃勃的他不但每天准时到朝堂上办公，不辞辛劳地批阅文件，还频繁召见众位大臣，共商立宪大计。为了显示对人才的重视，他还特意重新起用了在戊戌变法期间被罢黜的翁同和以及原湖南巡抚陈宝箴。

可惜的是，政治改革这玩意儿从来都是说起来容易做起来难。更何况，摄政王所拥护的改革，始终只能是具有大清特色的改革。

鉴于国内立宪派对朝廷所施加的压力越来越大，载沣于1909年2月下令各省切实筹办宪政，务必于当年成立咨议局。作为宪政运动的重头戏，大清王朝历史上第一届内阁于两年后诞生。不过在1911年5月8日内阁的名单公布后，由于其中皇族和满人竟占了一大半，人们在对“皇族内阁”强烈声讨的同时，也彻底对摄政王领导下的朝廷失去了信心。遗憾的是，作为出了名的老实人，一向优柔寡断的载沣此时竟态度强硬地拒绝低头，反而将全部的赌注都压在军队上，殊不知这样一来更使朝廷陷入众叛亲离的境地。

不错，所谓枪杆子里出政权，摄政王自然明白这个道理。实际上在大张旗鼓地进行立宪改革之前，他所做的第一件事便是控制军队，并为此名正言顺地清洗了袁世凯这个大“反派”。

地球人都知道，袁世凯，这个河南人，简直就是近代版的曹操。按照传统的说法，正是由于他的无耻叛变，才使得戊戌变法以六君子的鲜血而宣告夭折；正是他，害得光绪皇帝壮志未酬抑郁而终；正是他，窃取了辛亥革命的胜利果实并图谋复辟；也正是他，与日本强盗签订了卖国的二十一条。当然，随着近年来史学界的一系列拨乱反正，以上所有指控其实都值得商榷，这是后话，我们暂且不提。但有一点可以肯定，作为光绪皇帝的胞弟，成为摄政王的载沣要打倒的第一个敌人非袁世凯莫属。一来是为家兄报仇，二来也为爱新觉罗江山的安危着想。要不是庆亲王奕劻极力周旋，“袁大头”的脑袋还真差点就被咔嚓掉了。1909年1月21日，朝廷以袁世凯患有“足疾”为由，下令免掉其一切职务，后者随之灰溜溜地躲到河南安阳老家钓鱼去了。

除掉了袁世凯这个眼中钉以后，踌躇满志的摄政王开始狠抓军队工作，决心将数十万子弟兵改造成保卫大清王朝的战士。为此，他不惜顶着舆论的压力，将他的一干兄弟族人纷纷拉到自己身边。汉人民间不是有俗语叫“打虎亲兄弟，上阵父子兵”吗？载沣虽然身为满人，但他对这句俗语却理解得比汉人还透彻。可是，他的目标能够实现吗？

1908年12月，载沣效法德国，下令编练禁卫军，改编直隶卫戍部队，次年又自任全国陆海军大元帅。与此同时，他任用载泽、毓朗、善耆等掌握建立新军事务；任命桂良、凤山为江宁、广州将军，荫昌为陆军大臣。又委派胞弟载洵、载涛分赴欧美各国考察海陆军。两人回国后，载洵为海军部大臣，载涛为军咨府大臣，并代载沣统帅禁卫军。不过可惜的是，载沣所任用依靠的这群满洲亲贵，大多是无能却权欲极重的庸才。

有关载洵(1886～1949)及其对清末海军建设的贡献，我们前面已经有所介绍。不错，这位年轻的王爷在出任海军大臣后，为了实现其雄心勃勃的计划，曾不远万

摄政王上台后所做的第一件事就是罢黜了袁世凯。

载涛，载沣的又一位兄弟，著名京剧票友，但显然不是治国之材。

里前往欧美各国进行考察。然而就像许多公费出国的领导人一样，在公务之余，“洵郡王”还特别喜欢大肆购物和娱乐，当然所需花费都有公款报销。据当时一些媒体爆料，出国期间，每到一处，载洵都不忘采购各种时尚洋货。据说这位大清王爷还有一则糗事：有一次访问美国纽约，东道主请他在一家饭店喝酒，或许是洋酒劲儿大，载洵居然乘着酒兴令一名在出席宴会的女歌手为他唱歌助兴，并轻狂地拿出一大叠美钞塞给洋“美眉”当小费，结果被委婉拒绝，场面甚是尴尬。这样有失国体的行为，第二天便被美国当地媒体渲染得沸沸扬扬。

至于醇亲王府的老七载涛(1886～1970)，更是不堪大任。或许是受满洲先祖基因的影响，“涛贝勒”对马有着特殊的兴趣。他不但骑术精湛，还擅长养马和相马，在当时的京城可是出了名的。由于这个原因，摄政王载沣觉得这位弟弟应该是难得的军事人才，因此对其格外看重，让他掌管禁卫军。可惜的是，骑马和打仗完全是两码事，否则关键时刻就要掉链子。果然，当武昌起义爆发后，眼看南方的革命党来势汹汹，隆裕太后赶紧召开御前会议，商量派谁去镇压乱党。按理说号称军事行家的载涛应该挺身而出，却不料这位贝勒爷竟不好意思地对太后说：“奴才练过兵，没有打过仗。”有趣的是，虽然打仗不行，“涛贝勒”唱戏却很行，是当时京剧界著名的票友，其对唱戏痴迷的程度简直到了不可救药的地步。据说有一次他们的母亲病重，载涛竟拉住前来看望的哥哥载沣，非要他临时客串一下《黄鹤楼》中的周瑜，气得老福晋将哥儿俩痛骂了一顿。可以设想，像载涛这样的人物，如果给他个体育部长或文化部长当，那将是多么两全其美的事呀？值得一提的是，这位满清的末代王爷虽然无力挽救朝廷，却颇有民族气节。日

载沣之弟载洵访问欧美期间与随从合影，1909年。

军侵华后，面对威逼利诱，他宁肯贫困潦倒也不当汉奸，比起他那充当日本人傀儡的侄子溥仪来更值得尊重。有趣的是在新中国成立后，中央人民政府任命载涛为中国人民解放军总后勤部马政局顾问，“涛贝勒”这下才算专业对口了。

如果说载洵、载涛这俩兄弟只能算成事不足的话，那么另几位皇亲就是败事有余了。就拿当时掌管国家财政大权的镇国公载泽（1876～1929）来说吧，民间甚至讽刺其为“招财童子”。1905年，当朝廷派遣五大臣出洋考察各国政体时，支持立宪的载泽就是其中之一，不过他对王朝的贡献似乎仅限于此。1911年“皇族内阁”出笼后，载泽出任度支部大臣兼盐政大臣，这可是大清国最肥的差事。作为国家的财政部长，他乘机拼命圈钱，侵吞了大量国有资产。虽然监察系统不断有人举报其劣迹，但摄政王载沣却无论如何也狠不下心处理这位堂兄，致使后者更加心安理得。而另一位爱新觉罗家族的长辈——庆亲王奕劻则更离谱，不但是帝国老资格的大贪官，而且一直与袁大头眉来眼去。

论起来，奕劻（1838～1917）在当今皇族中原本只能算是旁支，但是由于他很会来事，巴结上了慈禧太后老佛爷，并力助太后挫败了恭亲王奕䜣的政治势力，因此得以不断晋升，最终竟由一名旁支皇族被封为“铁帽子王”——世袭罔替的庆亲王。1904年成为领班军机大臣后，奕劻成为大清帝国权势最显赫的人物。然而，朝廷所给予厚望的庆亲王却为人贪鄙，对金钱有着特殊的偏好，并将贪污受贿演绎到了极致，甚至连国外媒体都对此耳熟能详。当政期间，奕劻的家中常年门庭若市，前来行贿跑官的人络绎不绝，据说就连他家的门房都因此发了大财。国外媒体曾在一次富豪排行榜上讲奕劻列为大清首富，因为其仅在汇丰银行就有超过200万两白银的存款。他在军机处的另一位同僚那桐也紧跟形势，二人还通力合作收受贿赂，以至于当时舆论讽刺军机处为“庆那公司”。也正是由于深谙奕劻的这一嗜好，袁世凯常年

载泽，当时掌管帝国财政大权的皇室贵族。

良弼，清末皇室贵族中为数不多的人才，1912年1月被革命党人彭家珍炸死。

向他进贡，结果二人竟由此结为政治同盟。当摄政王载沣准备杀掉袁世凯时，奕劻就极力反对，最终使后者化险为夷。而武昌起义爆发后，又是他极力主张让袁世凯复出。正是出于对这种败家行径的极度怨恨，当奕劻1917年死后，已经成年的溥仪给其封了一个“密”的谥号（追补前过曰“密”），是大清王朝所有亲王中最差的评价。试想，依靠这样的皇室贵族，又怎么能挽救满清朝廷呢？

当然，末代皇室也并非完全没有能干的忠臣，时任禁卫军统领的良弼（1877～1912)应该算是个难得的另类了。身为满清宗室的良弼曾留学日本学习军事，属于科班出身的军事人才。毕业回国后，良弼立即受到重用，1908年授禁卫军第一协统领，实际负责管理禁卫军。作为末代皇室中少见的人才，此人还具有令人钦佩的使命感，决心拼尽全力挽救爱新觉罗家族的命运。只可惜独木难支，仅靠他一人又怎能力挽狂澜？武昌起义后，孤傲的良弼既反对起用袁世凯，又反对与南方革命军议和，并纠集溥伟、铁良等亲贵组织“宗社党”，坚决反对清帝逊位，属于皇室中的“死硬分子”。却不料，真所谓天妒英才。1912年1月26日，革命党人彭家珍在良弼家门口扔出一颗炸弹，当场将其炸死。

眼看皇室中硕果仅存的良弼都死于非命，其余的那些满族亲贵顿时都变成了惊弓之鸟，不是闻风而逃，就是龟缩在家里不敢露面。就连之前还信誓旦旦跟随良弼的宗社党成员溥伟、铁良等人，也大多变卖家产，携家带口逃往天津、大连，躲到租界里静观其变。眼见此局面，孤立无援的隆裕太后只能枯坐在紫禁城内，抱着宣统小皇帝终日以泪洗面。危难之际，当初踌躇满志的摄政王载沣也傻眼了。这位老好人王爷不仅长叹一声，或许这就是天意吧。最终，彻底绝望的他主动要求下岗，而他此时所说的一句话竟然是："从此就好了，我也可以回家抱孩子了。"的确，虽然古人说乱世出英雄，可咱既然不是那块料，就不要硬充了。正像载沣的儿子溥杰后来曾回忆的："父亲喜欢读书，各种书报杂志都看，经常读的是史书，尤其是《资治通鉴》。晚年自号'书癖'，他有方图章，刻的是'书癖'两字；也爱看戏，喜欢看杨小楼、梅兰芳、谭鑫培等人的戏。我常想父亲如果不当摄政王，专门读书研究的话，一定会有相当成就的。"实际上自从退隐以后，载沣就在家门口挂起这样一副对联"有书有富贵，无事小神仙"，由此可见这位摄政王对自己的定位还是很清醒的。而他的胞弟载涛也曾认为其"做一个承平时代的王爵尚可，若仰仗他来主持国政，应付事变，则决难胜任"。

1912年2月12日，走投无路的隆裕太后在退位诏书上签字盖章，这也算是大清王朝的传国玉玺最后一次在全国生效了。

就这样，末代皇室的众位成员们合演了一出过场戏。而由于对舞台缺乏驾驭能力，这些天潢贵胄一个个都像蹩脚的演员，甚至连历史的配角都演砸了，最终只能目送大清王朝在时代的洪流中被渐渐吞没……

小恭亲王溥伟，"宗社党"的中坚分子之一。

皇室贵族铁良在逃亡途中，1912年。

退位时的溥仪，1912年。

北洋新军第20镇官兵合影，1911～1912年，河北滦州。这支军队1912年举行了推翻清王朝的起义。

四、“潜伏”的革命者

1907年7月6日，安庆巡警学堂的操场上热闹非凡。原来在这一天，安徽巡抚恩铭亲临该校主持毕业典礼并检阅学员。然而出人意料的是，正当巡抚大人满意地看着学员队伍从检阅台下健步走过时，突然听到“砰”的一声，随即他便痛苦地捂住胸口倒在地上。紧接着，在一片尖叫声中，检阅台上的文物官员们惊慌失措，纷纷四散逃命。原来，正是站在巡抚大人身边的学堂校长徐锡麟射出了那颗致命的子弹。消息传开后，几乎所有人惊呆了，人们无论如何也不会想到，凶手竟会是巡抚大人极为信任的徐锡麟，而后者居然还是革命党秘密组织光复会安庆站的“站长”。看来，这位革命党“潜伏”得真够深的。

其实严格说来，被刺杀的恩铭也够冤的。这位满洲大员本是权势显赫的庆亲王奕劻的爱婿，1906年出任安徽巡抚后，他全力推行“新政”，尤其在教育方面政绩颇丰，在朝野都有相当声望。而对刺杀自己的徐锡麟(1873～1907)，恩铭也可谓有知遇之恩。当这位日本留学生1906年回国后，由于业师、原山西巡抚俞廉三的举荐，爱才心切的恩铭就破格任命其为安徽武备学校副总办、警察处会办，次年又任其为巡警学堂堂长、陆军小学监督。却不料他视为心腹的这位日本“海归”居然早就加入了革命党，一直在策划推翻大清王朝的“阴谋”。结果在糊里糊涂之间，恩铭巡抚命丧黄泉。毕业典礼当天，站在检阅台上的徐锡麟乘人不备，突然掏出短枪向恩铭连连扣动扳机，随即在混乱中逃离现场。其后，他率领同样已秘密加入革命党的百余名学员占领了安庆军械所。不过由于他们起事仓促，很快就被闻讯赶来的政府军包围，最终全军覆没，徐锡麟受伤被俘。对这样的“负心汉”、欺骗上级的“特务”，朝廷自然不会放过。尤其是对恩铭一向爱戴的部属，更是咬牙切齿，恨不得生吞活剥了凶手。经过草草审讯，徐锡麟被处以千刀万剐的极刑。为了解恨，恩铭的卫队甚至将凶手的心肝挖出炒着吃了！

但是，一个徐锡麟倒下了，千万个徐锡麟又将站起来。谁又能搞清楚，在大清王朝内部究竟还“潜伏”着多少个危险分子呢？实际上，像徐锡麟一样“潜伏”在帝国各个角落里的革命党人还真不在少数，而这也是大清王朝在覆亡前夕所面临的最尴尬的问题。结果当辛亥革命爆发后，几乎是在一夜之间，这些“潜伏”者就纷纷冒了出来，从而使得满清朝廷顿时陷入众叛亲离的境地。如果对这些“潜伏”者加以归类，他们大致可分为三类：留学生、军人和官员，而这几类人当年可都是国家所寄予厚望的顶梁柱啊！

先说当时被视为国家精英的留学生们。在晚清最后20年，曾经在派遣留学生问题上非常保守的执政者迅速转变观念，从中央到地方各级官员都对此事极为热心，纷纷向西方各国派遣留学生，希望这些青年才俊早日学成归国，报效朝廷。在洋务大臣张之洞等人的号召下，由于地理位置、语言以及费用等方面的原因，日本成为中国留学生的最大目的地。尤其是在甲午战争和日俄战争后，无数备受刺激的中国知识分子决心到东瀛探寻救国之道，从而使得20世纪初中国出现了盛极一时的赴日留学热潮。1896年，中国第一批官派留日学生仅有13人，但在10年后的1906年竟多达7283人。据粗略统计，在20世纪初，从日本留学回国的中国学生总数接近三万人。如此庞大的留学生群体，如果能在将来向朝廷贡献他们的青春与才华，那将是多么令人鼓舞的事情呀。可惜的是，朝廷很快就发现自己完全是一厢情愿。

本来按照朝廷的设想，这些留学生到日本后，重点借鉴人家明治维新成功的先

革命党人徐锡麟，1907年刺杀了安徽巡抚恩铭，随后起义失败就义。

进经验，并学习人家的经济、军事、科技乃至教育等成果。遗憾的是朝廷猜对了开头，却没有猜对结局。广大留学生到日本后，确实强烈感受到了人家工业的发展、教育的普及、军事的强盛。凡此种种，都使他们感慨大清帝国的落后贫弱。不过就像多年后曾经流行的一句话所说的——“知识越多越反动”，对外部世界了解得越多，这些留学生反而更加痛恨满清朝廷的腐败，因此希望从根本上改造中国，结果大多数人都由此走上了革命道路，成为不久后辛亥革命的先锋骨干力量。当他们回国后，便开始将自己在日本所接受的新思想广为传播。例如陈天华、邹容、章炳麟等人，都是其中的佼佼者。特别是来自四川的小青年邹容所写的《革命军》，虽然只有两万多字，但因其深入浅出、犀利有力、富有感染力和战斗性而产生了巨大影响，据说先后翻印20多次，印数达100多万册，堪称当时的第一畅销书了。对他们在这方面的贡献，孙中山曾在革命胜利后予以高度评价，认为正是由于留日学生率先提倡，而后内地学生与之呼应，最后革命风潮才遍及全国各省。

在具体的革命行动上，留日学生也扮演了主力军的角色。他们不但进行革命宣传，同时还在海内外组织革命团体。正是因为有这样的基础，同盟会于1905年8月在东京成立，而早期379名会员中，留学生和学生就占了354人，其中绝大多数是留日学生。投身革命事业后，许多留日学生放弃了学业，回到国内，在各地发动学生、新军、会党，组织了一系列团体，例如黄兴、宋教仁在湖南组织华兴会，陶成章、徐锡麟在江浙组织光复会，刘静庵在武汉组织日知会，等等。更重要的是，许多留日学生在回国后还发展了军队这根“下线”，从而成为“潜伏”在满清王朝内部最可怕的一股力量。

具有讽刺意味的是，所谓的新军，

清末留日学生合影，20世纪初期。清王朝没有想到，原本被寄予厚望的这些国家精英后来却成为了推翻王朝的主力军。

原本是晚清“新政”中的头号“国家形象工程”。当时，为了对八旗兵及绿营进行升级换代，朝廷不惜花费巨大的人力物力财力编练新式陆军。由于要仿照西方的军事建制，并采用洋操训练，推广用洋枪洋炮，因此又必须引进新式军事人才，而这便为许多留日学生的“潜伏”提供了绝佳的机会，因为他们中的相当一部分人都曾经在日本军事学校深造。当时，为了响应朝廷编练新军的号召，各省督抚纷纷延聘军事留学生，从而使这些“海归”迅速成为香饽饽。他们年纪轻轻就被委以重任，不是成为军事学校的负责人，便是出任手握兵权的高级军官。比如日本陆军士官学校第一期的中国留学生吴禄贞、张绍曾，回国以后当上了统制（师长），这是当时新军中级别最高的军官；陆军士官学校第二期的蓝天蔚，第三期的蔡锷当了协统（旅长）。有的还频频炒掉老板的鱿鱼，不断跳槽。例如著名的蔡锷将军，自从留日归国后，先后在江西、湖南、东北、广西、湖南等地任职，但均时间不长，其原因就是由于各省督抚争相聘请而使其身价飙涨。可以想象，朝廷将一支支全新的军队交在这批有革命倾向的军官手中，其后果肯定是很严重的。

在这些海归军官的影响下，国内军事学校所培养的毕业生也倾向革命，致使大多数军队中的革命派占据了绝对优势。例如在广东，当时一些军队中加入革命团体的士兵竟达80%！军人原本应该以报效朝廷为天职，但是大清王朝末年国家苦心经营的这支军队，却大多以埋葬王朝为己任。在一些革命情绪强烈的部队中，几乎所有的士兵都剪了辫子，以表示对清朝统治的反抗，谁要不剪，就被骂作“豚尾奴”。令人哀叹的是，尽管朝廷对新军中的革命动向有所察觉，但由于担心激烈的动作会招致更大的动乱，结果只能静观其变。到1911年辛亥革命前夕，除了袁世凯直接控制的北洋新军之外，其他“军区”几乎都随时听候革命的召唤。武昌起义猝然爆发后，当时武昌城内很快就有4000多人加入革命阵营，而真正与革命军交战的清兵仅

陈天华，清末留日学生中著名的革命者，著有《猛回头》、《警世钟》等。

邹容，清末留日学生中著名的革命者，其代表作《革命军》在当时产生了巨大影响。

有两千人，剩下的都溜之大吉了。在云南，参与起义的40多名新军将领中有31名是留日学生。至于浙江、山西、新疆、湖南、陕西等起义省份，骨干均为新军。据统计，在辛亥革命中，通过起义获得独立的省区共有16个，有22位都督是通过新军起义产生的。

对清廷而言，更致命的打击还在后面。实际上在革命爆发初期，如果朝廷的军队能倾尽全力，忠心耿耿，完全可以最终打败起义军，延续大清王朝的命脉。然而到关键时刻，就连原本忠于朝廷的一干北洋将领也玩了一回“无间道”，看来这共和事业真是众人拾柴火焰高，而封建的满清王朝却是墙倒众人推啊。

话说在三年前，为了将军队控制在手中，摄政王对北洋新军的“大哥大”袁世凯进行了批斗，随之将其打发回河南老家钓鱼去。却不料，袁世凯经过多年的苦心经营，早就将这支帝国的王牌军牢牢掌握在手心里。虽然他被迫退居二线，但军队里的重量级人物都是自己的心腹，随时听候袁大帅的命令。特别是段祺瑞、王士珍、冯国璋“北洋三杰”，根本不把朝廷放在眼里。而手握兵权的段祺瑞，还过了把“一造共和”的瘾呢。

与发动起义的蔡锷、吴禄贞等留日派革命军官相比，段祺瑞（1865～1936）的资格更老，学历更硬。1888年，他以第一名的成绩被朝廷选送到德国柏林军校留学。学成回国后，段祺瑞得到了袁世凯的赏识，随即成为后者编练新军的重要帮手，他本人也在此期间培植了自己的势力。1908年袁世凯被打入冷宫后，段祺瑞继续掌握兵权。辛亥革命爆发时，他被任命为江北提督赴湖北作战。本来朝廷希望其能镇压革命，却不料在重出江湖的北洋新军“大哥大”袁世凯的授意下，段祺瑞竟纠集同伙，从湖北前线集体北撤，并

清末新军训练照片，20世纪初，士兵们的辫子还没有剪掉。澳大利亚人莫理循拍摄。

清末云南讲武堂人员合影，20世纪初。辛亥革命中，他们中的大多数都参加了推翻清王朝的行动。

清末新军第20镇军官吴禄贞，1912年发动了著名的滦州起义。

清末北洋新军将领段祺瑞，辛亥革命后带头向清廷“逼宫”，迫使后者最终颁布退位诏书。

联名46位高级将领向北京发电报，要求立即实行共和政体，否则将率军逼宫。无奈之下，1912年2月12日，六神无主的隆裕太后代替7岁的宣统小皇帝在退位诏书上签字，一对孤儿寡母怎能敌得过一班如狼似虎的军人？

与此同时，大清王朝辛辛苦苦培养起来的许多高级干部也很不“给力”，关键时刻纷纷投向革命阵营。尤其是那些“立宪派”地方大员，更是给了朝廷一记响亮的耳光。值得一提的是，1906年时，全国总共8位总督中竟有7位赞成立宪。而当“皇族内阁”出笼后，深感失望的立宪派自然对满清朝廷不再留恋。其实革命党人后来也意识到，此前他们虽然发动了一系列武装起义，但都以惨败告终，其最主要的原因就是没有得到立宪派的支持。后来的事实也表明，立宪派的转向无疑是辛亥革命成功的关键因素。例如时任湖北咨议局议长的汤化龙（1874～1918），就是这方面的典型代表。作为清末立宪派的领袖之一，汤化龙中过进士（光绪朝），当过京官（法部主事），留过洋（日本法政大学学习法律），回国后积极投身立宪事业。1909年当选为湖北咨议局议长，后发动速开国会请愿运动。“皇族内阁”出笼后，他彻底对满清朝廷失去信心。恰在这时武昌起义爆发，汤化龙随即投身革命，参与组织湖北军政府，并通电敦促各省咨议局响应革命，还倾尽家产为革命政府提供资金。正是在他的力主下，革命党才强推黎元洪担任都督。

而对辛亥革命中的第一位都督黎元洪来说，完全是糊里糊涂地“被”革命党了。黎元洪（1864～1928年）也是一名老牌的军人，曾参加中日甲午海战，后投靠张之洞，参与训练新军，1906年起任陆军暂编第二十一混成协统领（相当于旅长）。如果不出大的意外，黎统领或许就将在这个不大不小的位子上退休了，然而1911年10月10日武昌城的一声炮响却改变了他的命运。

武昌起义后第二天，惊慌失措的湖广总督瑞澂弃城而逃，驻扎在武汉的第八镇统制张彪也随即撤出。听到这些消息，时任陆军暂编第二十一混成协统领的黎元洪也赶紧逃离军营，躲在一名亲信家中。据称他当时这样对该亲信说："我身居协统地位，部下兵变，如果革命党失败，我必定会受到朝廷的严厉处分；如果革命党成功，我能否活命也不得而知。"在当时的武昌，虽然革命行动出奇的顺利，接下来的一系列问题却令革命党人颇为挠头。由于革命团体的领导人都不在武昌，而临时的总指挥级别仅相当于连长，显然难孚众望。于是在革命胜利后，革命党人便聚集到一起，商议推选新政权领导人的问题。为了寻找一位德高望重、在国内有一定知名度的人士，他们几乎绞尽脑汁。恰在这时，革命军在巡逻中意外地发现了黎元洪的踪迹，于是革命党人眼前一亮，认为此人在湖北颇有声望，由他出任都督再合适不过了。接下来，便出现了近代史上极富戏剧性的一幕：在革命军的武力逼迫下，原本躲在姨太太床底下的黎元洪被押解至咨议局。听到他到来的消息后，先前还愁眉不展的革命党人顿时振奋起来，随即一致拥戴黎元洪为都督。据说在被拥戴为都督后，极不情愿的黎元洪曾一连三天保持沉默，直到后来才慢慢进入"革命者"的角色，进入民国后更是两任总统，三任副总统，成为名副其实的共和元勋。

与黎元洪的"被"革命党不同，更多的高级干部选择了与时俱进，主动向革命阵营靠拢，从而成为压垮大清王朝的最后一根稻草。在这方面，程德全无疑是最典型的代表。程德全（1860～1930）是1909年调任江苏巡抚的省级干部，作为新派人物，他对立宪运动一向支持。到江苏履新之初，程巡

清末立宪派领导人之一的汤化龙，辛亥革命后参与组建湖北军政府。

程德全，原清朝江苏巡抚，辛亥革命后响应革命，宣布独立并出任江苏都督。

黎元洪辛亥革命中视察武汉战场，此公辛亥革命后出任湖北军政府都督，先后两任总统，三任副总统，成为民国时期著名政坛人物。

抚就与立宪派领袖张謇等人建立了良好的关系，并积极支持速开国会请愿运动。对满清朝廷的不可救药，程德全有着清醒的认识。因此当武昌起义爆发后，他立即与张謇等人共商对策。最终他们决定与革命党合作，开创江苏特色的不流血革命。11月3日，程德全当着革命军代表的面剪掉自己的辫子，接过江苏都督印，宣布独立，由此成为最先"反水"的清朝封疆大吏。于是在短短几个月内，在程德全示范效应的影响下，广西、安徽、广东、东北、山东等地纷纷宣布独立，而最初被推举为都督的都是原先的地方长官。目睹这样的局面，满清朝廷还能有什么话说？

其实也怪不得这些留学生、新军和地方官轻易地转为革命者，即使爱新觉罗皇族内部，也同样"潜伏"着"内奸"呢。那些同情立宪派的王公贵族就不说了，甚至贵为"铁帽子王"的善耆，也曾对汪精卫这样的革命党极尽包庇之能事。肃亲王善耆（1866～1922）系晚清贵族重臣，他还有一个更出名的女儿——川岛芳子。虽然身为皇室成员，号称廉洁开明的善耆却极力主张君主立宪。1910年春，年轻气盛的革命党人汪精卫与其同伙黄复生阴谋在银锭桥暗杀摄政王载沣，结果由于偶然的原因功败垂成。被捕入狱后，才华横溢的汪精卫曾写下那首脍炙人口的诗："慷慨歌燕市，从容作楚囚；引刀成一快，不负少年头。"事件发生后，负责京城治安的善耆亲自对凶犯进行审讯。在审讯中，两名案犯争着说自己是主谋，把全部责任往自己身上揽。这样的表现，深深打动了一向爱才的善耆，后者决定留他们一命。随后，在善耆的极力劝解下，摄政王答应免汪、黄二人一死，判处他们终身监禁。而按照惯例，刺杀国家领导人可是要凌迟处死的。对这样的判决结果，不但汪精卫感到意外，就连革命党人也由此对这位肃亲王心生好感。辛亥革命爆发后，鉴于形势日益严峻，为了挽回民心，朝廷被迫下罪己诏，并宣布解除党禁、特赦政治犯，结果又是善耆乘机建议朝廷释放了汪精卫。由于这段因缘，后来成为民国大佬的汪精卫对肃亲王家族一直优待有加。甚至在抗战期间出任南京伪国民政府主席后，汪精

清末皇室贵族善耆，摄于1903年。此人同情革命党，曾力主释放刺杀摄政王的汪精卫。

卫还曾准备派善耆的儿子出任驻日大使，以报答当年不杀之恩呢。

如此看来，到清朝末年，官、农、兵、学、商这五大社会集团中，当官的宣告独立了，当兵的掉转枪口了，学生们参加革命了，商人们对立宪也失去兴趣了，除了对国事漠不关心的农民，几乎都对朝廷翻了脸。咳，出来混，迟早要还的。既然如此，这大清还有什么理由不完呢？